世界货币史丛书（第一辑）　　　　石俊志◎主编

中世纪威尼斯货币简史

武宝成

著

经济管理出版社
ECONOMY & MANAGEMENT PUBLISHING HOUSE

图书在版编目（CIP）数据

中世纪威尼斯货币简史 / 武宝成著. -- 北京：经济管理出版社，2024. -- ISBN 978-7-5096-9957-7

Ⅰ. F825. 469

中国国家版本馆 CIP 数据核字第 2024D43U91 号

组稿编辑：王光艳
责任编辑：王光艳
特约编辑：黄希韦
责任印制：张莉琼

出版发行：经济管理出版社
　　　　　（北京市海淀区北蜂窝 8 号中雅大厦 A 座 11 层　100038）
网　　址：www.E-mp.com.cn
电　　话：（010）51915602
印　　刷：北京市海淀区唐家岭福利印刷厂
经　　销：新华书店
开　　本：880mm×1230mm / 32
印　　张：9.125
字　　数：212 千字
版　　次：2025 年 3 月第 1 版　2025 年 3 月第 1 次印刷
书　　号：ISBN 978-7-5096-9957-7
定　　价：68.00 元

总　序

理论来源于实践。

货币学理论来源于已经发生的千千万万的货币活动实践，而这些货币活动实践被记载在历史文献中，又被出土的相关文物所证实。

人们从浩瀚的历史信息中寻找货币的起源、发展、演变的普遍性规律，从而产生了货币理论。

货币理论不能依赖一个国家、一个时期的货币实践，而是应该从更为广阔的视角来寻找、分析和总结。只有采用全时空的视角，横向全世界，纵向几千年，对货币的发展过程进行全方位的观察和研究，才能发现其中的普遍性规律，得出科学、准确的结论。

关于货币的这种广视角、全方位的研究学科，便是世界货币史。

为了推动世界货币史学科的发展，获得世界各国货币起源、发展、演变的相关知识，我们邀请了一批国内金融学、法学、历史学和外国语的专家学者，经过认真广泛的调查收集，筛选了一批外国货币史著作，并将其翻译成中文，汇编成"外国货币史译丛"出版，介绍给国内读者。

基于"外国货币史译丛"中的史料知识，通过对世界各国货币史的研究，结合世界各国出土的古代货币实物，以及世界各国货币发展、演变的历史背景，我们针对一些古代国家的货币史以及世界货币史的一些专题，开始撰写一批专著，以"世界货币史丛书"的名目陆续出版。

我们相信，"世界货币史丛书"的出版，对于我国货币理论的研究，以及我国关于世界各国历史、政治、经济和文化的研究，将有一定的参考价值。

石俊志

2022 年 10 月 28 日

目　录

第一章

中世纪威尼斯的起源、发展与衰落

> 我正站在威尼斯的叹息桥上面；
>
> 一边是宫殿，而另一边却是牢房。
>
> 举目看去，许多建筑物从河上涌现，
>
> 仿佛魔术师把魔棍一指，出现了幻象。
>
> 千年岁月围抱我，用它阴暗的翅膀；
>
> 垂死的荣誉向着久远的过去微笑，
>
> 记得当年，多少个藩邦远远地仰望，
>
> 插翅雄师国的许多大理石的楼堡，
>
> 威尼斯，就在那儿庄严地坐镇着一百个海岛。[①]

在诗人拜伦的笔下，威尼斯的历史是一段传奇。从马可·波罗及其父辈的经商和旅行经历中，我们可以想象到这样一幅图景：13世纪的威尼斯经济繁荣，商人遍布世界。这在被称为"黑暗的时代"的中世纪是一抹亮光。若将421年3月25日在里亚尔托岛上建立贸易点作为威尼斯共和国正式历史的开始，至1797年威尼斯城被拿破仑攻陷，威尼斯共和国的存续时间长达1300多年；若将727年威尼斯人选出自己的第一位总督作为威尼斯共和国的历史开端，其存续时间也长达千年之久。在这千余年

---

① ［英］乔治·戈登·拜伦：《恰尔德·哈洛尔德游记》，杨熙龄译，上海译文出版社1990年版，第199页。

中，威尼斯作为一个城市共和国，不断蓄积力量，并在 14 世纪达到鼎盛，成为欧洲领先的海洋和金融强国，其疆域曾一度拓展至意大利北部陆地、达尔马提亚海岸和包括克里特岛在内的爱琴海上的诸多岛屿，其中被潟湖环绕的威尼斯城更是从荒凉之地发展成举世瞩目的商业中心。随着大航海时代的到来，当西欧诸国逐渐走出中世纪的阴霾而大放异彩时，威尼斯却黯然地走向了衰落。

第一节

起源之争

一、难民与早期居民

哪一个理智的人会离开肥沃丰饶的伦巴第平原，来到这瘴气弥漫、沼泽遍布的荒地，在满是砂砾与茅草，消遣物仅有水流和潮汐的小岛屿上建立一个定居点，遑论一座城市呢？[1]

威尼斯共和国的统治中心和崛起之地即今位于亚得里亚海北部潟湖中的威尼斯城。亚得里亚海地处意大利与巴尔干半岛之间，是地中海的一个大海湾。在其最北端，从遥远的阿尔卑斯山由波河裹挟而来的泥沙不断堆积，形成了一大片小岛星罗棋布的

---

① ［英］约翰·朱利叶斯·诺里奇：《威尼斯史》，杨乐言译，译林出版社2021 年版，第 4 页。

潟湖和沼泽，威尼斯城便建在这些小岛和浅水滩上。它由 118 个小岛组成，岛屿之间运河交错，桥港遍布，不免使人联想到唐代诗人杜荀鹤笔下的苏州——"古宫闲地少，水港小桥多"。从空中俯瞰，在茫茫的水面上，一座城市拔地而起，正如拜伦所述，威尼斯仿若"从河中升起"。

千年之前，这里瘴气弥漫，粮食匮乏，地势低平，常常遭受水浸之苦，就连建造一座石头房子，都缺乏足够坚固的地基，而不得不在淤泥中，敲入密集排列的木桩。于是，我们不禁提出开头引文中的疑问，那些早期的开拓者到底来自何方，是什么给予了他们来到这里开创伟业的勇气？

关于威尼斯早期历史的直接记述，相关资料比较匮乏。理查德·查诺克（1859）考证，威尼斯这个名字来自公元前 10 世纪居住在亚得里亚海北部沿岸的古威尼提人（Veneti）。[①] 作为人种名，"Veneti"源自原始印欧语词根"wen-"，蕴含"努力、希望、爱"之意。这些古威尼提人可能是凯尔特人的后裔，最初来自维斯杜拉河与伏尔加河之间的萨尔马提亚。公元前 4 世纪，锡拉库扎的狄奥尼修斯一世为了得到威尼提人的著名马匹，在亚得里亚海沿岸建立了贸易殖民地。大约在公元前 238 年，威尼提人与罗马建立了友好关系，以共同对抗高卢人。此后，随着罗马帝国在阿奎莱亚、埃斯特、康科迪亚、奥德佐等地相继建立殖民地，奥古斯都屋大维于公元 7 年在亚得里亚海北岸开衙建府，设立大区，名

---

① Richard Stephen Charnock, *Local Etymology : A Derivative Dictionary of Geographical Names*, Houlston and Wright, 1859, p.288.

为威尼提亚（Venetia），治所在阿奎莱亚，辖地东起今克罗地亚东部的阿尔西亚河，西至意大利伦巴第大区的阿布杜阿。屋大维之所以将其命名为威尼提亚，部分原因是当地的威尼提人很早就坚定不移地效忠罗马。这里的人们驾着小船，从潟湖获得食盐和鱼类，并在潟湖与意大利北部的江河之间来回穿梭。于是，潟湖一带慢慢地形成了一个由渔民、盐农和船夫组成的定居点。

应该说，威尼斯这座城市的正式形成始于 5 世纪，发生在哥特人、匈人和伦巴第人等蛮族大迁徙，并相继入侵意大利半岛的背景之下。[①] 395 年，罗马帝国皇帝狄奥多西一世去世，帝国被他的两个儿子一分为二，正式分裂为东罗马帝国、西罗马帝国两个国家。其中，东罗马帝国又称拜占庭帝国，都城位于君士坦丁堡，其疆域最初包括巴尔干半岛、小亚细亚、叙利亚、巴勒斯坦、埃及、美索不达米亚及外高加索的一部分；西罗马帝国的都城位于罗马，其疆域基本以意大利半岛为主。当时，威尼斯城所在的威尼提亚大区便处于西罗马帝国的统治之下。

进入 5 世纪，由于匈人的西迁，一向生活在罗马帝国北部和东北部的日耳曼诸部族开始大批涌向帝国的边界，甚至越过阿尔卑斯山攻入意大利。其中，402 年，阿拉里克带领西哥特人袭击了意大利东北部的阿奎莱亚，并在附近省份烧杀劫掠，导致当地居民纷纷逃散，前往他处避难，而位于潟湖中人迹罕至的小岛便

---

① 张春林：《世界文化史知识：海洋·商业与历史——威尼斯衰落之谜》，辽宁大学出版社 1996 年版，第 4 页。

成了一个很好的去处。于是，随着蛮族铁骑的蜂拥而至，越来越多的人逃难到这些小岛上。421年3月25日，三位来自帕多瓦的西罗马领事官来到了潟湖中的里亚尔托岛，即后来威尼斯城所在的一串小岛中最大的一座，并决定在这里建立一个贸易点。此后，不断有罗马官员前来治理此地。从官方的角度来看，421年西罗马领事官的到来意味着政府治所的设立，标志着威尼斯这座城市的正式诞生。①

452年，匈人在阿提拉的带领下也来到了意大利东北部，并兵临波河。这次的入侵更为残酷，他们同样袭击了阿奎莱亚，当地居民在进行了长期抵抗之后，也纷纷逃到亚得里亚海附近的岛上避难。附近其他遭受相似命运的城镇居民也逃到了这些岛上，于是，随着难民人数的不断增加，威尼斯城所在的潟湖一带慢慢发展成一个组织良好的社区。关于这一点，马基雅维利曾简要提到：

这些人就是这样受危急处境所逼，离开条件很好的肥沃地区，住到了这个贫瘠的无益的地方。不过，由于大批人聚集在这个比较狭小的地区，在很短的时期内，就把这一带地方弄得不但可以居住，而且还很可爱。他们制定自己的法律和有用的规章制度。在意大利遭受蹂躏破坏的时候，这个地方的人却享受着安居乐业的生活。②

---

① ［英］约翰·朱利叶斯·诺里奇：《威尼斯史》，杨乐言译，译林出版社2021年版，第5页。

② ［意］马基雅维利：《佛罗伦萨史》，李活译，商务印书馆1996年版，第39页。

二、第一任总督

476 年，日耳曼人奥多亚克作为罗马雇佣兵领袖，罢黜了西罗马帝国的最后一位皇帝，成为意大利的新主人。起初，奥多亚克宣布效忠拜占庭皇帝芝诺。然而，后来他拥兵自重，把意大利的统治权紧紧地握在自己手里，并对周边地区展开了一系列军事征服。对此，芝诺甚为不满，便不再承认他对意大利的统治权。与此同时，在东部的拜占庭帝国，原居于潘诺尼亚的东哥特人在首领狄奥多里克的带领下，不断深入富饶的巴尔干半岛，并数次对君士坦丁堡造成围困之势。为了给东哥特人寻找安置之所，以缓解帝国自身危机，芝诺同意狄奥多里克出兵意大利。493 年，狄奥多里克在宴会上杀死了奥多亚克，收编其余部，建立了东哥特王国。此后，狄奥多里克虽在名义上臣服于拜占庭，却以王国之实统治着意大利。直到 535 年，拜占庭帝国在优士丁尼一世统治时期，对东哥特王国发动了战争。这次战争一直持续到 555 年，在这一年，意大利被拜占庭帝国征服，东哥特王国永远地消失在历史长河中。[①] 至此，威尼斯在名义上成为了拜占庭帝国的一部分。

拜占庭帝国征服意大利后，负责管理该地区的最高级别的政府官员——总督常驻在拉文纳。拉文纳位于波河入海口，即亚得里亚海的西岸，与威尼斯只能通过海路相连。拉文纳公爵的下级军官，即大元帅，则驻扎在亚得里亚海北岸的行省威尼提亚。

---

① 厉以宁：《罗马—拜占庭经济史》，商务印书馆 2015 年版，第 243 页。

568 年，伦巴第人越过阿尔卑斯山，侵入意大利北部。这是蛮族对意大利的最后一次入侵，也是持续时间最长的一次。在近 100 年的时间里，伦巴第人的势力不断发展壮大，甚至渗透到意大利中部和南部，并建立了自己的王国。其间，阿奎莱亚、康科迪亚、帕多瓦等地相继陷落，拜占庭帝国在意大利北部的领土逐渐缩小至潟湖周边地带。639 年，当拜占庭帝国在该省陆上的最后一个据点奥德佐陷落后，行省大元帅便将其行政班底转移到潟湖岸边的奇塔诺瓦。为了纪念当时执政的拜占庭帝国的皇帝希拉克略，奇塔诺瓦被更名为希拉克利亚。从 697 年开始，拜占庭为当地指派了独立的军事指挥官，其头衔为"公爵"（dux）。直到 8 世纪，希拉克利亚一直都是拜占庭公爵的治所所在地。

至此，拜占庭帝国势力在希拉克利亚的存在妨碍了威尼斯人选出自己的领袖，潟湖周边的沿海地区均需听命于帝国委任的官员。但事实上，早在 466 年，各个聚居区的代表曾在格拉多共聚一堂，选出各自的保民官，初步形成了自治的政府体系。在大陆上纷争不断、政权更迭不休时，居住在潟湖小岛上的人们，因为地理上处于隔绝状态，安居乐业，并且自治程度越来越高。

726 年，当拜占庭帝国皇帝利奥三世反对供奉圣像的诏令抵达意大利时，教皇格里高利二世对此表示强烈抗议，并鼓动意大利各省起来反抗利奥三世的统治。727 年，位于拉文纳的拜占庭军队发动叛变，脱离了拜占庭的统治，并选出了自己的公爵。后来，其他参与叛乱的城镇也发生了类似的事情。同年，威尼斯人也选出了自己的公爵，这位公爵名为奥尔索·伊帕托，被认为是威尼斯的第一位民选公爵。后来，拜占庭帝国皇帝授予奥尔索"执政官"（hypatus）的称号，并承认其"公爵"（dux）头衔。其中，"公爵"在威尼斯方言中被称为"总督"（doge）。

三、作为拜占庭帝国的一部分

独立性并非像民主制度一般，在威尼斯诞生之日就奇迹般地降临；多年以来，它缓慢而茁壮地成长着，这或许正是威尼斯共和国得以延续如此长时间的原因。[①]

早在罗马共和国时期，居住在亚得里亚海北岸的威尼提人便在同盟者战争中获得了拉丁公民权。公元前49年，随着罗西亚法（Lex Roscia）的出台，他们进一步获得了罗马公民权。此后，随着罗马帝国的建立，四通八达的道路把帝国的各个区域连在一起，"一切民族的界限逐渐融合于共同帝国的观念之中了"[②]。

罗马帝国分裂后，尤其是在西罗马帝国被日耳曼民族灭亡后，拜占庭作为罗马帝国的延续，在很多方面继承了罗马帝国的遗产。因此，威尼斯与拜占庭，无论是在情感上还是在文化上都联系紧密。例如，在优士丁尼统治时期（527~565年），威尼斯曾在551年为在意大利半岛上作战的拜占庭将军纳尔塞斯提供援助，用他们的船只将增援的伦巴第雇佣军送至拉文纳。作为回报，纳

---

① ［英］约翰·朱利叶斯·诺里奇：《威尼斯史》，杨乐言译，译林出版社2021年版，第11页。

② ［英］詹姆斯·布赖斯：《神圣罗马帝国》，孙秉莹等译，商务印书馆1998年版，第109页。

尔塞斯在里亚尔托岛上修建了两座教堂。在 555 年征服意大利全境后，拜占庭皇帝成为威尼斯名副其实的主人。

在 568 年伦巴第人入侵意大利之后，这些潟湖上的小岛名义上仍是拜占庭帝国的领土，处于君士坦丁堡任命的罗马帝国官员的管辖之下。727 年，随着拜占庭在意大利统治的崩溃，威尼斯得以选出自己的第一位总督，但威尼斯并未因此脱离对拜占庭名义上的依附关系。在拉文纳被伦巴第人占领后，奥尔索应拜占庭拉文纳公爵的要求，派出一支由 80 艘船组成的舰队，成功地解除了伦巴第人对该城的围困。

即便在 751 年，伦巴第国王征服了拉文纳的大部分地区，拜占庭帝国在政治层面上对威尼斯的控制也在减弱，但威尼斯仍然是一个孤独的、日渐自治的拜占庭前哨。这种依附关系在 9 世纪初法兰克王国查理大帝之子丕平征伐威尼斯之际得到了强化。

774 年，查理大帝以援助教皇哈德良之名，征服了伦巴第王国，成为北意大利的实际统治者。800 年，查理大帝又被教皇利奥三世加冕为“罗马人的皇帝”。于是，西方的法兰克王国和东方的拜占庭帝国之间的关系日益紧张。810 年，作为意大利国王，查理大帝之子丕平在其父亲的授权下，开始围攻在名义上尚属拜占庭的潟湖地区。然而，面对撤入内岛的威尼斯人，丕平的军队束手无策，虽威逼威尼斯投降，但遭到严词拒绝。

丕平向威尼斯人呼吁道：“因为你们的土地属于我的国家，你们的人民受我统治，所以你们要听命于我，受我的意志支配。”然而，威尼斯人如此答复：“我们可以做罗马皇帝的臣仆，但绝不会臣服于你。"①

在拜占庭舰队的帮助下，威尼斯击退了丕平的进攻。812 年，查理大帝和拜占庭皇帝迈克尔一世签订了和约，且在 814 年和约得以实现。根据和约，法兰克王国明确承认威尼斯作为一个公国是拜占庭帝国的一部分。与此同时，查理大帝也获得了拜占庭帝国的认可。对于威尼斯而言，这份和约的签订，意味着此时的威尼斯依然背向意大利，以东方马首是瞻。不过，其中的好处是不言而喻的。

在经济上，威尼斯作为拜占庭帝国的依附，享受着在拜占庭帝国境内进行贸易的特权，成为商品进入西欧市场的通道，正如约翰·朱利叶斯·诺里奇所评论的那样："最适宜贸易的风从哪个方向吹来……忠诚就到哪而去。"②在政治上，该和约将威尼斯与意大利其他地区隔离开来，因而使其能够及时避开在意大利大陆上发生的政治动荡。至于它的独立性，实际上没有任何的削弱。因为不久之后，威尼斯便获得了事实上的独立。

四、一个关于独立的传说

如果[威尼斯]共和国想在周边逐渐形成的新欧洲获得尊敬，它就需要一些仅仅靠财富或海上实力不能给予的特殊声望。而在

---

① [英]约翰·朱利叶斯·诺里奇：《威尼斯史》，杨乐言译，译林出版社 2021 年版，第 26 页。

② [英]约翰·朱利叶斯·诺里奇：《威尼斯史》，杨乐言译，译林出版社 2021 年版，第 52 页。

政治与宗教纠缠在一起难解难分的中世纪，拥有一件重要的圣人遗物可以令一座城市获得独有的神秘魅力。[①]

742 年，奥尔索·伊帕托的儿子特奥达托·伊帕托被选为新的威尼斯总督。上任之后，他便将总督府从颇具拜占庭帝国色彩的希拉克利亚搬到了更倾向共和政体的马拉莫科。大约在 811 年，新上任的总督阿格尼罗·帕提西帕奇奥又将总督府从马拉莫科搬到了位于潟湖中心的里亚尔托岛上，即威尼斯城的核心。对于不熟悉该岛水域的外来人而言，总督府几乎是无法靠近的。这一地理特征也更有利于威尼斯实现自治。

然而，任何一座身处中世纪的城市，都无法摆脱宗教的影响。一座城市的独立和声望，不仅来自经济上的繁荣、政治上的自治，更需宗教上的声望。在饱受战乱的中世纪，威尼斯需要一位保护神来提升这座城市在精神层面上的地位和凝聚力。这既是出于政治动机，也是出于虔诚。

当时，西欧盛行"圣物崇拜"的风潮。[②]圣物指的是圣徒的遗骸和遗物。圣物崇拜，起源于原始的迷信思想，认为伟大的人物有某种神圣的力量，在他们去世之后，这种神圣的力量仍旧依附于其尸体及其遗物之上。所以，拥有"圣物"不仅可以获得这种神奇力量，以求庇护、治疗疾病，还可以赢得威望。因此，当时

---

① ［英］约翰·朱利叶斯·诺里奇:《威尼斯史》，杨乐言译，译林出版社2021 年版，第 35 页。

② 林中泽:《试论古代中世纪西方圣徒崇拜的社会功能》，《世界历史》2012年第 6 期，第 4–21 页。

的人们为了获得珍贵的圣物，甚至大打出手。

827 年，威尼斯迎来了一个令其声誉大增、举国自豪的圣物——圣马可的遗体。圣马可是《新约·马可福音》的作者，于公元 67 年在埃及殉难。传说，多年前，威尼斯还是一片荒芜的海滩，当圣马可从阿奎莱亚前往罗马传教时，乘船经过里亚尔托岛海岸，当时风暴骤起，把船刮到荒凉的威尼斯潟湖地带搁浅了。圣马可以为陷入了绝境，便向天祈祷，忽然一位天使从天而降，并祝福道："愿你平安，马可！我的福音者，你的身躯将在威尼斯安息。"[①] 这个传说为威尼斯拥有圣马可遗体的正当性提供了支持。

据说，827 年，一支由十艘威尼斯商船组成的船队因遇到风暴，不得不在伊斯兰统治下的亚历山大城避难。在船上，有两位威尼斯商人每天都去港口附近的教堂祷告，并因此结识了教堂的牧师西奥多。西奥多对当时日益萎缩的基督教社区感到担忧，并提到哈里发马穆恩已经下令拆除教堂。他建议将教堂里保存的圣马可的遗体安全地转移到威尼斯。[②]

为了暗中把圣马可的遗体运走，他们先是将教堂里的圣人克劳迪娅的遗体放入圣马可的墓穴中，然后把圣马可的遗体放在一个大篮子里运往港口。传说，当时圣马可曾显灵，并散发出芬芳的气味。为了将圣马可的遗体运到威尼斯人的船上，并成功瞒过

---

① Joanne Marie Ferraro, *Venice : History of the Floating City*, Cambridge University Press, 2012, p.89.

② J.Warren, "The First Church of San Marco in Venice", *The Antiquaries Journal*, Vol.70, No.2, 1990, pp.327–359.

海关官员，他们在圣物上覆盖了大量猪肉。在航行的过程中，途经暗礁，圣马可再次显灵，警告水手即将发生危险，最终使船只免于失事。最后，在威尼斯人兴奋的呼声中，圣马可的遗体安全抵达威尼斯，并在庄严的游行中被带到总督那里。

从此，圣马可成为了威尼斯的守护圣人，就像圣乔治之于热那亚一样，而象征圣马可的飞狮也成为威尼斯这座城市的标志性形象。它不仅出现在建筑物和旗帜上，还出现在钱币、船舶和各种文书法令中。无论是在庆典活动中，还是在奔赴战场时，人们都会提到圣马可的名字。总之，通过与一位圣徒建立联系，威尼斯教会的独立性和国家的凝聚力得到了加强。自此，威尼斯在拉丁基督教世界获得了无与伦比的声望。

840 年，威尼斯总督彼得罗·特拉多尼科（836~864 年）与中法兰克王国皇帝洛塔尔一世签订了《洛塔尔条约》（*Pactum Lotharii*）。该条约委托威尼斯舰队在亚得里亚海上进行军事防御，这隐晦地承认了威尼斯拥有亚得里亚海的制海权。然而，值得一提的是，威尼斯是合约的签署方之一，而不是拜占庭。这也是威尼斯总督首次主动与西方世界签订协议。在该条约签署后，威尼斯总督的头衔从 8 世纪的"威尼斯省的公爵"（Dux Venetiarum Provinciae）变成了"威尼斯人的公爵"（Dux Veneticorum）。在历史学家看来，这是威尼斯正式的独立宣言。[1]

---

① William R. Day Jr，Michael Matzke，Andrea Saccocci，*Medieval European Coinage Cambridge：Northern Italy*，Cambridge University Press，2016，p.628.

第二节
世界贸易的开始

一、贸易的开端

詹姆斯·汤普逊曾指出，"威尼斯从其历史一开始就是一个商人国家"[1]。6世纪初，那些逃难而来的威尼斯居民主要由渔民、盐农和船夫组成。他们熟练地驾着小船，在潟湖与意大利北部陆地上的江河之间来回穿梭，从事商品交换的营生。523年，狄奥多里克麾下的官员曾寄给"海上的保民官们"一封信，从信中可以一瞥威尼斯人的生活状况：

你们在这个地区拥有许多船只……你们的人民拥有一笔巨大的财富——海中鱼类可以满足所有人的需要……你们将全部精力投诸盐田，盐田亦带来繁荣昌盛，使你们有能力购买所缺之物。[2]

可见，威尼斯最初的经济发展主要依托于渔业和盐业这两大支柱产业。作为一座建立在水上的城市，威尼斯被广阔的水域环绕，这使捕鱼成为当地居民重要的经济来源。同时，潟湖中丰富的盐田，使威尼斯人能够通过开采和生产食盐获利。用这些鱼类

---

① ［美］詹姆斯·汤普逊：《中世纪经济社会史（上册）》，耿淡如译，商务印书馆1997年版，第79页。

② ［美］弗雷德里克·C. 莱恩：《威尼斯：海洋共和国》，谢汉卿等译，民主与建设出版社2022年版，第3—4页。

和食盐，威尼斯人可以从意大利北部内河贸易中换取粮食，这对缺乏耕地的威尼斯至关重要，是其维持不断增长的人口、促进城市繁荣和成长的基础。

然而，威尼斯商业的真正崛起，离不开对拜占庭帝国的依附。威尼斯位于两个世界的交汇边缘——拜占庭和穆斯林的东方及拉丁和日耳曼的西方。而拜占庭位于欧亚大陆的交界处，其首都君士坦丁堡经济繁荣，是东西方商品的汇集和转运地。在拜占庭帝国征服东哥特王国及后来与伦巴第人的战争中，作为帝国在西方边陲唯一的港口和连接东西方的交通枢纽，威尼斯通过为拜占庭提供船只和运送粮食，双方建立了友好的关系。这种良好的关系使威尼斯商人能够在拜占庭帝国内自由经商。

在希拉克略统治时期（610~641 年），拜占庭帝国的大将朗基努斯对威尼斯进行了访问，并与威尼斯签订了一份重要的合约。该合约被认为是威尼斯与拜占庭帝国之间签订的第一份正式的合约。根据合约条款，作为对威尼斯人的忠诚和在需要时提供服务的回报，拜占庭承诺威尼斯商人在拜占庭境内的贸易活动将受到保护，并给予后者遍布帝国全境的贸易特权。这使威尼斯人成为拜占庭向西欧出口东方货物的重要中间人。尤其是在 9 世纪萨拉森人征服了西西里岛和意大利半岛南端的部分地区后，威尼斯比以往任何时候都更像东方商品输入西欧的门户。

值得一提的是，威尼斯从一个默默无闻的小村庄，发展为亚得里亚海北部的主要港口和意大利北部连接东西方的主要门户，其领导地位的获得并非一蹴而就。5 世纪上半叶，亚得里亚海北部的主要港口是拉文纳和阿奎莱亚，其中拉文纳地处波河入海口附近，早在罗马帝国时期就是一个重要的港口城市，是罗马帝国在意大利北部的重要据点之一。阿奎莱亚也曾是罗马帝国在意大利东北部的一处重要军事据点和贸易中心，而且随着基督教在罗马帝国境内的传播，阿奎莱亚还成为重要的基督教中心之一。然而，6~8世纪，在拜占庭与伦巴第人的战争中，它们都失去了往日的地位。此后，位于潟湖中的城市相继崛起。与威尼斯早期的经济发展模式类似，这些城市靠贸易起家，主要是把产自潟湖的物品运输至意大利北部的河流两岸，交换内陆生产的大宗商品和谷物。

因此，把持意大利北部内河上的贸易同拥有亚得里亚海的控制权一样，都具有战略重要性。

其实，9世纪，威尼斯南部有一座与之相似的小镇，名叫科马基奥。它也建在水上，由一系列连接的小岛组成，小岛之间由桥梁和运河连接。与威尼斯相比，科马基奥有更有利的位置，它不仅距拉文纳更近，而且位于通往意大利北部的波河河口。然而，威尼斯为了维护和巩固其在北亚得里亚海的商业地位，在881年袭击并摧毁了这座城市。932年，威尼斯人再次袭击了科马基奥，并驱逐了其居民。通过这种途径，威斯尼控制了通往意大利内陆的波河河口和内河贸易。与此同时，对于其他与其竞争的亚得里亚海北部沿海城市，威尼斯通过采用禁止交易、切断食盐供应等经济制裁手段迫使其屈服。于是，亚得里亚海北部最终处于威尼斯的控制之下。[①]

---

① ［美］弗雷德里克·C.莱恩：《威尼斯：海洋共和国》，谢汉卿等译，民主与建设出版社2022年版，第30页。

二、从内河贸易走向海洋贸易

在1000年之前，威尼斯商人主要把持着意大利北部内河上的贸易，将来自东方的货物或产自潟湖的物品运输至意大利北部的河流，并进一步运输至帕维亚、皮亚琴察和维罗纳等内陆城市。然而，从1000年左右开始，更多的威尼斯人从内河转向海洋，开始穿越地中海，从事那些在威尼斯与黎凡特之间曾被希腊人、叙利亚人和阿拉伯人等控制的海外贸易。这虽得益于意大利内陆人口增长和城镇扩张带来的对东方奢侈品需求的增加，但更重要的有利条件是威尼斯与东西方两个大国之间建立了友好互利的贸易关系。

991年，彼得罗二世·奥尔赛奥洛成为威尼斯的新任总督。为了巩固威尼斯的政治权力，他采取了一系列措施推动国际合作与发展。同时，通过改革税收制度、鼓励贸易和海运等措施，推动了威尼斯的商业发展，使其成为地中海贸易的重要中心之一。在彼得罗二世担任总督的近20年中，威尼斯获得了极大的发展。作为总督，彼得罗二世上任后的首要任务便是恢复与东西方两个帝国友好而互利的贸易关系。

在东方，拜占庭帝国正值巴西尔二世统治时期（976~1025年）。巴西尔二世是拜占庭帝国历史上最杰出的皇帝之一，在位长达近50年，在外交和军事上取得了巨大的成功。彼得罗二世通过与巴西尔二世谈判，获得了比威尼斯以往享有的任何商业条款都更加有利的条件。例如，在拜占庭帝国，真正的威尼斯商品可以享受远低于对一般外国商品征收的关税。几乎同样重要的是，君士坦丁堡的威尼斯商人将受到地位相当于财政大臣的宫廷总管的直接管理，这使他们免去了拜占庭官僚机构的繁文缛节。同时，作为回报，威尼斯的舰队随时待命，负责将拜占庭帝国的军队运送到任何可能需要的地方。

在西方，神圣罗马帝国正处于奥托三世统治时期（996~1002年）。作为查理曼帝国的继承者，神圣罗马帝国一直把持着意大利大陆的霸权。奥托三世出生于980年，这位年轻的皇帝对拜占庭皇帝巴西尔二世非常崇拜，并试图通过外交、政治和文化手段加强神圣罗马帝国的统治。显然，这将有助于东西方两大帝国的和平相处，对于处在中间地带的威斯尼而言，也是非常有利的。996年，当奥托三世有生以来第一次越过阿尔卑斯山前往罗马进行加冕时，他为了表示自己的友好，授予了威尼斯总督在皮韦亚河和西莱河沿岸设立仓库和贸易站的权利，并保证所有威尼斯人在帝国领土上享有免税待遇。

因此，在彼得罗二世任总督期间，威尼斯共和国与基督教世界中两个最大的国家的贸易前景一片光明。一方面，在意大利北部的河流上，威尼斯货船不仅运载着盐和鱼，还运载着奴隶和东方的货物，奋力逆流而上，到达维罗纳、皮亚琴察和帕维亚的大货仓，然后从那里将货物通过陆运穿过亚平宁山脉运往那不勒斯和阿马尔菲等地区，或者越过阿尔卑斯山运往德国和北欧。另一方面，沿着亚得里亚海，威斯尼大型商船载着木材、奴隶等商品向东南航行，绕过伯罗奔尼撒半岛，驶向君士坦丁堡和埃及，甚至抵达黑海。

三、达尔马提亚的海盗

达尔马提亚海岸位于克罗地亚的东部，是亚得里亚海东部的一段海岸线。对于威尼斯而言，为了扩张海上贸易，控制达尔马提亚海岸至关重要。这一地区的岛屿和海湾的分布犹如迷宫一般，早在罗马时代，便是地中海贸易航线的重要通道，同时也是许多海盗活动的发源地。威尼斯在亚得里亚海上的贸易深受达尔马提亚的海盗的侵扰，且已达一个半世纪之久，如今，海盗问题亟待解决。这些海盗主要来自哪里？

西罗马帝国灭亡后，拜占庭帝国在优士丁尼一世统治时期从东哥特人手中夺回了意大利半岛及克罗地亚东南部地区。639年，达尔马提亚地区首先遭到了阿瓦尔人的入侵。紧接着，从中欧迁移过来的斯拉夫人越过多瑙河，穿过潘诺尼亚平原，进入巴尔干半岛北部，并定居于此。他们摧毁了内陆的主要城市，占领了大部分腹地，并建立了好几个地方政权。

8~9世纪，拜占庭在环亚得里亚海一带的控制权仅限于个别岛屿和位于达尔马提亚海岸的一些拥有地方自治权的城市。这些城市是476年西罗马帝国灭亡后，由在蛮族入侵中幸存下来的当地人建立起来的，主要由八个小城市构成，包括扎拉、斯帕拉托、阿尔贝、切尔索、特鲁、韦格利亚、拉古萨和卡塔罗。它们的运作方式与城邦非常相似，拥有广泛的自治权。作为沿海城市，它们主要与意大利半岛和不断发展的威尼斯进行贸易活动。

10世纪，斯拉夫人建立了地方政权克罗地亚王国（925~1102年）。为了控制达尔马提亚群岛，克罗地亚人发展了自己的海上力量，开始对沿海地区进行破坏性掠夺，并与其他进行劫掠的海盗结成同盟。在威尼斯商人及昔日宗主国拜占庭帝国的眼中，达尔马提亚的这些斯拉夫航海者，更像一群海上秩序的破坏者，或者说"海盗"。其中一个斯拉夫人的海盗基地位于以纳伦塔河和采蒂纳河为中心的达尔马提亚南部地区。这些斯拉夫人潜藏在暗河和小海湾之间,劫掠在亚得里亚海上往来的商船,是9世纪和10世纪活跃于亚得里亚海上的著名的海盗。

斯拉夫人向伊利里亚的大迁徙发生在7世纪上半叶,他们使达尔马提亚的命运彻底改变。在巴尔干半岛的其他地方,那些由塞尔维亚人、克罗地亚人或保加利亚人组成的入侵者在驱逐或吸收当地人口方面没有什么困难。但在这里,当斯拉夫人面对强大的海上城邦时,却被打得晕头转向,这些城邦高度文明,即使没有物质上的支持,也能依靠他们在意大利的亲戚的道义。因此,当斯拉夫人定居乡村地区时,拉丁人或意大利人为了安全涌向了拉古萨、扎拉和其他大城镇,整个国家就这样被划分为两个经常敌对的社区。这种对立因东西方基督教的分裂(1054年)而加剧,斯拉夫人通常喜欢东正教,有时喜欢波戈米尔教义,而意大利人坚定地依附于罗马教廷。[①]

834~835年,斯拉夫海盗在一次侵袭中,抢劫并杀害了一些从贝内文托返回的威尼斯商人,这引起了威尼斯人对他们的极大不满。与此同时,威尼斯并不是唯一的受害者,帕多瓦和其他意大利城市也是受害者,西部的帝国在与拉文纳进行海上贸易时也深受斯拉夫海盗的困扰,所以打击海盗成为了所有统治者的当务之急。

---

① Kingsley G. Jayne, Dalmatia, in Chisholm, Hugh (eds.), *Encyclopaedia Britannica*. Vol. 07(11th ed.), Cambridge University Press, 1911, pp.772–776.

8世纪末，达尔马提亚一带曾一度被查理大帝占领，但在812年《尼基弗鲁斯和平条约》签订后，它在名义上仍属于拜占庭。

此后，随着加洛林帝国的衰落，法兰克人不再是亚得里亚海的主要势力，而拜占庭的皇帝因为可以从威尼斯得到保障，日益忽视对亚得里亚海基地的维护，并逐渐丧失了抵御外部攻击的能力。与此同时，威尼斯共和国在达尔马提亚的势力却日益增长。

为了在这片狭窄的水域上站稳脚跟，并保障其从贸易中获得的利益，837年，威尼斯总督彼得罗·特拉多尼科在刚上任后不久，便率领一支海军远征达尔马提亚。他击败了那些由斯拉夫人组成的海盗，并与之达成了和平协议。840年，应威尼斯总督彼得罗·特拉多尼科的要求，中法兰克王国皇帝洛塔尔一世更新了812年签订的《尼基弗鲁斯和平条约》的内容。根据新条约，威尼斯舰队拥有在亚得里亚海进行海上防御的权力，这隐晦地承认了威尼斯对亚得里亚海的控制权。

然而，威尼斯与斯拉夫海盗达成的和平协议并没能维持多久。虽然总督奥尔索·帕提西帕奇奥在876年与克罗地亚公爵缔结了和平联盟，但威尼斯人仍在与斯拉夫海盗交战。自887年总督彼得罗一世·坎迪亚诺在与海盗对阵中不幸阵亡后，威尼斯人一直以交保护费的方式与这些海盗维持着相对和平。直到948年，威尼斯总督彼得罗三世·坎迪亚诺再次向斯拉夫海盗开战。遗憾的是，这次与海盗的对阵还是以失败告终，威尼斯被迫继续向海盗交保护费以获得安全的海上通道。[①]

---

① R. J. B. Bosworth, *Italian Venice : A History*, Yale University Press, 2015, p.46.

从 991 年开始，威尼斯共和国的内部纷争得到了平息，而与拜占庭帝国之间的贸易也因与皇帝巴西尔二世签订的有利条约而得到促进。此时的威尼斯比以往任何时候都更希望将驶出亚得里亚海的通道掌握在自己手中。于是，998 年，威尼斯总督彼得罗二世·奥尔赛奥洛开始组织舰队，远征达尔马提亚。在威尼斯取得了一系列初步胜利后，海盗转而开始在陆地上进行劫掠，那些分布在达尔马提亚沿岸的海港城市首当其冲。这些孤立的城市在950 年左右便逐渐失去了拜占庭的保护，因此不得不向威尼斯寻求支援。

1000 年，威尼斯舰队向伊斯特拉和达尔马提亚沿海地区进行了一次远征，使斯拉夫海盗被永久地镇压了。作为提供保护的回报，这些沿海城市承诺向威尼斯提供一支特遣队，有时还以金钱或实物形式进贡。总督彼得罗二世·奥尔赛奥洛甚至自封为"达尔马提亚公爵"。

威尼斯人在每一个停靠的港口都受到当地主教、贵族和修道院院长的欢迎……当地人许下大量宣誓效忠的言辞，偶尔还有年轻人自发聚集起来，投入威尼斯旗下效力。[1]

此时，这些港口城市虽然在理论上还不是威尼斯的领土，但威尼斯实质上将它们置于自己的保护之下，确保了自己在这些城市建立货仓和贸易点的权利，并可以防止亚得里亚海东部出现任

---

[1]　［英］约翰·朱利叶斯·诺里奇：《威尼斯史》，杨乐言译，译林出版社2021 年版，第 86 页。

何危险的政治或商业竞争对手。除此之外，威尼斯还可以从这里获取丰富的木材以发展其造船产业。

然而，在此后的历史中，威尼斯为了确保达尔马提亚的制海权，不断地与邻居发生摩擦。1102 年，匈牙利公国吞并克罗地亚王国后开始入侵达尔马提亚，将其势力扩展到沿海并占领了数个重要城市。除此之外，这些沿海城市名义上的统治者拜占庭帝国在某些时期还加强了统治，所以，我们会看到达尔马提亚的实际统治权在威尼斯、拜占庭帝国和匈牙利王国之间不断易手。

四、打开东方的大门

[拜占庭]皇帝猛地向威尼斯人打开了东方的大门。从那天起，威尼斯人开始了他们的世界贸易。[①]

威尼斯历史的真正转折点出现在 1081 年。这一年，拜占庭遭到诺曼人的入侵，皇帝阿莱克修斯一世向威尼斯寻求帮助。诺曼人又称"维京人"。"维京人"的字面意思是"侵略峡湾临近国家的人"。8 世纪时，诺曼人开始对欧洲沿海地区进行破坏性的掠夺袭扰。到 900 年左右，诺曼人已经在塞纳河下游法兰克的土地上获得了永久的据点。11 世纪，在"足智多谋且有才能、勇气者"[②]的冒险家罗伯特·吉斯卡尔的带领下，诺曼骑士不仅在南

---

① D. Nicol, *Byzantium and Venice : A Study in Diplomatic and Cultural Relation*, Cambridge University Press, 1989, p.168.

② [英]赫德等:《意大利简史》, 罗念生等译, 商务印书馆 1975 年版, 第 78-79 页。

意大利立足，还袭击了亚得里亚海东海岸的拜占庭领土。对阿莱克修斯一世的请求，威尼斯派出了自己的舰队以示支持，因为这也符合威尼斯共和国的利益。

像罗伯特·吉斯卡尔这种统治者，一旦决心攻占奥特朗托海峡两侧，就得尽快占领亚得里亚海内的威尼斯，或是强迫后者开放该狭窄的海域。一个世纪多以来，威尼斯通过在亚得里亚海自由进出，已能航海至埃及和君士坦丁堡，罗伯特·吉斯卡尔的野心严重威胁着威尼斯的商业利益。[①]

1082 年，作为对威尼斯支持的回报，阿莱克修斯一世向威尼斯颁布了黄金诏书（chrysobulla）。该诏书详细列出了威尼斯商人不需要支付消费税的 32 个拜占庭城市和港口（除了塞浦路斯和克里特岛）；承诺每年向威尼斯城内的所有教堂提供津贴，包括向圣马可大教堂赠予特别礼物；授予威尼斯人在君士坦丁堡金角湾沿岸设立仓库、码头和其他在拜占庭首都中进行贸易时所需的设施的权利；在科林斯等拜占庭帝国重要海港自由进出的权利。此外，值得强调的是，该诏书还承诺拜占庭将向威尼斯的竞争对手阿马尔菲增收税款[②]。

在接下来的数年中，威尼斯获得的免税权使其在拜占庭港口贸易中获得了极大的利益。君士坦丁堡、爱琴海及地中海沿岸的

---

① ［美］威廉·麦克尼尔：《威尼斯：欧洲的枢纽 1081—1797》，许可欣译，上海人民出版社 2021 年版，第 3 页。

② 阿马尔菲位于意大利南部，在中世纪是地中海沿岸一座重要的商业城市，拥有悠久的海上贸易传统。

海洋贸易很快地落入了威尼斯人手里。同时，威尼斯与埃及的贸易也在扩大。威尼斯人通过埃及获得了大量来自印度和南海的香料和奢侈品，再卖给意大利北部和阿尔卑斯山地带的富人，并将欧洲的木材、金属和其他制成品运到埃及，用来支付香料等东方产品的费用。

1100 年，威尼斯进一步通过协助十字军攻占巴勒斯坦沿岸的海法，确立了其在海法的贸易权和其 1/3 领土的管辖权，开启了其海外帝国的时代。在同一时期，威尼斯海军异军突起。1104 年，威尼斯著名的军械库（Arsenal）成立了。从此，造船业成为威尼斯的国有产业，两个小岛成为造船业的中心。造船所、铸造厂、弹药库、修帆所等各种工坊均汇集一处。在后来，威尼斯军械库开始生产标准化设计的船只，不仅生产规模庞大，而且效率极高。据说，军械库在规模最大时雇用了 1.6 万名技术工人，不需 1 小时便可造好一艘战舰。[①] 这使威尼斯在海军力量和商业航运方面成为领先者。

1124 年，威尼斯又参与了十字军对提尔的围攻，同样获得了贸易特权，进一步巩固了其政治和经济实力。其间，拜占庭皇帝阿莱克修斯一世的继任者约翰一世曾一度收回在 1081 年给予威尼斯人的优惠条件。不过，1126 年，面对威尼斯海军施加的压力，拜占庭重新向威尼斯打开了君士坦丁堡的大门，威尼斯继续面向东方开展世界贸易。

[①]　Frederic C. Lane, *Venetian Ships and Shipbuilders of the Renaissance*, Johns Hopkins Press, 1934, p.144.

第三节
结盟与争雄

一、伦巴第同盟

12世纪，威尼斯面临多个大国夹击的威胁。南方有盘踞在意大利和西西里的诺曼王朝，东方有拜占庭帝国，北方则有德意志神圣罗马帝国。就连威尼斯所在的亚得里亚海海域，也不断涌现意图称雄的潜在竞争者。东边有与威尼斯争夺伊斯特利亚半岛和达尔马提亚控制权的匈牙利王国，西边有与之争夺布伦塔河和波河等内河控制权的帕多瓦地方政权。此外，还有许多在经济上或政治上与威尼斯竞争的政权，如意大利北部的比萨、热那亚等城市共和国，以及教宗国和十字军国家，更不必说北非与中东的萨拉森人。

1149年底，威尼斯与西西里达成和解。1154年，双方正式协定了亚得里亚海域的管辖权，其中从拉古萨向西划出的界限以北的所有水域归属威尼斯。在同一时期，威尼斯与拜占庭维持着表面上的友好关系。然而，西方的神圣罗马帝国在"红胡子"腓特烈的带领下迅速扩张，对威尼斯的生存构成了迫切而致命的威胁。

1152年，"红胡子"腓特烈继位为神圣罗马帝国皇帝，他的愿望是让帝国恢复昔日罗马帝国的伟大和辉煌。为此，他展开了一系列军事征服，包括出兵意大利和西西里。1154年，腓特烈召集意大利各城镇代表召开隆卡利亚会议，并在会上宣告了帝国对意大利的直接统治权，也就是说，无论是官员的任命还是赋税的征收都只能由皇帝决定。这引起了北意大利城镇的强烈不满和反抗。虽然从法理上讲，意大利的确是罗马帝国的属地，但长期以来，在与诸帝国和历任教皇的斗争中，这些经济发达的北意大利城镇的独立精神不断得到滋养。1158 年，以米兰城为首的城邦集团奋起反抗。然而，1162 年，米兰在经历了数年围攻后，被腓特烈攻陷并遭到屠城。

面对腓特烈的不断扩张，在拜占庭、教皇亚历山大三世和南方诺曼王朝的推动和资助下，维罗纳、帕多瓦、维琴察、威尼斯、皮亚琴察等意大利北部城镇于 1167 年结成伦巴第联盟，共同对抗腓特烈。伦巴第同盟的成立，使威尼斯与意大利大陆事务的关系比之前 5 个世纪中的任何时候都更加密切。

然而，同盟的资助者并未完全作壁上观。拜占庭皇帝曼努埃尔一世像腓特烈一样，将自己看作罗马人的皇帝，梦想将版图扩展至意大利，认为这是罗马皇帝应尽的责任。1157 年，当威尼斯与腓特烈在意大利北方产生冲突时，曼努埃尔一世的军队乘机占领了安科纳，试图恢复过去意大利拉文纳总督的辖区，并威胁威尼斯从亚得里亚海撤出。于是，拜占庭和威尼斯产生了直接的利益冲突。

事实上，威尼斯在爱琴海和黑海港口的商业扩张早已超出了拜占庭皇帝在 1082 年的黄金诏书中授予的特权，对拜占庭帝国自身的贸易构成了威胁。因此，两国关系持续恶化。1172 年，曼努埃尔一世以热那亚人在君士坦丁堡的定居点加拉塔遭到袭击为由，逮捕拜占庭领土上的威尼斯公民，并没收他们的船只和财产，也是出于对自身商业利益的维护。

当消息传到里亚尔托时，威尼斯决定通过战争维护自己的利益。为此，威尼斯于 1173 年脱离了伦巴第同盟，与腓特烈一世联合围攻安科纳。然而，在一系列战事中，威尼斯大多以失败告终。直到 1176 年，塞尔柱突厥人在小亚细亚的密列奥塞法隆战役中大败拜占庭军队，曼努埃尔一世才决定与威尼斯和谈，同意释放 1172 年的战俘，并更新旧有的贸易特权。同年，伦巴第同盟在意大利北部大败腓特烈一世的军队。

1177 年夏天，教廷及其盟友伦巴第同盟与神圣罗马帝国皇帝腓特烈一世在威尼斯签订了和平条约，即《威尼斯和约》。西西里岛的诺曼王国也参加了谈判，因此该条约决定了未来几年整个意大利的政治走向。根据和约内容，威尼斯从腓特烈那里获得了自由通行帝国所有地区的特权。1175 年，威尼斯与西西里国王威廉二世签署了一份 20 年的合约，其中的商业条款给予了威尼斯前所未有的优惠。①

曼努埃尔一世和腓特烈一世分别于 1180 年和 1190 年去世，他们留下的帝国迅速瓦解。在接下来的几十年中，拜占庭帝国和神圣罗马帝国这两个东西方大国逐渐走向衰败，与此同时，欧洲大陆涌现了无数地方政权。在此背景下，威尼斯和其他意大利北部城市逐步控制了地中海的贸易网络。特别是威尼斯，其贸易重

① William R. Day Jr, Michael Matzke, Andrea Saccocci, *Medieval European Coinage Cambridge : Northern Italy*, Cambridge University Press, 2016, p.629.

心从君士坦丁堡扩展至阿克、亚历山大等非拜占庭地区。

二、八分之三的帝国

中世纪的欧洲处于"信仰的时代"，宗教在政治与社会生活中扮演着重要的角色。早在 4 世纪，基督教就已成为罗马帝国的主要宗教。313 年，罗马皇帝君士坦丁大帝发布了《米兰敕令》，宣布基督教为合法宗教，使其成为官方认可的宗教之一。380 年，狄奥多西大帝进一步将基督教确立为罗马帝国的国教，推动了基督教的迅速发展，并在统治阶层中获得了广泛支持。在随后的几个世纪中，基督教在原罗马帝国境内获得了压倒性优势。

7 世纪，伊斯兰教在阿拉伯半岛兴起，并迅速扩展到阿拉伯半岛以外的地区。636 年，阿拉伯人在约旦击败了拜占庭军队，并于 638 年占领耶路撒冷。在 7 世纪的剩余时间里，阿拉伯人继续向北和向西扩张，并于 711 年渡过直布罗陀海峡，击败了西哥特人。次年，阿拉伯人进一步扩张至伊比利亚半岛中部。8 世纪 30 年代，以北非柏柏尔人为主的穆斯林征服者已进入法兰克王国的核心地带。

在这一背景下，著名的宗教性军事行动——十字军东征拉开了序幕。在罗马天主教教宗的推动下，西欧的封建领主和骑士以收复被占领的土地为由，对地中海东岸地区发动了一系列战争。从 1095 年的第一次十字军东征开始，到 1291 年基督教世界在叙利亚海岸最后一个据点阿卡被攻陷，持续了近 200 年。

在第一次十字军东征期间，威尼斯人在海法的贸易并不兴旺。直到 1124 年，威尼斯协助十字军攻下提尔，并获得了相应的贸易特权，其在黎凡特的地位才得到巩固。不过，对于威尼斯而言，第四次十字军东征的成功才是其历史的转折点。1198 年，教皇英诺森三世以攻占穆斯林控制的埃及为主要目标发起了第四次十字军东征。1199 年，在法国骑士精神的中心地带——香槟区的一次比赛中，香槟伯爵和许多其他法国最重要的贵族宣布愿意参加和领导十字军。为了获得充足的船只运送军队，1201 年 4 月，香槟区元帅杰弗里率领 6 名骑士来到威尼斯，提出了他们的请求，并很快收到了答复。

共和国将为 4500 名骑士和他们的马匹提供交通工具，为 9000 名侍从和 20000 名步兵提供 9 个月的食物。费用是 84000 银马克[1]。此外，威尼斯将自费提供 50 艘装备齐全的大帆船，条件是它要得到所有被征服的领土的一半。[2]

根据谈判结果，威尼斯同意提供所需的运输船只，十字军承诺支付 84000 马克白银作为回报。1202 年 6 月 24 日，威尼斯的船只准备就绪，等待大军登船。然而，此时香槟伯爵已经去世，十字军改由蒙特费拉侯爵带领。由于集结的出征人数比预期的要少，他们无法付清全部费用。尽管较富裕的贵族倾其所有，交出了大量的金银器皿，但他们仍欠威尼斯约 34000 马克。

---

[1] 马克最初是中世纪的一种重量和质量单位，从 11 世纪开始取代磅重成为贵金属和钱币的重量单位。按照传统标准，1 马克重 1/2 磅，等价于 8 盎司。其中，科隆马克对应的重量约为 234 克。

[2] ［英］约翰·朱利叶斯·诺里奇：《威尼斯史》，杨乐言译，译林出版社 2021 年版，第 156 页。

面对这一状况，年过八旬且双目失明的威尼斯总督恩里科·丹多洛提出了一个解决方案：骑士可以延迟支付剩余欠款，待远征胜利后用战利品进行支付，但前提是远征军帮助威尼斯征服已投靠匈牙利的扎拉。扎拉在匈牙利的帮助下，与威尼斯在亚得里亚海展开了制海权的争夺。于是，1202 年冬天，十字军攻陷扎拉，威尼斯重新确立了在亚得里亚海的霸权地位。

1203 年 4 月，在威尼斯舰队和十字军在扎拉整顿之际，拜占庭一位年轻的王子阿莱克修斯来到扎拉，请求十字军和威尼斯人护送他回到君士坦丁堡，帮助他从篡位的叔叔手中夺回拜占庭帝国的皇位。作为回报，阿莱克修斯承诺继位后资助十字军对埃及的军事征服，除了提供 10000 名希腊士兵，还会在圣地出资供养 500 名骑士。

1203 年 7 月，十字军第一次攻打君士坦丁堡，帮助阿莱克修斯登上了皇位，即阿莱克修斯四世。然而，阿莱克修斯之后的毁约导致事态恶化，或是威尼斯总督丹多洛图谋更大的事业，意图摧毁拜占庭帝国，扶植一个傀儡皇帝。总之，在 1204 年第二次攻城战中，十字军占领了君士坦丁堡，并在原拜占庭帝国内陆建立了一系列拉丁国家。

在战后会议中，威尼斯和十字军就拜占庭及君士坦丁堡的未来管理进行了商定，双方同意各指派 6 名代表组成委员会推选新的拜占庭皇帝。当选的皇帝将获得君士坦丁堡及帝国领土的 1/4，对于剩下的 3/4 的领土，根据出征前丹多洛与十字军签订的协议，威尼斯有权获得君士坦丁堡和整个拉丁帝国的 1/2。于是，威尼斯总督成为"八分之三的全罗马尼亚帝国之主"。

在帝国领土的分配上，威尼斯致力于加强对地中海海运通道的控制以促进贸易的发展，而非对占领的土地进行直接统治或获取贡品。因此，威尼斯取得了从潟湖到黑海的贸易路线上一系列港口的控制权，包括希腊西部、科孚岛、爱奥尼亚群岛、爱琴海上的多个基地和岛屿、克里特岛和内格罗蓬特等。威尼斯从一个商业国家一跃成为强大的殖民帝国，在地中海获得了前所未有的海上优势。

三、与热那亚的战争

热那亚位于意大利西北部的利古里亚海北岸。早在古罗马建城之前，利古里亚人已经在当地定居。作为罗马帝国的一个行政区，利古里亚在罗马帝国灭亡之后落入拜占庭手中，后来又相继被伦巴第人和法兰克人占领。与威尼斯人相比，热那亚人开始商业扩张的时间更晚。早期，他们主要在西地中海进行商业活动，之后利用十字军东征的机会开始向海外扩张，曾控制科西嘉岛等一系列地中海要地。作为中世纪后期地中海上的主要商业强国，热那亚和威尼斯这两个商业竞争对手之间爆发了数次大大小小的冲突。

在黎凡特地区的贸易中，在1097年第一次十字军东征期间，热那亚便获得了一席之地。热那亚人热衷从叙利亚购买印度香料，然后转销至欧洲。这是因为热那亚人比威尼斯人更积极主动地帮助了十字军。在1100年威尼斯舰队抵达巴勒斯坦并协助十字军攻占海法之前，热那亚人曾派出一支舰队协助十字军围攻安条克。此后，热那亚人占领了叙利亚沿岸的许多土地，这使他们在黎凡特靠北的城市中获得了立足点。

在与希腊半岛和君士坦丁堡的贸易中，热那亚起步较晚，其崛起离不开拜占庭遏制威尼斯商业扩张的需要。992 年，拜占庭皇帝巴西尔二世曾授予威尼斯较低的关税特权，使威尼斯商人在贸易中处于绝对优势。1082 年，威尼斯通过帮助拜占庭皇帝对抗诺曼人，进一步取得了在爱琴海和地中海的所属港口（除塞浦路斯和克里特岛外）经商的免税权，以及在君士坦丁堡建立威尼斯商业区和在科林斯等拜占庭重要海港自由进出的权利。对于热那亚而言，直到 1155 年拜占庭皇帝曼努埃尔一世才授予其在君士坦丁堡建立商业特区等各种贸易特权。1192 年，拜占庭先后授予比萨和热那亚特权，将两国原享有的 4% 的优惠税率的地理范围从君士坦丁堡扩展至帝国各地，同时将适用对象由原来仅限于进口商品扩大到在帝国境内的各种交易。这一举措加剧了威尼斯、热那亚和比萨之间的商业竞争。

1204 年，十字军征服君士坦丁堡后，威尼斯主张在原拜占庭领土上拥有垄断特权。在拉丁皇帝的加冕礼上，皇帝承诺对威尼斯开放所有港口，并且不必缴纳任何税金，同时禁止热那亚人和比萨人踏上他的土地。这意味着热那亚和比萨在君士坦丁堡和拉丁帝国其他地区的商业特权已丧失。虽然比萨在 1206 年重新获得贸易权，但直到 1218 年，热那亚的船只仍被禁止进出拜占庭。

1261 年，拜占庭流亡政权之一尼西亚王国经过半个多世纪的励精图治后国力有所增强，国王迈尔克八世在热那亚的帮助下，以突袭的方式重新夺回了君士坦丁堡。同年，迈克尔八世废黜拉斯卡利斯王朝末代皇帝约翰四世，建立了拜占庭帝国最后一个王朝——巴列奥略王朝。作为回报，迈克尔八世承诺驱逐在拜占庭的威尼斯人，并将威尼斯人享有的贸易特权授予罗马尼亚境内的热那亚人。同时，热那亚人享有在整个拜占庭帝国的税收优惠，并被批准在君士坦丁堡市区北部的加拉塔区建立商业特区。此外，迈克尔八世还给予热那亚人在东地中海经商的特权，禁止除热那亚人及比萨人外的所有外国商人进行黑海贸易。1284 年，热那亚在拉梅洛里亚海战中打败比萨，成为拉丁人在黑海海运上的主要代表。

自此，热那亚作为威尼斯的竞争对手，不断发展壮大，并以惊人的速度实现了军事和经济扩张。为了争夺地中海和黑海地区的贸易控制权及在君士坦丁堡的贸易特权，威尼斯与热那亚进行了长达百年的争霸战争。直到 1380 年，在基奥贾战争中，热那亚战败，并从此进入衰退期，逐渐被挤出了东地中海市场。相比之下，威尼斯却在战后以令人惊讶的速度实现了经济复兴。

四、新的贸易路线

在这本书中，我打算介绍世界上奇妙而有趣的事物，特别是亚美尼亚、波斯、印度、鞑靼人之地，以及许多其他省份和国家。这些都将在这本书中娓娓道来，因为它们是本人亲眼所见。吾乃马可·波罗，来自伟大的威尼斯城。[1]

1206 年，蒙古乞颜部的可汗铁木真从蒙古草原众多部落中

---

[1] ［意］马可·波罗：《马可波罗行纪》，冯承钧译，上海书店出版社 2006 年版，序言。

脱颖而出，经过数十年的征战，统一了蒙古高原各部落，成为一代天骄——成吉思汗。随着成吉思汗家族几代人的连续征战和扩张，蒙古人的统治疆域横跨亚欧，从小亚细亚中部延伸至日本海岸。蒙古人的西征及与之相伴的交通和驿站网络的建设，打通了东西方贸易的陆上通道，开辟了新的贸易路线，极大地促进了12~14世纪东西方贸易的发展。这也为威尼斯商人马可·波罗及其前辈带来了新的商业机遇。

1250年之前，将印度和东印度群岛的香料运往欧洲的贸易路线主要有两条：一条经过埃及，印度商人通过印度洋将香料运到红海，经苏伊士运河抵达开罗，然后向西运往欧洲；另一条是印度商人通过印度洋将香料运到红海右岸的吉达港，然后转为陆路运输，由骆驼驮至麦加，经过麦地那向北抵达大马士革，然后经大马士革运往东地中海港口，其中包括曾被十字军国家占领的阿卡，最终运往西方。

到13世纪下半叶，随着蒙古人的西征，一条途经波斯湾与欧洲相连的新贸易路线得以发展。具体来说，香料首先在波斯湾西岸蒙古伊尔汗国的忽鲁谟斯港登陆，然后经陆路运至大不里士，在这里，香料可能被向北运往黑海沿岸的特拉布宗帝国，经黑海抵达君士坦丁堡，或者向西途经基督教小亚美尼亚王国运往东地中海沿岸的港口城市拉贾佐，继而向西运输。值得一提的是，新贸易路线的开辟带动了黑海商业的繁荣。

其实，在1204年君士坦丁堡被拉丁人占领之前，黑海与地中海和爱琴海是相对独立的海域。作为拜占庭商业的重要保护区，连接黑海的通道被严密把守，外国商人无权自由进入黑海港口，甚至穿越博斯普鲁斯海峡的船只也需在君士坦丁堡卸货并进行销售。随着 1204 年拉丁帝国的建立，这三个独立的海域被打通，威尼斯首次获得了自由进入黑海的权利，从而将贸易从地中海和爱琴海延伸至位于黑海东北的克里米亚半岛南端。

马可·波罗和其父辈的故事，不仅反映了威尼斯人在这一地区寻求商业机会的决心，也折射出蒙古人西征开辟的新贸易路线为他们带来的商业机遇。1260 年，马可·波罗一行携带珠宝和其他商品，从索尔达亚经伏尔加河到达金帐汗国的首都萨兰。此后事态的发展证明，他们离开君士坦丁堡和黑海的时间正合适，因为在 1261 年 7 月，拜占庭流亡政权——尼西亚帝国的国王迈克尔八世在热那亚人的帮助下夺回了君士坦丁堡，并很快将威尼斯人列入了贸易对象的黑名单。从 1261 年起，热那亚积极发展与克里米亚和黑海沿岸的贸易，逐渐取代威尼斯成为拉丁人在黑海贸易中的主要代表。

事实上，13 世纪下半叶的黑海商业通道对东西方贸易至关重要。1250 年，埃及马穆鲁克王朝成立，并作为一个统一的帝国统治北非地区 260 多年。1291 年，苏丹阿什拉夫夺取了耶路撒冷王国在圣地的最后据点阿卡，随后相继攻陷了十字军占领的提尔、贝鲁特等城市和要塞。自此，马穆鲁克王朝成为叙利亚、巴勒斯坦和通过红海的传统贸易路线的主导者。这意味着对于欧洲基督教国家来说，为了运输东方商品，亟须开发一条新的绕过马穆鲁克王国领地的贸易路线。因此，蒙古汗国在波斯湾和西方之间发展的黑海贸易路线成为欧洲基督教国家的新选择，并逐步繁荣起来。

除了蒙古人在东方打通横跨亚欧的陆上通道，使东方商品可以经波斯湾和黑海抵达东地中海，热那亚在西方于 1284 年大败比萨成为西地中海的霸主后，开始将海上贸易扩展至大西洋。1291 年，一名热那亚海盗击溃了多年来封锁直布罗陀海峡的摩洛哥舰队，从而打开了海峡之门。此后，热那亚船只可以自由穿越地中海，前往北海，并与布鲁日和伦敦建立了商业联系。威尼斯紧随其后，并于 1317 年在军舰的护航下，派遣船队通过直布罗陀海峡，前往布鲁日和伦敦进行贸易。因此，一条连接北海、地中海、爱琴海、黑海、波斯湾和印度洋的贸易路线形成了，东方商品绕过红海，一路向西，最后通过直布罗陀海峡进入英格兰和佛兰德斯。

第四节
从黄金时代走向衰落

一、大陆上的领地

威尼斯位于亚得里亚海北部波河和皮亚韦河河口之间的潟湖中，尽管它常常被视为一座与世隔绝的海上城市，但其与意大利北部大陆一直存在密切的联系。从威尼斯城出发，向西行约 40 千米便能抵达位于威尼托大区的帕多瓦，向北行约 30 千米则能抵达位于锡勒河和博滕尼加河交汇处的特雷维索。从帕多瓦继续向西，途经维琴察、维罗纳和布雷西亚等城市，便能抵达伦巴第大区。从特雷维索继续向北，途经阿尔卑斯山脚下的贝卢诺，然后继续向西便能抵达意大利东北部的弗留利大区。到 14 世纪，威尼斯开始将其控制权扩展到意大利北部，逐渐建立起一个陆地帝国，即所谓的"陆上领地"（Domini di Terraferma）。这是威尼斯共和国领地的三个分支之一，另外两块领地是最初的"威尼斯公国"（Dogado）和"海洋领地"（Domini da Mar）。

斯卡拉家族是中世纪统治维罗纳市及其周边地区的一个显赫而有影响力的家族。该家族的崛起始于马斯蒂诺一世·德拉·斯卡拉，他于 1262 年成为维罗纳的首席治安官。在坎格兰德一世·德拉·斯卡拉统治时期（1291~1329 年），斯卡拉家族采取了领土扩张政策，其统治范围扩展到了维琴察（1312 年）、贝卢诺和费尔特雷（1321 年）、帕多瓦（1328 年）和特雷维索（1329 年）。坎格兰德一世的继任者是他的侄子马斯蒂诺二世，他继承了叔父的扩张政策，于 1332 年向西征服了伦巴第大区的布雷西亚，1335 年征服了帕尔马和卢卡，将势力扩展到了波河以外。[①]

斯卡拉家族的崛起对威尼斯在意大利北部的贸易路线造成了威胁。长久以来，作为一个海上贸易城市，威尼斯依赖意大利大陆获取日常必需品，如谷物、肉类甚至是淡水，并通过控制主要的内陆贸易路线，将东方的奢侈品运往西北欧。早些时候，威尼斯通过与意大利北部地方的统治者签订一系列战争和约，以保证从邻近腹地获得食物供应和贸易利益。然而，随着斯卡拉家族的崛起，威尼斯的处境变得岌岌可危，维罗纳几乎完全统治了威尼

① Philip Grierson, Lucia Travaini, *Medieval European Coinage*：*With a Catalogue of the Coins in the Fitzwilliam Museum*，Cambridge University Press，1999，p.654.

斯的腹地，这对威尼斯本身构成了巨大的威胁。实际上，维罗纳控制了威尼斯进行商业活动依赖的所有陆路通道，甚至对从大陆运往威尼斯的产品征收高额通行税，影响了威尼斯的日常需求。为了应对这一挑战，威尼斯采取了政治实用主义的策略，试图通过获取领土而非寻求政治盟友来扩大其在意大利北部大陆上的影响力。

与此同时，斯卡拉家族的扩张损害了周边其他地方势力的利益。1336 年，由佛罗伦萨、锡耶纳、博洛尼亚、佩鲁贾、威尼斯、米兰、费拉拉、曼图亚和教皇国组成的大联盟成立。1339 年，在四面楚歌的情况下，马斯蒂诺二世通过巴伐利亚皇帝路易四世的斡旋，签订了和约。根据和约内容，斯卡拉家族的领土仅限于维罗纳和维琴察，其余部分由取得胜利的敌人瓜分。其中，威尼斯的西部近邻帕多瓦的统治权重新回到了其重要盟友卡拉拉家族的手中。1318~1405 年，这一家族一直拥有帕多瓦领主的头衔。在早期，威尼斯与卡拉拉家族保持友好关系，后者统治下的帕多瓦被视为威尼斯与其竞争对手维斯康蒂家族统治下的米兰之间的缓冲地带。

更重要的是，通过 1339 年的和约，威斯尼将位于其正北部的特雷维索并入了共和国的版图。[1] 这标志着威尼斯在意大利北部的第一个大陆领地的确立。在特雷维索，威尼斯设立了自己的总督和行政官员以确保该地牢牢地处于威尼斯的控制之下，保护

---

① ［英］约翰·朱利叶斯·诺里奇:《威尼斯史》, 杨乐言译, 译林出版社 2021 年版, 第 256 页。

其贸易路线不受竞争势力的影响。同时，威尼斯的谷物和肉类供应也得到了保障。此举显示了威尼斯对其在意大利大陆上地缘政治和经济影响力的扩展。

值得一提的是，即便在过去，威尼斯在伊斯特利亚半岛和达尔马提亚沿海地区的主要诉求也仅仅是获取口岸通商权，而非直接占领领土，以确保自己拥有亚得里亚海的制海权，并在经济上压制潜在的商业竞争对手。即使在 1204 年十字军攻占君士坦丁堡后，威尼斯也没有试图一口气接管所有新分配的领土，而是将这些领土中的大部分委托给附庸家族管理，只有少数几个最具战略意义的基地，如克里特岛、杜拉索和科孚岛等处于共和国的直接管辖之下。然而，从特雷维索的兼并开始，这种情况发生了变化，一个庞大的威尼斯陆上帝国逐渐崛起。

二、黄金时代

所有威尼斯以前的敌人要么积弱不振，要么国势日渐虚弱，如奥地利、阿奎莱亚、那不勒斯，更不用说帕多瓦。至少与威尼斯的兵力相比，威尼斯足以对抗它们。在君士坦丁堡的拜占庭帝国残余势力和散布在黎凡特的数个拉丁公国，它们平时能动用的资源也无法和威尼斯相比。[①]

1381 年，威尼斯与热那亚在萨伏伊伯爵阿马德乌斯六世的

---

① ［美］威廉·麦克尼尔：《威尼斯：欧洲的枢纽 1081—1797》，许可欣译，上海人民出版社 2021 年版，第 65 页。

调停下签订了《都灵条约》，宣告了持续 3 年之久的基奥贾海战的结束。此后，威尼斯凭借其稳固的内部组织，抓住和平发展的良机，经济迅速复苏，迎来了黄金时代。在这段时期，威尼斯非常幸运，没有遇到来自任何对手的严峻挑战。

在君士坦丁堡、黎凡特和黑海地区，拜占庭帝国内外交困，处于苟延残喘的状态。为了应对奥斯曼帝国的威胁，拜占庭皇帝约翰五世·帕里奥洛格斯努力寻求与西方国家如威尼斯和匈牙利结盟，这使威尼斯得以继续享受优惠的贸易条件，并维持旧有的商业联系。与此同时，基奥贾海战结束后，热那亚陷入内部权力斗争，导致其影响力逐渐衰弱，威尼斯因此得以毫无阻力地巩固其在黎凡特贸易中的主导地位。此外，1402 年，蒙古人帖木儿在安卡拉战役中击败了奥斯曼帝国军队，俘虏了苏丹巴耶济德一世，使奥斯曼帝国内部陷入混乱，推迟了对君士坦丁堡的征服，从而为威尼斯人在黑海地区进行贸易提供了机会。

在安纳托利亚和巴尔干地区，虽然奥斯曼帝国在陆上不断扩张，但在 14 世纪末至 15 世纪中叶尚未扩张至亚得里亚海沿岸。同时，奥斯曼帝国的海军也没有发展起来。因此，威尼斯与奥斯曼帝国保持着相对和平的关系，并通过建立外交使团和贸易协定，确保了在奥斯曼帝国控制的领土上的贸易特权和利益。作为东西方之间的主要商业中心，威尼斯从西欧与奥斯曼帝国之间的贸易往来中受益。特别是在 1403 年，奥斯曼帝国与拜占庭帝国、威尼斯共和国、热那亚共和国、骑士团和纳克索斯公国等主要基督教地区的强国缔结了《加里波利和约》，威尼斯因此迎来了商业的大发展，并在希腊获得了一系列新的港口管理权，包括莱潘托

（1407 年）、帕特雷（1408 年）、纳瓦里诺（1410 年）和塞萨洛尼卡（1423 年）。其中，有些港口是威尼斯以低廉的价格从当地希腊王子或法国十字军继承人那里购得的。

在亚得里亚海东部，1386 年，威尼斯利用那不勒斯王国内部动荡的局势，接受了科孚岛贵族的邀请，控制了科孚岛，并于 1401 年正式确立了主权，派遣威尼斯任命的总督按照其法律和政策管理该岛。14 世纪末，威尼斯获得了杜拉佐（1392 年）、阿莱西奥和斯库塔里（1396 年）等港口的管理权。在达尔马提亚，匈牙利在 1382 年路易一世去世后陷入严重的内乱。威尼斯利用那不勒斯的拉迪斯劳斯和匈牙利的西吉斯蒙德争夺匈牙利王位的机会，于 1409 年以 10 万杜卡特的价格从拉迪斯劳斯手中购得了克雷斯、拉布、帕格、扎达尔、弗拉纳和诺维格拉德等地区。与此同时，威尼斯还乘机入侵了阿奎莱亚教区，并征服了特拉乌、斯帕拉托、杜拉佐和其他达尔马提亚城市。

在意大利北部，卡拉拉家族自 1339 年在威尼斯的支持下收回帕多瓦以来不断扩张，相继征服了维罗纳、维琴察、特雷维索、费尔特雷、贝卢诺、巴萨诺、阿奎莱亚和乌迪内，从而控制了威尼托的大部分地区和弗留利的部分地区，成为继斯卡拉家族之后威尼斯的一个新威胁。然而，1405 年，威尼斯彻底击败了卡拉拉家族，使帕多瓦公国成为威尼斯共和国的一部分，直到 1797 年威尼斯共和国被拿破仑灭亡。在威尼斯东北部，1420 年，威尼斯吞并了阿奎莱亚教区在弗留利的领土，进一步扩大了其势力范围。此外，米兰公国是继热那亚之后威尼斯的又一强有力的竞争对手，虽然第一任米兰公爵詹·加莱佐·维斯康蒂占领了意大利北部和波河流域的大片领土,但在 1402 年,他因热病骤然去世,使其庞大的领地落到了三个儿子手中,其中最大的儿子只有 13 岁。儿子之间的权力斗争导致米兰这一当时西欧最强大的力量之一,在短短几年内就分崩离析。威尼斯正是借此机会,获得了大量领土,扩展了对维琴察和维罗纳的控制。

因此,15 世纪上半叶,威斯尼共和国逐渐建立了一个庞大的陆地帝国。在总督弗朗西斯科·福斯卡里统治时期(1423~1457 年),威尼斯的权力达到了巅峰,其疆域东至伊斯特拉半岛和达尔马提亚,西至米兰边境,南起波河并与教皇国接壤,北至阿尔卑斯山,成为当时意大利半岛上领土面积最大的国家。

三、双重灾难

威尼斯人失去了他们的船只和海外帝国,也将失去他们的名望和声誉,这是一个渐进的过程,只需数年,它们就会完全消耗殆尽。[①]

威尼斯的财富和自信在 15 世纪上半叶不断高涨,但进入 15 世纪下半叶之后,威尼斯越来越无法与神圣罗马帝国、奥斯曼帝国、英国、法国及西班牙等接近民族国家的权力单位进行长期竞争。在接下来的一个世纪中,来自东方和西方的势力给威尼斯带来了双重灾难。

---

① [英]约翰·朱利叶斯·诺里奇:《威尼斯史》,杨乐言译,译林出版社 2021 年版,第 481 页。

第一重灾难来自东方。1453 年，奥斯曼帝国对君士坦丁堡的最终征服及随后在巴尔干半岛的扩张，给威尼斯带来了新的危险。随着奥斯曼帝国不断向西推进，力求控制希腊群岛、阿尔巴尼亚和亚得里亚海沿岸等战略地区，与威尼斯之间的紧张关系日益升级。1463~1479 年，奥斯曼帝国征服了伯罗奔尼撒半岛，并向威尼斯本土发起进攻。在缺乏西方盟友有效支持的情况下，威尼斯陷入了孤立无援的困境，不得不与奥斯曼帝国达成妥协。在 1479 年的和平协定中，威尼斯被迫割让内格罗蓬特、阿尔戈斯、莱姆诺斯和斯库塔里等重要地区，并每年向奥斯曼帝国支付 10000 杜卡特金币。

1499 年，奥斯曼帝国再次对威尼斯展开了大规模的军事进攻。苏丹巴耶塞特二世率领海陆联军突然进入爱奥尼亚海，宗奇奥海战爆发，最终奥斯曼帝国获得了胜利。随后，威尼斯属下更多的爱琴海岛屿，以及在摩里亚西南部的关键据点莫东和科伦被奥斯曼帝国占领。然后，奥斯曼帝国的兵锋直指北意大利的威尼斯本土，迫使威尼斯求和。1503 年，为了换取和平，威尼斯交出了对阿尔巴尼亚和希腊的许多城市的所有权。至此，土耳其人控制了伯罗奔尼撒半岛的整个海岸，威尼斯在地中海强权地位走向终结。随后，奥斯曼帝国开始定期在爱琴海上进行巡逻，以应对基督教十字军和海盗的威胁。

第二重灾难来自西方。1508 年 12 月，威尼斯的所有邻国，包括神圣罗马帝国、西班牙、法国、匈牙利、教皇国，以及费拉拉、萨伏伊和曼图亚等公国，在法国康布雷成立了反威尼斯军事同盟。其他欧洲强国（如英国）后来也对联盟表示了一定程

度的支持。可以说，这一次不是任何一个国家，而是几乎整个
欧洲（除奥斯曼土耳其外）都联合起来反对威尼斯。该联盟宣称
将利用从威尼斯夺取的所有财产来对抗奥斯曼土耳其，并协商
瓜分威尼斯在大陆的领地。根据这些协议，教皇希望获得整个
罗马涅；神圣罗马帝国皇帝将控制弗留利和威尼托，甚至包括
特雷维索和帕多瓦；匈牙利国王将得到达尔马提亚；法国国王
将得到伦巴第；西班牙国王将得到阿普利亚；萨伏伊公爵将得
到塞浦路斯；此外，曼图亚和费拉拉也将获得一些边边角角的
地区。

　　1509 年 5 月 14 日，阿纳德罗战役爆发，面对所有这些敌人，
威尼斯惨败，雇佣军溃散。从布雷西亚到帕多瓦，一个又一个统
治当地的贵族宣布支持法国国王或神圣罗马帝国皇帝，威尼斯被
迫撤退并加强其核心地区的防御。幸运的是，形势不久得到逆转，
通过外交努力和军事整合，威尼斯成功瓦解了康布雷同盟，使西
班牙和教皇国先后解除了与法国的联盟，并且在教皇尤里乌斯二
世的领导下，与西班牙、英格兰和神圣罗马帝国组建了神圣同盟，
以共同对抗法国。此后，威尼斯收复了许多在战争中暂时失去的
领土，并保住了帝国的大部分领土。然而，在这些年间，威尼斯
的许多城市遭到了洗劫，农村地区也遭到了破坏。从 1529 年起，
威尼斯不得不通过中立政策来抵御东、西和北三方新兴强权的压
迫。自此，威尼斯意图沿亚得里亚海扩张，称霸意大利的时代宣
告结束。

　　到了 16 世纪 30 年代，所有内海的海军军力形成对立的联盟：
奥斯曼—法国联盟对抗西班牙—意大利联盟。第二等级的势力，

例如威尼斯在这些联盟间游移以获取生存空间。[①]

🐉 四、大航海时代的到来

　　1492 年，往往被视为中世纪和近现代的分水岭之一。在这一年，意大利探险家克里斯托弗·哥伦布在西班牙国王费迪南德和王后伊莎贝拉的资助下，完成了他第一次横渡大西洋的航行，并抵达了美洲新大陆。这一历史事件是西欧与世界其他地区建立新联系的开端。自此，葡萄牙、西班牙、英国和荷兰等更强大的海洋国家相继登上历史舞台，成为新世界贸易的竞争者并大放异彩。然而，对于威尼斯而言，这一时刻预示着衰落的开始。15世纪下半叶，面对东西方各个势力的夹击，它存活了下来，并在政治上保住了大部分疆域，然而，16 世纪大航海时代的到来给其带来了更大的冲击，在经济上动摇了其作为一个商业共和国的根本，使其逐渐沦落为一个二流的海洋国家。

　　实际上，早在大航海时代到来之前，威尼斯在黎凡特地区的商业便因贸易路线的单一和不稳定而面临巨大风险。在蒙古帝国统治期间，欧洲享有安全的陆路通道通往中国和印度。然而，随着蒙古帝国的瓦解，通过黑海、亚美尼亚和波斯进入亚洲的商业路线被战争和盗匪活动阻断。热那亚人和威尼斯人曾激烈争夺的塔纳，也在 1395 年被金帐汗国的塔梅尔兰洗劫一空。此后，从塔纳到中亚的路线和从特雷布宗到波斯湾的路线变得越发不安

---

　　① ［美］威廉·麦克尼尔：《威尼斯：欧洲的枢纽 1081—1797》，许可欣译，上海人民出版社 2021 年版，第 127 页。

全，以至于印度、中国和东印度群岛的商品几乎完全通过叙利亚和埃及进入地中海。然而，由于统治这两个地方的马穆鲁克人对阿拉伯半岛大部分地区的控制并不牢固，对这些路线缺乏有效的保护。因此，来自印度的贸易主要经由红海，最终抵达亚历山大港。在这里，威尼斯在西方的香料贸易中曾一度占据主导地位。然而，随着奥斯曼帝国势力的扩张，马穆鲁克王朝在亚历山大的统治受到了严重威胁。1517 年，奥斯曼苏丹塞利姆一世直接率军征服埃及，亚历山大港成为奥斯曼帝国的一部分。这一变化对威尼斯极为不利，因为自 15 世纪下半叶以来，威尼斯与奥斯曼土耳其之间的冲突不断升级。于是，威尼斯人在黎凡特贸易中有利可图的局面戛然而止。

紧接着，大航海时代到来了。1453 年，君士坦丁堡落入奥斯曼帝国之手，欧洲各国开始扩大远洋航行探索和建立新的贸易路线，以绕过奥斯曼帝国、萨法维帝国和莫卧儿帝国三个国家主导的丝绸之路。其中，葡萄牙在这方面取得了显著进展，引领了对大西洋和印度洋的探索。1498 年，葡萄牙探险家瓦斯科·达伽马绕过好望角抵达印度，首次通过连接大西洋和印度洋的海上航线连接欧亚大陆。当达伽马从印度返回后，葡萄牙国王派出了一支强大的舰队，于 1500 年冬天抵达印度，对卡利卡特的扎莫林王国进行攻打并取得了胜利。此后，葡萄牙建立堡垒并维持强大舰队，扩大了在印度西海岸的势力范围，垄断了香料的采购来源。1509 年，葡萄牙印度总督阿方索·德·阿尔梅达在迪乌海战中与马穆鲁克、奥斯曼、卡利卡特的扎莫林和古吉拉特苏丹的联合舰队展开作战行动，并取得了决定性胜利，进一步确立了葡萄牙在阿拉伯海的政治军事控制权。1510 年后，阿尔梅达又相继征服了印度果阿、马斯喀特和奥尔穆兹，以及马来西亚的马六甲。因此，在接下来的一个世纪，葡萄牙在印度洋和南大西洋的香料贸易中居于垄断地位。

新航线的开辟使途经印度—红海商路的货物减少了，威尼斯大帆船商队的航行节奏受到了影响，有些年甚至没有大帆船前往亚历山大港。更重要的是，商业竞争的策略发生了根本性的变化。为了把威尼斯人赶出西欧市场，葡萄牙不再采用 15 世纪盛行的低价竞争策略，而是通过控制香料的供应排挤威尼斯。葡萄牙国王不仅垄断了香料的生产和运输航线，还将香料的销售牢牢地掌握在自己手中，在里斯本和安特卫普以能得到的最高价格销售香料。换句话说，葡萄牙对香料贸易的控制不仅取决于绕行非洲的经济效益，更取决于对整个香料生产、运输和销售的控制。这一竞争策略的转变极大地抑制了威尼斯商业的发展。

在 16 世纪 20 年代以后，红海和波斯湾这两条传统香料路线开始复兴。首先，1517 年，奥斯曼帝国征服了埃及，使葡萄牙人不得不面对一个比以往的对手更强大的海军力量。尽管葡萄牙成功击退了奥斯曼帝国对其在印度主要基地的攻击，并与波斯国王结盟以控制波斯湾，但奥斯曼帝国却控制了亚丁，致使葡萄牙在巡逻方面的努力变得不那么有效。同时，为了维持与波斯国王的联盟，葡萄牙允许香料从印度经霍尔木兹海峡流入波斯，再通过叙利亚北部抵达阿勒颇。此外，大量香料通过红海航道进入了埃及，这不仅是因为这些商船成功地躲避了葡萄牙的巡逻队，还因为有葡萄牙官员非法向阿拉伯商人出售香料。这些变化意味着威尼斯商人在香料供应上开始有更多的选择，其在黎凡特地区的商业活动出现了一定程度的复兴。

　　然而，从16世纪90年代开始，英国和荷兰海上力量的增强使葡萄牙对香料贸易的垄断变得不可能。17世纪初，随着东印度公司的成立，荷兰有效地控制了香料群岛，从源头上切断了香料的流通，其效率远超葡萄牙。此后，威尼斯的香料贸易便永远地衰退了，其繁荣的根源之一也从此消失。

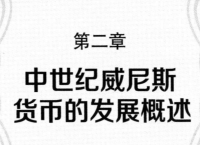

第二章

中世纪威尼斯
货币的发展概述

威尼斯位于意大利半岛的东北部，其货币发展的起源与曾在意大利半岛上驻足的罗马—拜占庭帝国和诸日曼尔部落建立的王国密切交织。395年，罗马皇帝狄奥多西一世去世，帝国在他的两个儿子阿卡迪乌斯和霍诺里乌斯之间被一分为二。自此，罗马帝国正式分裂为东罗马帝国和西罗马帝国。其中，东罗马帝国后又被称为拜占庭帝国，以君士坦丁堡为首都。到了5世纪，原帝国东部的行省仍由君士坦丁堡的皇帝统治；而西部各省的大部分地区被日耳曼诸部落占领。其中，在意大利半岛这个东西方交汇之处，除了拜占庭帝国在此长久设有行政机构，东哥特人、伦巴第人和法兰克人等日耳曼部落在5~8世纪相继在此建立了政权。当查理大帝于774年占领了整个伦巴第王国后，银币狄纳里在意大利广泛流通，使意大利半岛上的货币体系开始从东方的金本位转向西方的银本位。因此，当威尼斯在9世纪开始其货币发行史时，其最早发行的货币便是银币狄纳里。

第一节
中世纪早期意大利半岛的货币发行

一、5世纪罗马—拜占庭帝国的货币

在中世纪早期，意大利半岛乃至整个欧洲的货币体系的历

史都可以追溯至晚期罗马帝国。该货币体系以君士坦丁大帝于309年引入的金币索利多（solidus）为基础，此币的含金量约为95.8%，理论重量为1/72罗马磅，即约4.5克（图2-1）。自君士坦丁大帝推出该币后，索利多逐渐被广泛用于流通、储备、税收、纳贡、官员工资支付和国际贸易。在长达700年的发行历史中，索利多一直维持着足值，成为整个地中海经济圈中最具信誉的国际货币。

图2-1　君士坦丁统治时期的索利多金币

注：打制于335~336年，直径22毫米，重4.45克。正面图案是皇帝的胸像，头戴王冠，面朝右，币文：CONSTANTINVS MAX AVG；背面图案是胜利女神的站像，面朝左，手持战利品和棕榈枝，币文：VOT XXX；边缘图案是铸币厂标记: SMAN。

资料来源：https://www.wildwinds.com/coins/ric/constantine/_antioch_RIC_vII_096.txt。

　　除了索利多金币，君士坦丁还发行了两种小面额金币作为辅币，分别是重量和价值为索利多一半的塞米斯（semissis）和重量和价值为索利多1/3的特里米斯（tremissis），其中特里米斯的直径约为14毫米，重量约为1.45克。此外，帝国还发行了索利多的倍数金币。

　　关于银币，君士坦丁在324年大败李锡尼后，推出了两种高纯度的银币，分别是重1/72罗马磅（约4.5克）的米拉伦斯（miliarensis）（图2-2）和重1/96罗马磅（约3.4克）的西力克（siliquae）。不过，在4世纪，银币米拉伦斯的发行量很少，而且其个头逐渐缩小，到了 4 世纪末，其价值已降至原来的一半。

图 2-2　君士坦丁统治时期的米拉伦斯银币

注：打制于 330~335 年，直径 24 毫米，重 4.19 克，君士坦丁堡铸币厂生产。正面图案是皇帝穿着铠甲的胸像，面朝右，头戴玫瑰形花冠，币文：CONSTANTINVS MAX AVG ；背面图案是四杆军旗，币文：CONSTANTINVS AVG ；边缘图案是铸币厂标记：CONS。

资料来源：https://www.wildwinds.com/coins/ric/constantine/_constantinople_RIC_VII_099var.jpg。

　　关于铜币或镀银铜币弗里斯（follis），与纯度和重量相对稳定的金币相比，它经历了持续的贬值。306 年，君士坦丁在不列颠被军队拥立为奥古斯都，次年，他开始在伦敦铸币厂铸造镀银铜币，重 1/48 罗马磅（约 6.5 克），含银量不足 2%。到了 337 年，即君士坦丁去世的那年，镀银铜币的重量已降至 1/192 罗马磅（约 1.7 克），不仅体积变小了，而且几乎不再含有银。

　　5 世纪，由于罗马—拜占庭帝国接连不断地爆发政治和经济危机，使 4 世纪君士坦丁改革后的货币体系仅部分残存。到了 5 世纪末，银币在日常生活中几乎被弃用。尤其是在东部的拜占庭帝国，除了发行极少量的纪念银币，银币的铸造基本停止了，这种状况一直持续到 7 世纪。在铜币方面，仅剩弗里斯的最小面额辅币——比小拇指的指甲盖还小的努姆斯（nummus）仍在使用。445 年，西罗马帝国皇帝瓦伦蒂尼安三世规定 1 索利多可兑换

7200 努姆斯。这些铜币数量庞大，制作粗糙且不断贬值。到了 5
世纪末，其价值已下降一半。

然而，金币被人们一如既往地使用着。当时常用的金币包括
索利多和特里米斯。其中，索利多的理论重量仍维持着君士坦丁
时期制定的标准，即 1/72 罗马磅，而特里米斯在狄奥多西一世
统治时期（379~395 年），其价值已由原来的 9 西力克降为 8 西力
克，成为名副其实的价值索利多三分之一的金币。[①]

总的来看，在 5 世纪的大部分时间中，罗马—拜占庭帝国在
价值低廉的铜币努姆斯和昂贵的金币特里米斯之间几乎没有其他
面额的钱币。直到 498 年，拜占庭皇帝阿纳斯塔修斯借鉴罗马铸
币厂的做法，进行了货币改革，将流通中的小面额铜币改造为价
值 40 努姆斯的大型青铜币，并使其在流通全国。该币被罗马人
称为"特朗斯"（teronces），被希腊人称为"弗拉里斯"（follares），
即新弗里斯（follis），实际重量约为 9 克，大概相当于 1/36 罗马磅，
与金币索利多的兑换比率为 1∶420（图 2-3）。此外，他还发行
了一系列辅币，包括价值 20 努姆斯的 1/2 弗里斯铜币，重 4.5 克
（图 2-4）；以及价值 10 努姆斯的 1/4 弗里斯铜币，重 2.25 克。
在 512 年，阿纳斯塔修斯进行了第二次货币改革，不仅将弗里斯、
1/2 弗里斯和 1/4 弗里斯的重量加倍，还新发行了价值 5 努姆斯
的 1/8 弗里斯铜币。[②]

---

① M. F. Hendy, *Studies in the Byzantine Monetary Economy c. 300–1450*,
Cambridge University Press，1985，p.474.

② ［英］菲利普·格里尔森：《拜占庭货币史（上册）》，武宝成译，法律出
版社 2018 年版，第 87 页。

图 2-3 阿纳斯塔修斯统治时期的弗里斯铜币

注：打制于 498~507 年，重 8.47 克。正面图案是帝王的胸像，币文：DN ANASTASIVS PP AVG；背面图案是价值标记 M，代表 40，标记上方有一十字架，下方有标记 CON（君士坦丁堡）。

资料来源：https://www.wildwinds.com/coins/byz/anastasius/sb0014.1.jpg。

图 2-4 阿纳斯塔修斯统治时期的 1/2 弗里斯铜币

注：打制于 498~507 年。正面图案是帝王胸像，币文：（DN）AN（AST）ASIVS PP AVG；背面图案是价值标记 K，代表 20，标记左侧有一长十字架，上方和下方各有一颗芒星，右侧有标记 A。

资料来源：https://www.wildwinds.com/coins/byz/anastasius/sb0024.jpg。

在这次货币改革中，金币的重量标准和面额均没有发生变化。索利多、塞米斯和特里米斯仍然像以前一样被铸造并自由流通。可以说，经过君士坦丁和狄奥多西等皇帝的努力，到拜占庭早期，帝国已经拥有了价值稳定的贵金属货币索利多。然而，由于银币的匮乏，帝国缺乏价值稳定的贱金属货币作为金币的辅币。因此，阿纳斯塔修斯推出的重型弗里斯铜币填补了这一空白。从货币角度来看，阿纳斯塔修斯的统治时期可以看作拜占庭货币史的起点。无论是阿纳斯塔修斯继承的索利多金币，还是他引入的新弗里斯铜币，都是非常典型的拜占庭造币种类。此后，拜占庭的货币体系便以此为基础不断演化，并在一定时期内影响着意大利半岛的货币发行。

二、5~6 世纪东哥特王国的货币

从 4 世纪开始，日耳曼人在罗马军队中的地位日益上升。476 年，日耳曼人奥多亚克作为罗马雇佣兵的领袖，罢黜了西罗马帝国的最后一位皇帝，成为意大利的新主人。起初，奥多亚克宣布效忠拜占庭皇帝芝诺。然而，他逐渐拥兵自重，将意大利的统治权牢牢掌握在自己手中，并对周边地区展开了一系列军事征服行动。对此，芝诺十分不满，不再承认奥多亚克对意大利的统治权。

与此同时，在东部的拜占庭帝国，原居于潘诺尼亚的东哥特人在他们的首领狄奥多里克的带领下，不断深入富饶的巴尔干半岛，并数次对君士坦丁堡造成围困之势。为了给东哥特人寻找安置地以缓解帝国自身的危机，芝诺同意狄奥多里克出兵意大利。狄奥多里克越过阿尔卑斯山，不断取得胜利。489 年，奥多亚克退守要塞拉文纳，狄奥多里克围攻三年未能攻入。最终，在 493 年 2 月 25 日，两位日耳曼首领在拉文纳主教的斡旋下达成协议，约定共同治理意大利。3 月 5 日，狄奥多里克进入拉文纳。在和平的欢呼声中，双方同意摒弃前嫌并发誓将对方视为兄弟。然而，和平仅仅维持了 10 天。3 月 15 日，狄奥多里克在宴会上背信弃义地杀死了奥多亚克，收编其余部队，建立了东哥特王国。

此后，狄奥多里克虽然名义上对拜占庭臣服，但实际上以王国之实统治着意大利。直到 535 年，优士丁尼一世对东哥特王国发动了战争。这场战争一直持续到 555 年，最终拜占庭帝国征服了整个意大利，东哥特王国从此消失在历史长河中。

这些蛮族同盟或入侵者本身没有铸造自己货币的传统，当他们接手了帝国西部省份的罗马铸币厂后，便继续铸造印有罗马皇帝头像的钱币。因此，无论是奥多亚克，还是后来的东哥特王国，都在意大利铸造过拜占庭仿制币。[①]

关于金币，无论是奥多亚克还是东哥特王国都积极进行铸造。在奥多亚克统治时期，意大利的金币上印有拜占庭皇帝芝诺的姓名和肖像。在东哥特王国统治时期，金币上则出现了阿纳斯塔修斯、优士丁一世和优士丁尼的姓名。与同时期的拜占庭金币相比，这些仿制币的币图设计往往显得有些过时。例如，在东哥特王国统治时期的金币上，正面币图中皇冠两侧常常露出缨带的末端，这还是阿纳斯塔修斯统治之前帝国东部货币的特征；背面币图则几乎全是手持长十字架的胜利女神侧像（图 2-5）。

图 2-5　东哥特王国狄奥多里克统治时期的索利多金币

注：打制于 491~518 年，直径为 20 毫米，重 4.36 克，罗马铸币厂生产，以阿纳斯塔修斯一世的名义打制。正面图案是帝王的正面胸像，肩膀上扛着长矛，币文：D N ANASTA SIVS PF AVC；背面图案是带着翅膀的胜利女神像，手持十字架，右侧有一颗星，币文：VICTORI A AVCCC，下方有铸币厂标记 COMOB。

资料来源：https://en.numista.com/catalogue/pieces152862.html。

---

① 武宝成：《优士丁尼王朝货币简史》，中国金融出版社 2022 年版，第 98 页。

　　关于银币，与东部的拜占庭相比，这些蛮族部落似乎更有效地维持了银币的生产与流通，并且它们的样式与拜占庭银币有区别。例如，在奥多亚克统治时期，银币从外观上看是纯粹的意大利风格，有的印有罗马传统的币图，有的则印有某一意大利铸币厂的标志，如"MD"和"RV"。在狄奥多里克统治时期，他曾以拜占庭皇帝阿纳斯塔修斯和优士丁的名义发行过四种面额的银币。其中，最大面值的银币可能价值2西力克，其次是价值1西力克和1/2西力克的银币，最小面值的银币价值1/4西力克。然而，它们的发行量非常有限，主要在阿尔卑斯山以北流通，多数币上印有罗马元老院的传统标志"SC"，或者东哥特统治者的花押或姓名，抑或拜占庭皇帝的名字（图2-6）。

图2-6　东哥特王国狄奥多里克统治时期的1/4西力克银币

注：打制于518~526年，直径为13毫米，重0.78克，罗马铸币厂生产。正面图案是皇帝的侧面胸像，币文：D N IVSTINVS P AVC；背面图案是狄奥多里克的花押。

资料来源：https://en.numista.com/catalogue/pieces152358.html。

　　至于铜币，其形制没有受到拜占庭货币的影响。这是因为476年西罗马帝国的灭亡使罗马元老院重新获得了打造铜币的古老特权。最初，罗马元老院以芝诺的名义发行了印有标记"SC"的重型铜币，即努姆斯的倍数币，供罗马市民使用。其中，最大面额的铜币价值40努姆斯，被称为弗里斯。然而，这些铜币很快就被印有"Invicta Roma"的弗里斯铜币和1/2弗里斯铜币取代。它们的发行充分体现了这些日耳曼部落在当地的铸币权主张，因为正面币图通常是罗马女神的头像，背面则是鹰、狼或双生子像（图2-7）。在东哥特国王狄奥达哈德统治时期（534~536年），弗里斯铜币上甚至出现了国王的姓名（图2-8）。

图2-7　东哥特王国狄奥多里克统治时期的弗里斯铜币

注：打制于493~526年，直径不详，重12.67克，罗马铸币厂生产。正面图案是罗马女神侧面胸像，面朝右，币文：INVICT A ROMA，意为"不可战胜的罗马"；背面图案是老鹰，头朝左，向后看，翅膀张开，左侧有标记XL。

资料来源：https://en.numista.com/catalogue/pieces145663.html。

图2-8　东哥特王国狄奥达哈德统治时期的弗里斯铜币

注：打制于534~536年，直径为26毫米，重12.17克，罗马铸币厂生产。正面图案是侧面胸像，面朝右，币文：D N THEO DAHATVS REX；背面图案是胜利女神像，向右行走，币文：VICTORIA PRINCIPVM，底板有标记S C。

资料来源：https://en.numista.com/catalogue/pieces119205.html。

555年，在拜占庭帝国征服意大利全境后，优士丁尼继续在该地区大量发行西力克银币。与此同时，帝国东部的铸币厂却没有铸造过这种面额的银币。与前一个世纪相似，这些地区日常流通的货币主要是金币和铜币，银币则仅在特定的仪典场合使用。

三、6~8 世纪伦巴第王国的货币

565 年，拜占庭皇帝优士丁尼带着生前无尽的遗憾去世了。在新皇帝优士丁二世登基后的第四年，来自斯堪的纳维亚半岛的伦巴第人越过阿尔卑斯山，进入意大利，并驱逐了驻扎在北部的拜占庭军队。其中，最大的一个伦巴第人支脉在阿尔卑斯山山脚下的波河河谷定居了下来，并慢慢地建立起伦巴第王国。此外，另两个较小的支脉分别在意大利中部和南部靠近罗马和那不勒斯的地方，建立了斯波莱托公国和贝内文托公国。

整个 7 世纪，伦巴第人持续扩张领土，占领了许多拜占庭帝国的领地，但他们的统治在意大利是零散和局部的。拜占庭帝国仅保持了亚平宁半岛南端的一部分和拉文纳与罗马之间的一小片地区。751 年，伦巴第王国达到了其发展的高峰，吞并了斯波莱托公国，并攻占了拜占庭在意大利的重要据点拉文纳，直接对罗马构成了威胁。

与其他日耳曼人建立的王国类似，伦巴第王国也曾铸造拜占庭仿制币。然而，由于伦巴第人建立王国的时间较其他日耳曼支脉晚了近一个世纪，因此其货币发展相对滞后。伦巴第王国货币的铸造，主要集中在意大利北部和中部地区。目前尚未发现属于伦巴第王国的索利多金币，但特里米斯金币和银币的数量相对较丰富，这些钱币正面印有拜占庭皇帝的头像和姓名（图 2-9 和图 2-10 ）。

图 2-9　伦巴第王国的特里米斯金币

注：打制于 582~690 年，重 1.44 克。正面图案是莫里斯的侧面胸像，面朝右，币文：D N MAVRC C TIb PP AVI；背面图案是胜利女神的正面站像，币文：VICTORIA AVCVITORVN CONOR。

资料来源：https://en.numista.com/catalogue/pieces144648.html。

图 2-10　伦巴第王国的 1/4 西力克银币

注：打制于 568~690 年，重 0.77 克。正面图案是优士丁二世的侧面胸像，面朝右，币文：D N IVSTI NVS PP AVC；背面图案是基督符，两颗星，边缘饰有花环纹。

资料来源：https://en.numista.com/catalogue/pieces144722.html。

　　至于铜币，在拜占庭于 6 世纪重新征服意大利时，确实在此地发行过一些铜币。然而，到了 7 世纪，伦巴第王国已不再发行铜币。在整个西欧地区，除了 15 世纪的西西里岛和 13 世纪的匈牙利，几乎都停止了铸造铜币。银币也遭遇了类似的命运，昔日罗马帝国的西半部几乎停止了银币的发行，这种情况持续了近一个世纪。与东半部不同的是，西半部在此期间几乎没有铜币流通。

　　在伦巴第人在意大利北部定居约一个世纪后，他们进行了一次重要的货币改革，发行了自己的"国家"货币。在库宁佩尔特统治时期（688~700年），伦巴第王国进行了两阶段的货币改革。第一阶段，钱币正面的拜占庭皇帝胸像被伦巴第国王的胸像取代，并在钱币背面印上了国王的名字；第二阶段，钱币背面的图案从胜利女神变为带翼的圣迈克尔，同时特里米斯金币的纯度提高至94%~99%，与同时期在君士坦丁堡和意大利打造的拜占庭金币相当。

在留特普兰德统治时期（712~744年），伦巴第人发行的特里米斯金币的纯度迅速下降，在其执政末期下降至39%。然而，值得注意的是，同期在拉文纳和罗马打造的拜占庭特里米斯也经历了类似的贬值。这表明，在8世纪上半叶，拜占庭帝国仍是伦巴第王国在政治、货币和经济领域的主要参与者。

754年和756年，法兰克国王"矮子"丕平应罗马教皇斯蒂芬二世之邀两次远征意大利，从伦巴第人手中夺取了拉文纳及其他27座原属拜占庭的意大利中心城市，并交给教皇进行管理。768年，丕平去世。六年后，他的儿子查理大帝以援助教皇哈德良为名，攻占了伦巴第王国的全部领土，并自称法兰克和伦巴第的国王，从此结束了伦巴第人对意大利的统治。

四、7~8世纪法兰克王国的货币

同伦巴第人一样，法兰克人也是日耳曼人的一支。3世纪初，法兰克人进入了高卢的东北部，定居于莱茵河下游地区，并在西罗马帝国瓦解后开始扩张。他们在486年击败了西罗马帝国在高卢的残余势力，建立了墨洛温王朝，并将巴黎定为首都。751年，宫相"矮子"丕平篡夺了王位，开启了加洛林王朝的统治。在丕平之子查理大帝统治时期（768~814年），法兰克王国开始向外扩张，最终在8世纪末征服了伦巴第王国，将意大利中北部纳入了法兰克人的统治区域。从此，意大利北部的标准货币逐渐从金币转向银币。

实际上，早在6世纪初，墨洛温王朝就开始打造拜占庭帝国仿制币，其中索利多和特里米斯金币是主要类别。这些金币上印有拜占庭皇帝阿纳斯塔修斯、优士丁一世和优士丁尼一世的名字。除了金币，法兰克王国早期还铸造了铜币努姆斯和轻质银币，如重0.188克的西力克银币和重0.377克、价值2西力克的银币。然而，到了6世纪中叶，小铜币努姆斯的铸造几乎停止，但仍然在一段时间内流通。

6世纪80年代，墨洛温王朝开始加强王权，并宣扬民族独立，逐渐发展出自己国家的货币。其中，特里米斯金币的正面印有发行地的名称，原本印有的东方皇帝头像时不时被他们自己国王的肖像取代，而钱币的背面经常出现铸币官的姓名和头衔。在一些样本币上，甚至出现了教会机构的名称或主教的姓名。其实，早在537年，法兰克人占领普罗旺斯的马赛后，便利用高卢矿区的黄金在当地发行了印有国王肖像的金币。

与此同时，墨洛温王朝几乎停止了银币的铸造。在接下来的近一个世纪里，整个欧洲西部几乎都没有打制过银币和铜币。随着银币和铜币的消失，墨洛温王朝发行的金币的质量和数量迅速下降。索利多金币很快停止铸造。7世纪上半叶，法兰克王国仅在高卢零星地铸造特里米斯金币，但其重量和纯度不断下降。在达戈贝尔特一世统治时期（629~639年），特里米斯的重量约为1.3

克，而此前特里米斯有两种重量标准，分别为 8 西力克（1.5 克）和 7 西力克（1.3 克）。

7 世纪 70 年代，法兰克王国在高卢的大部分地区已经停止了金币的铸造。此时，在欧洲西部，意大利是唯一仍在发行金币的地区。查理大帝在 773 年征服意大利北部后曾发行过金币特里米斯，但在 781 年曼图亚法令出台后，这些金币被禁止流通。到了 8 世纪初，金币在法兰克王国彻底消失了。

法兰克王国墨洛温王朝在高卢打造最后一批特里米斯的同时，引入了狄纳里（denarius）银币。"狄纳里"一词源于拉丁文"deni"，意思是 10 个，在英文中它被称为便士（penny），在法语中被称为德涅尔（denier）。每磅白银可以铸造 240 枚狄纳里，每枚重约 1.7 克。它们的重量和样式类似特里米斯，但由白银而非黄金制成。除个别版印有国王的名字外，大多数狄纳里银币印有发行地和铸币官的名称，甚至拥有铸币权的神职人员或地方要员的名字也会出现在这些钱币上。这些狄纳里银币成为后来加洛林王朝的狄纳里银币和整个中世纪银狄纳里银币的雏形，它的引入标志着西欧货币体系逐渐向银本位过渡。在接下来的五个世纪中，除了 9 世纪的短暂中断，狄纳里银币几乎成为整个西欧唯一的货币类型。这与东方的拜占庭帝国或晚期的罗马帝国的货币体系截然不同。

8 世纪 30 年代，法兰克王国经历了阿拉伯人的入侵，狄纳里银币迅速贬值。到 751 年丕平开启加洛林王朝统治时，其重量已经下降至 1/288 磅。大约在同一时期，丕平进行了货币改革，引入了新的狄纳里银币。新币的重量和含银量比旧币更高。根据

755 年的货币法令，每磅白银最多可以铸造 264 枚狄纳里银币，理论重量约为 1.3 克。新狄纳里银币的形制也发生了变化，采用了薄而宽阔的币坯，取代了原先小而厚的币坯（图 2-11）。

图 2-11　加洛林王朝的狄纳里银币

注：加洛林"矮子"丕平统治时期（751~768 年）打制，直径为 19 毫米，重 1.1 克。正面图案是大个头字母 R·P，上方有一横线；背面图案是币文：CAMU/RAC◊。

资料来源：https://en.numista.com/catalogue/pieces194142.html。

在查理大帝统治时期，法兰克王国加强了对铸币权的控制，并将狄纳里银币的重量提高至 1.7 克，使每磅白银可以铸造 240 枚狄纳里，从而建立了加洛林王朝的货币体系。该体系以单一狄纳里银币为基础，同时将索利多和磅作为记账单位。"索利多"一词源自君士坦丁大帝发行的金币索利多，指的是 1/20 磅白银，在英语中被称为先令（shilling）。磅（pound）最初是罗马货币体系的基本记账单位，在拉丁文中被称为"libra"。在中世纪和近代，"libra"被翻译成当地语言，在英国被称为"镑"，在法国被称为里弗（livre），在威尼斯被称为里拉（lira）。磅（里拉）、索利多和狄纳里三种记账单位之间的兑换比率为：1 磅（里拉）=20 索利多（先令）=240 狄纳里（便士）。查理大帝于 774 年吞并了伦巴第王国后，大量印有"伦巴第的国王"字样的狄纳里银币开始在意大利半岛流通。

第二节
威尼斯铸币权的确立

🐉 一、早期的威尼斯铸币

自法兰克王国从 7 世纪 70 年代开始发行狄纳里银币之后，在几个世纪的时间里，该币逐渐在整个西欧占据了主导地位。随着查理大帝征服伦巴第王国，来自梅勒和弗里西亚的狄纳里银币开始进入意大利，并被广泛使用。渐渐地，这些薄而宽阔的狄纳里银币的打制不再仅限于法兰克王国。到了 8 世纪 80 年代，意大利的卢卡、米兰，尤其是帕维亚等地也开始铸造狄纳里银币。

威尼斯的货币史与大多数意大利城市政权的货币史类似，最初以单一的狄纳里银币为起点。最早可以辨认出的威尼斯铸币是以加洛林皇帝"虔诚者"路易（814~840 年）的名义发行的狄纳里，其外观和标准与加洛林王朝在 819~822 年铸造的狄纳里银币相似，但其背面清楚地印有"VENECIAS"（威尼斯）字样。

从 555 年拜占庭皇帝优士丁尼征服意大利全境，到 751 年伦巴第人征服拉文纳大区的大部分地区，再到 774 年查理大帝征服伦巴第王国并成为北意大利的实际统治者，直至 810 年查理大帝之子丕平围攻潟湖地区，在名义上，威尼斯一直从属于拜占庭，绝非法兰克帝国的一部分。在经济上，威尼斯与拜占庭的联系密切。长久以来，拜占庭最重要的货币是君士坦丁大帝于

309 年引入的索利多金币，在希腊语中该币被称为"诺米斯玛"
（nomisma）。威尼斯商人与拜占庭在希腊半岛、南意大利和巴尔
干半岛进行贸易时，习惯使用索利多金币作为支付媒介。

那么，在 9 世纪初，威尼斯为何选择以法兰克国王的名义铸
造狄纳里银币，而非发行拜占庭样式的索利多金币或在铸币上印
上与拜占庭皇帝相关的信息呢？

对于这一悖论的出现，一个可能的解释是威尼斯与意大利
北部的经贸联系密切，而这些地区承认法兰克国王的权威，并
属于加洛林王朝的货币区。作为欧洲的中间人，威尼斯人主要
负责将来自东方的货物或潟湖产的商品运输至意大利北部的河
流区域。他们几乎垄断了这些内河贸易，尤其是在粮食和食盐
贸易方面。因此，威尼斯选择以法兰克国王的名义铸造狄纳里
银币，并非承认后者对其主权的主张，而是为了方便其在意大
利半岛北部进行贸易活动。

关于这一点，可以从威尼斯在 829~836 年发行的一版匿
名狄纳里上找到印证。这版狄纳里上没有出现法兰克国王的姓
名，取而代之的是新的正面铭文"DS CONSERVA ROMANO
IMP"（上帝，请保佑罗马皇帝），以及背面铭文"XPE SALVA
VENECIAS"（基督啊，请拯救威尼斯吧）。显然，东边的
拜占庭皇帝和西边的法兰克国王对这种新的铭文都是可以接
受的。

此外，值得强调的是，在威尼斯本土，除了流通着威尼斯自
己打制的狄纳里银币，由加洛林王朝皇家铸币厂打造的狄纳里银

币也在流通，尤其是维罗纳铸造的狄纳里银币[①]，其在威尼斯的认可度在 1183 年之前一直高于威尼斯自己打制的狄纳里银币。

二、铸币权的来源

在封建王朝中，铸币权不仅是国家财政的重要组成部分，也是君主展示权威和影响力的重要方式。在中世纪的西欧，铸币权被视为皇家或帝国的特权，尽管君主有时会将这一权力授予主教、城市或领主。然而，无论权力转让给谁，从司法角度来看，这些权力都被视为君主的"财产"，其转让需得到君主继承人的确认，并且在某些情况下可以被撤销。

924 年，勃艮第的鲁道夫二世，当时的意大利国王明确授予威尼斯总督奥尔索二世发行铸币的权力。然而，当时的威尼斯在政治上已经逐渐独立，并不受加洛林王朝或神圣罗马帝国的直接控制。这引发了如下问题：为什么威尼斯的铸币权在某种程度上受到帝国的影响，以及为什么帝国会授予它这样的权力？回答上述问题，需要从法兰克王国铸币权的演变谈起。

在法兰克王国墨洛温王朝时期，铸币权通常被视为皇家特权，但随着 639 年达戈贝特的去世，墨洛温王朝王权日渐衰弱，皇家对铸币厂的控制逐渐减弱，土地贵族和教会开始接管铸币厂。于是，在铸币上开始出现主教和修道院的名称。在加洛林王朝时期，

---

① 早在东哥特人统治意大利时期，维罗纳便是东哥特国王狄奥多里克的居住之地。后来，在伦巴第人占领了北意大利后，维罗纳成为伦巴第王国的第二大城市。查理大帝吞并了伦巴第王国后，维罗纳又成为意大利国王的居住之地。此后，直到 12 世纪，维罗纳才获得城市自治权。

丕平进行了重要的货币改革，引入了薄而宽阔的币坯。虽然他的改革主要在皇家直接控制的铸币厂推广实施，然而，那些不受皇家直接控制的铸币厂，特别是由教会控制的铸币厂，也开始跟随改革步伐，不仅启用薄而宽阔的币坯，还在硬币上印了王室头衔。这样一来，尽管许多铸币厂仍由地方控制，但至少在形式上承认国王拥有最终的铸币权。这一铸币体系一直持续到查理大帝统治时期，才被一个更加集权的体系取代。在新的铸币体系下，整个帝国都在铸造相同形制的硬币。这进一步强化了王权在货币领域的统一性和权威性。

然而，尽管查理大帝明确将铸币权重新确立为王权的一部分，但在实践中，他是通过伯爵来行使这项权力的，伯爵通常需要交出部分或全部利润来换取生产硬币的权力。也就是说，虽然国王保留了铸造钱币的权力，但他将其下放给了王国中的许多伯爵。864 年颁布的《皮特雷法令》再次重申了伯爵对"秃头"查理统治下的王国的铸币厂的管理责任。

887 年，随着"秃头"查理统治的结束，暂时重新统一的加洛林帝国再次分崩离析。在中法兰克的意大利王国，许多贵族子侄觊觎王位，纷争不断。那些在其管辖范围内拥有铸币厂的伯爵开始为了私利而铸造硬币。他们先是继续使用旧的设计匿名发行狄纳里，随着权力的不断增大，便开始以自己的名义而不是国王的名义发行钱币。

由此看来，早期威尼斯狄纳里银币的发行是以加洛林帝国王权的衰微和铸币权的分散为背景的。尽管在 10 世纪时，勃艮第的鲁道夫二世明确授予了威尼斯发行铸币的权力，但事实上，威尼斯此前已经在发行狄纳里银币。因此，与其说这是在授予其铸币权，不如说这是对意大利王国领土内流通的威尼斯硬币的认可。

三、第一枚公爵铸币

自法兰克王国在 843 年根据《凡尔登条约》一分为三之后，威尼斯便开始断断续续地在货币上印上意大利国王的名字。随着东法兰克国王奥托一世于 962 年在罗马加冕为神圣罗马帝国皇帝，并恢复了对意大利王国内米兰、帕维亚、维罗纳和卢卡等铸币厂的控制，威尼斯的铸币上开始出现神圣罗马帝国皇帝的名字。这种做法在 11 世纪成为常规。然而，进入 12 世纪后，在维塔利二世·米希尔任总督期间（1156~1172 年），威尼斯第一次以总督的名义发行了货币。该币是狄纳里的分数币，可能是 1/2 狄纳里，上面印有币文 "V MICHL' DVX"（总督米希尔）。那么，维塔利二世·米希尔为什么会以自己的名义发行货币呢？这是一个突然发生的重大革新，还是渐进的自然演进？或者说，维塔利二世在这一时期以总督的名义发行货币的契机是什么？

从 5~8 世纪蛮族王国独立发行硬币的历史，以及 9 世纪下半叶至 12 世纪封建领主逐步在硬币上宣示他们对皇室铸币权的篡夺的过程来看，这应该是一个渐进的过程，反映了威尼斯逐渐增强的政治独立性和自治权力。事实上也确实如此。早在 1002 年，年轻的奥托三世在没有继承人的情况下去世，此后有关继承权的纷争不断出现。同时，国王与教皇关于主教叙任权的争执不断升级，导致帝国在意大利的皇权逐渐被削弱。这一过程持续到 12 世纪上半叶，在此期间，北意大利的城市政权迅速崛起，且这些政权往往得到教皇的支持。

1125 年，神圣罗马帝国皇帝亨利五世去世，无子嗣继位，法兰克尼亚王朝因此结束，霍亨斯陶芬王朝继而兴起。从这一年起，威尼斯不再更新钱币上的皇帝信息，甚至彻底停止了货币的发行，直到总督维塔利二世·米希尔推出了公爵铸币。在此期间，流通中的狄纳里银币仍印有亨利五世的名字。那些位于意大利北部的名义上是帝国的官方铸币厂，如米兰、维罗纳和比萨的铸币厂，同样不再将霍亨斯陶芬王朝的皇帝洛泰尔二世（1125~1138年在位）、康拉德三世（1138~1152 年在位）或"红胡子"腓特烈（1152~1190 年在位）的名字印在钱币上，而是继续以亨利五世的名义发行货币。实际上，维塔利二世·米希尔以总督名义发行的公爵铸币是以亨利五世的钱币为原型的，只是在设计细节上有所不同，将原币上的币文"ENRICVS IMP"换成了"V MICHL'DVX"。

神圣罗马帝国与威尼斯以及其他北意大利城市之间的矛盾的进一步激化，始于"红胡子"腓特烈在帝国皇帝竞选中胜出之后。1155 年，腓特烈在罗马圣彼得大教堂内由教宗阿德里安四世册封为神圣罗马帝国皇帝，世称腓特烈一世。腓特烈一世希望恢复罗马帝国昔日的伟大和辉煌，而富饶的伦巴第诸城市成为其征服的首要目标。1158 年，他召集北意大利诸城邦，召开了隆卡利亚会议，并在会上宣布了帝国对意大利的直接统治权。为实现这一目标，他六次出兵意大利。面对腓特烈一世的不断扩张，维罗纳、帕多瓦、维琴察、威尼斯、皮亚琴察等意大利北部城镇在 1167 年结成伦巴第联盟，共同对抗腓特烈。因此，威尼斯总督维塔利二世·米希尔趁此机会引入新的钱币，并在钱币上移除了神圣罗马帝国皇帝的名字，也是在表明自己的立场。

四、"威尼斯"的狄纳里银币

早在公爵铸币出现之前，威尼斯狄纳里银币的银含量已开始区别于意大利北部其他城市发行的同类银币。在 10 世纪下半叶，意大利北部的货币体系仍与两个世纪前查理大帝统治时期引入的体系基本相同。这个货币体系的记账单位由磅（里拉）、索利多（先令）和狄纳里（便士）组成，其中 1 磅（里拉）等于 20 索利多（先令），1 索利多（先令）等于 12 狄纳里（便士），因此 1 磅（里拉）等于 240 狄纳里（便士）。在日常生活中，人们可以使用任何一个城市铸造的狄纳里银币，所有狄纳里银币在法律上都被视为等值，可以按统一单位记账，而无须具体说明其铸币厂的所在地。

在神圣罗马帝国皇帝奥托一世（962~973 年在位）入驻北意大利并进行货币改革后，由包括罗马在内的意大利北部和中部组成的意大利王国形成了一个高度集中的货币系统。其中，米兰、帕维亚、维罗纳和卢卡四个皇家铸币厂生产的狄纳里银币的含银量相同，而罗马、拉文纳、阿奎莱亚等城镇在获得铸币权后也没有改变钱币的样式。即便是不属于意大利王国的威尼斯，其生产的狄纳里银币名义上也与皇家的铸币标准一致。

然而，实际上，威尼斯以奥托名义发行的狄纳里银币，其含银量明显低于维罗纳和帕维亚的同类硬币，并且在 10 世纪的最后十年里，含银量进一步加速下降。这对意大利北部的硬币铸造产生了重大影响。随着贬值的威尼斯的狄纳里银币向临近货币区扩散，在劣币驱逐良币法则的作用下，不同铸币厂生产的狄纳里银币也开始以不同的速度贬值。其中，在地理上最毗邻威尼斯的维罗纳皇家铸币厂生产的狄纳里银币经历了最剧烈的贬值。到了10世纪末，意大利各铸币厂生产的狄纳里银币在价值上有了显著差异。例如，972年，威尼斯狄纳里银币的价值仅为米兰狄纳里银币的一半。这种差异不仅在日常流通中，也在文书中有所体现，出现了"米兰的狄纳里银币"和"威尼斯的狄纳里银币"之类的表述。

到了11世纪上半叶，威尼斯钱币上明确标明了铸币厂所在地。尽管这时的狄纳里银币保持了早期的币图设计，正面图案是一个十字架，背面图案是神庙，但与之前的铸币相比，背面币文中有字样"VENECIAS"（威尼斯）。与此同时，不同城市的记账体系开始分化，文书中开始出现"我们货币的磅"和"你们货币的磅"之类的表达。

第三节

从地方货币走向国际货币

一、货币区的形成

1002年1月23日，怀揣"复兴罗马帝国"理想的奥托三世去世，享年21岁。他没有留下子嗣，随之而来的政治危机削弱了神圣罗马帝国在意大利的统治。到了11世纪中叶，随着天主教内部克吕尼改革运动的兴起，王权和教皇之间的冲突升级，引发了激烈的叙任权斗争。1077 年 1 月，德皇亨利四世在严寒中冒雪前往意大利北部的卡诺莎城堡，向教皇格里高利七世"忏悔罪过"。这标志着在这场斗争中，尽管王权的政治权力得以保留，但其影响力，尤其是在宗教方面的影响力被削弱了。在意大利北部，王权的削弱促进了许多重商主义自由城镇的崛起。

因此，奥托一世重新建立的高度统一的货币体系再次崩塌，各地铸币厂开始生产具有不同价值和重量标准的硬币，并以不同的速度贬值。虽然每种铸币会出现在其铸造地以外，但通常主要在某个区域内流通，从而形成了货币区，即在一定的区域内优先或固定使用一种或几种货币作为支付手段或记账单位。

具体来说，在 10 世纪下半叶和 11 世纪的意大利北部和中部，大致分布着以下几个货币区：在伦巴第和艾米利亚—罗马涅大区，主要流通米兰的狄纳里银币；在意大利中部，主要流通卢卡的狄纳里银币；在皮埃蒙特及意大利王国中南部的部分地区，主要流通帕维亚的狄纳里银币；在意大利东北部的威尼托和弗留利大区，主要流通维罗纳和威尼斯的狄纳里银币。当然，这些货币区没有明确固定的地理边界，因为在货币竞争激烈的时代，不同货币区之间相互渗透和重叠是常见现象，地方性主导货币的种类会因时因地发生变化。

事实上，货币区的最初形成是皇权分权治理模式下的产物，并随着皇权的衰微日渐稳固。因此，上述货币区的划分大体上反映了意大利中部和北部主要的政治势力或行政区划。例如，早在945 年，意大利国王洛泰尔二世就将曼图亚、维罗纳和布雷西亚三座城市的铸币权授予了曼图亚主教，允许其在这三个地区发行流通货币，且货币的重量和含银量由当地自行决定，从而形成了一个独立的货币区。

从政治势力来看，意大利中部和北部货币区的形成以帕维亚、米兰、维罗纳、卢卡和威尼斯五个城市的货币为基础。其中，帕维亚曾先后成为伦巴第王国和意大利王国的首府；米兰是伦巴第大区的第一大城市和商业中心；维罗纳地处多条贸易道路的交界处，是弗留利国王贝伦加尔一世在890年左右创建的维罗纳边疆区的首府；卢卡是意大利中部托斯卡纳边疆区的首府。11世纪，这四座城市名义上处于神圣罗马帝国的统治之下，各自发行货币在当地流通。至于威尼斯，虽名义上不属于神圣罗马帝国，但作为东西欧重要商业枢纽之一，其与意大利的商贸联系密切。到了11世纪，威尼斯的货币在意大利东北部已形成一定的流通基础。

进入12世纪后，上述五个城市的货币仍在意大利中部和北部广泛流通，各个货币区的势力范围基本保持不变。其中，米兰货币的发展尤为引人注目。一方面，随着帕维亚中央政权的削弱，米兰的铸币产量不断扩张，很快超过了前者；另一方面，腓特烈一世于1162年攻陷米兰后，引入了帝国狄纳里（denaro imperiale）。该币不仅在米兰成为主导货币，而且在整个伦巴第大区广泛流通。13世纪，随着大个头银币格罗索（grosso）的引入，意大利中部和北部的货币市场发生了显著变化，最终形成了五个主要的货币区，它们分别以下列城镇的货币为基础：阿斯蒂和萨瓦、热那亚、米兰、威尼斯和维罗纳、阿奎莱亚。

13世纪末和14世纪上半叶，米兰和威尼斯进入了领土扩张时期，同时意大利北部的钱币普遍面临通货膨胀的压力。作为回应，伦巴第地区的铸币厂几乎都进行了货币改革，尤其是维斯康蒂和平协议的签订，使新发行的米兰硬币取得了巨大的成功。帕维亚、克雷莫纳等伦巴第城市都开始以米兰货币体系为基础发行样式相仿的货币，这再次重塑了北意大利的货币流通格局。

二、威尼斯狄纳里银币的崛起

在意大利东北部货币区，1183 年之前，威尼斯狄纳里银币的认可度一直低于维罗纳狄纳里。直到 1183 年《康斯坦茨和约》签订后，威尼斯狄纳里银币的生产和流通才逐渐与维罗纳狄纳里银币旗鼓相当，甚至后来居上。

这一转变源于维罗纳政治地位的下降。维罗纳位于阿迪杰河谷的南端，西临米兰，东接威尼斯，南通罗马，不仅是穿越阿尔卑斯山进入意大利的重要门户和要塞，还是北意大利的主要枢纽。10 世纪和 11 世纪，神圣罗马帝国皇帝曾数次远征意大利，经常在维罗纳停留，这对当地的铸币活动产生了重大影响。作为皇帝从德国进入意大利时遇到的第一个帝国铸币厂，维罗纳铸币厂需要生产大量铸币来维持远征，因此其生产不仅数量庞大，而且时常非常仓促。进入 12 世纪后，北意大利诸城市政权日渐独立。为了共同抵抗腓特烈一世对意大利的频繁入侵，米兰、维罗纳、威尼斯等 16 个重要城市于 1167 年成立了伦巴第联盟。1176 年，腓特烈一世在莱尼亚诺战役中大败于同盟联军。五年后，双方签订了《康斯坦茨和约》，腓特烈一世正式承认北意大利城市享有司法和内政的自主权，各市镇在没有皇家或帝国授权的情况下可以发行自己的硬币。自此，维罗纳铸币厂失去了作为神圣罗马帝国铸币厂的威望,成为与威尼斯铸币厂相竞争的一般的城市铸币厂。

此外,威尼斯在总督塞巴斯提亚诺·齐亚尼执政期间(1172~1178年)进行了一次重大的货币改革,这也是威尼斯狄纳里后来居上的关键原因。自12世纪中期以来,威尼斯一直将自己铸造的印有圣马可胸像的狄纳里银币为其货币体系的基本单位,且该币的价值是维罗纳狄纳里银币的1/2。在此次改革中,威尼斯启用了新狄纳里,其价值与维罗纳狄纳里相当,是后者的仿制币。新币的重量为0.3~0.4克,纯度为22%~26%,币坯呈蝶形,每一面都有一个十字图案。它与维罗纳狄纳里银币的唯一区别是币文中提到了威尼斯总督和圣马可。

在继任总督奥里奥·马利皮罗统治时期(1178~1192年),威尼斯狄纳里银币的产量进一步增加。12世纪80年代,当维罗纳狄纳里银币贬值时,威尼斯当局很好地维护了其狄纳里银币的流通状况,避免了劣币驱逐良币的发生。这使威尼斯狄纳里银币逐渐取代了维罗纳狄纳里银币,成为当地流通的主要货币。

三、恩里科·丹多洛的货币改革

在恩里科·丹多洛任总督期间(1192~1205年),威尼斯推出了新的重型银币——格罗索(grosso)。该硬币的发行是威尼斯货币史上的一大进步,在欧洲大部分地区和整个地中海盆地引起了强烈反响,并最终影响了拜占庭和伊斯兰的货币发行。

实际上,在担任总督之初,恩里科·丹多洛继续发行了与前任总督塞巴斯提亚诺·齐亚尼发行的重量相同的狄纳里银币。后来,他于1194年才引入了新银币——格罗索。与之前的所有硬币相比，格罗索是一种完全的创新，重约 2.19 克，含银量为 98.5%，1 枚格罗索银币价值 26 枚狄纳里银币，是一种价值更高 的重型银币。在威尼斯发行格罗索之后，欧洲的其他地区，如热 那亚和马赛等相继跟进。13 世纪 30 年代，格罗索的铸造迅速蔓延， 几乎意大利北部的每个铸币厂都在生产格罗索。那么，恩里科·丹 多洛为什么会发行新币格罗索？

对此，有几种不同的解释。第一种解释认为，格罗索的发行 与白银的供应和第四次十字军东征有关。1201 年 4 月，第四次十 字军东征的参与者香槟区元帅杰弗里率领六名骑士来到威尼斯，与 总督恩里科·丹多洛达成了协议，由威尼斯建造一支庞大船队，以 向亚历山大港运送 4500 名骑士及其战马、9000 名侍从和 20000 名 步兵。作为酬劳，十字军需向威尼斯支付 8.5 万银马克。虽然这 些白银的支付，使威尼斯得以铸造数以百万计的格罗索银币，但 在时间上与威尼斯开始发行格罗索银币的年份对不上。事实上， 自 12 世纪 60 年代以来，随着萨克森的弗莱堡银矿被发现，托斯 卡纳的蒙蒂耶里银矿和卡林西亚的弗里萨赫银矿相继被大力开采， 整个欧洲掀起了淘银热，这从根本上增加了欧洲的白银供应。

第二种解释认为，格罗索银币的发行与经济生活中的实际支 付需求密切相关。虽然威尼斯获得了大量的白银供应，从根本上 解决了币材来源的问题，但为什么选择生产重量更大、纯度更高 的新币格罗索，而不是扩大传统银币狄纳里的生产规模？从十字 军支付的 8.5 万马克白银的直接用途来看，它们主要被用来支付 船工和海员的工资并为船只提供补给。如果把这些白银全部铸成 当时含银量不到 0.1 克的威尼斯狄纳里银币，不仅数量庞大，而且非常耗时，所以从实际支付需求出发，铸造重约 2.19 克的格罗索银币是更便利的选择。

第三种解释认为，格罗索银币的发行意味着货币的贬值。虽然实际的支付需求可以解释威尼斯格罗索银币的发行，但它不能解释为什么意大利北部诸多城市很快相继推出了自己的格罗索银币。实际上，威尼斯格罗索银币是一种贬值的硬币。换句话说，它的价值被高估了，因为格罗索银币与狄纳里银币之间的法定汇率是 1：26，而从实际的含银量来看，二者之间的汇率应该是 1：24。这意味着与市场上的狄纳里银币相比，格罗索银币从一开始便是一种"劣币"，因此，在格雷欣法则的作用下，它能够很快地进入流通领域，并吸引各国争相打制类似重量标准的硬币。

第四种解释认为，格罗索银币的成功发行要归功于它与拜占庭银币米拉瑞逊（miliaresion）的关联。米拉瑞逊银币由拜占庭皇帝利奥三世于 720 年引入，理论重量为 1/144 罗马磅，即 2.27 克。该币发行了将近 3 个世纪，在 1092 年之后停止打制，仅作为记账单位继续存在，在地中海贸易中被广泛使用，其与拜占庭金币海伯龙（hyperpyon）的兑换比率是 12：1，即 12 米拉瑞逊相当于 1 海伯龙。当格罗索流入威尼斯在希腊半岛的殖民地时，其与当地流通的海伯龙之间的兑换比率也是 12：1。因此，作为米拉瑞逊的替代，借助后者的使用基础，格罗索银币逐渐成为南欧和地中海地区最广泛使用的货币之一。

四、杜卡特金币的出现

1284 年 10 月，威尼斯大议会下令发行一种金币，后来该币被称为杜卡特，其理论重量为 3.545 克，价值 18 格罗索。杜卡特金币的出现，标志着威尼斯货币体系的又一次跃升。自诞生以来，杜卡特金币的发行一直持续到 1797 年，甚至延续到了 19 世纪。在中世纪的欧洲，它非常受欢迎，成为广泛使用的国际货币。尤其是在 15 世纪，"杜卡特"一词甚至成为金币的代名词。

实际上，在北意大利的诸多城市政权中，威尼斯并不是第一个引入金币的城市。早在 1252 年，热那亚和佛罗伦萨便分别推出了纯金币热那维诺（genovino）和弗罗林（florin），二者重量相等，均为 3.53 克。此后，卢卡和佩鲁贾也相继在 1256 年和 1259 年推出了自己的金币。这引出了两个问题：其一，为什么在 13 世纪中叶许多城市政权开始发行金币？其二，为什么威尼斯在其他意大利城市首次发行金币几十年之后才决定引入金币？

在回答这两个问题之前，需要首先回顾一下当时欧洲的货币发行概况，尤其是拜占庭货币的演化过程。在 12 世纪的欧洲，拜占庭货币仍在国际贸易中扮演着重要角色。这一时期对应着拜占庭科穆宁王朝的统治时期，其货币体系主要包括：①海伯龙金币（hyperpyon），重 20.5 克拉；②金银合金币"特拉奇"（trachy），重 7 克拉，价值为 1/3 海伯龙；③低成色的银铜合金币希斯塔麦伦（histamenon），凹面，类似铜币；④小型扁平铜币特塔特伦（tetarteron）。然而，到了 12 世纪末，这些货币不断贬值，并在 1204 年第四次十字军东征期间君士坦丁堡陷落后走向没落。1261 年，拜占庭皇帝迈克尔八世重新占领君士坦丁堡后，虽然再次启用了海伯龙金币，但其重量已下降，且在之后两位继任者的统治期内，海伯龙金币的质量更是每况愈下。在此背景下，从 13 世纪中期开始，北意大利城市纷纷发行金币，以填补当时货币体系的空白。同时，与伊斯兰世界进行贸易的拉丁统治者，包括在黎凡特的十字军、在伊比利亚的卡斯蒂利亚人和阿拉贡人，以及在意大利南部和西西里的诺曼人都开始铸造金币。

威尼斯开始发行金币的另一个重要原因是黄金供应的增加。在整个地中海地区，金属矿藏资源分布广泛但并不均匀。金矿主要集中在西班牙、埃及、苏丹南部的努比亚地区、古国吕底亚和亚美尼亚一带。因此，北意大利一直以来并不是黄金的盛产地。13 世纪中叶之前，威尼斯的黄金主要来自西非，通过意大利南部和西西里岛、巴巴里和拜占庭，甚至黎凡特到达威尼斯。从 13 世纪中叶开始，这一状况慢慢发生了变化，原因是匈牙利克雷姆尼察附近的金矿出产的黄金数量逐渐增多。1320 年，该地的金矿进入了大规模开采时期。由于该金矿位于威尼斯西侧，在地理上威尼斯比其他北意大利城市更靠近它，所以威尼斯能够更加便利地获得黄金供应。此外，自 1252 年弗罗林和热那维诺金币问世以来，黄金在北意大利的价格一路上涨，这也使大量黄金从四面八方涌向北意大利。

对于第二个问题，为什么威尼斯在其他意大利城市推出金币几十年之后才决定引进金币？这或许与格罗索银币的发行有关。从 1194 年总督恩里科·丹多洛初次发行格罗索银币以来，该币的价值一直较为稳定，一直到 1356 年，威尼斯格罗索银币的理论重量基本上维持在 2.19 克，含银纯度为 98.5%。这使格罗索银币逐渐在国际贸易中被广泛使用。也就是说，格罗索银币的发行不仅为威尼斯政府带来了可观的收入，还为商人提供了便于流通和交换的货币。因此，威尼斯没有理由和动力改变其现行的货币体系。

然而，在杜卡特金币发行前的几年里，威尼斯格罗索在流通中面临越来越多的困难。威尼斯格罗索银币的流通受阻，其中一个主要原因是塞尔维亚格罗索的激烈竞争。后者模仿了威尼斯格罗索银币的形制，但含银量更低，成为"劣币"。在格雷欣法则的作用下，这些劣币不仅进入了威尼斯的贸易网络，还在意大利广泛流通，使那些本应流向威尼斯铸币厂的白银大部分流向了塞尔维亚，导致威尼斯格罗索银币的产量明显下降。

在此背景下，为了捍卫其货币体系并为商人提供更稳定的货币媒介，威尼斯大议会于1284年下令发行金币也是形势所迫。威尼斯杜卡特金币一经发行，虽然不像格罗索银币那样绝对新颖，但获得了巨大的成功。最终，在15世纪，杜卡特取代了佛罗伦萨的弗罗林，成为地中海地区的主要国际交换媒介，并在欧洲大部分地区广泛流通。

第四节
金银荒与货币改革

一、金币的时代

自13世纪中叶以来，西欧已经开始铸造金币，但到1284年威尼斯推出杜卡特金币时，其使用范围主要限于地中海地区，且黄金的最终来源在欧洲之外。然而，大约在 1320 年，随着匈牙利克雷姆尼察附近金矿的大量开采，14 世纪上半叶的欧洲从主要使用白银作为货币币材的地区转变为主要使用黄金的地区。实际上，匈牙利开采黄金并不是新鲜事，但在 1320 年之前，匈牙利黄金的开采量与来自西非的黄金数量相比微不足道。直到 1320 年，匈牙利的黄金开采规模才发生了根本性的变化，到 1328 年，克雷姆尼察生产的黄金数量已经足够多，使匈牙利国王安茹的查理·罗伯特能够在阿尔卑斯山以外的地区成功发行金币弗罗林的仿制币。

对于威尼斯而言，早在 1217 年，匈牙利国王安德鲁二世为了参加第五次十字军东征，与威尼斯总督就租用大帆船的费用进行讨价还价时，便商讨了匈牙利黄金在威尼斯免征关税的问题。然而，直到 13 世纪下半叶，威尼斯的大部分黄金仍来自西非，通过意大利南部和西西里岛、巴巴里和拜占庭，甚至黎凡特抵达威尼斯。

从 14 世纪 20 年代起，随着克雷姆尼察金矿的开采，大量黄金从匈牙利涌入威尼斯。在此背景下，威尼斯于 1328 年进行了货币改革，规定 1 枚杜卡特金币按 24 枚格罗索银币的价值流通，而此前官方确认的二者的价值比率为 1 杜卡特等于 20 格罗索。威尼斯当局还规定，在商业和其他一切领域的销售和支付中，每个人都应按新汇率支付和接受杜卡特金币。这一调整使杜卡特金币的市场价值被高估。根据劣币驱逐良币法则，杜卡特金币成为"劣币"，格罗索银币则是"良币"。因此，"劣币驱逐良币"，银锭的拥有者很可能会将银锭送到其他地方铸造，或者将从威尼斯铸币厂获得的全新的格罗索银币出口到其他地方。

无论如何，从1329年开始，银币格罗索的铸造数量急剧减少，而杜卡特金币的铸造数量迅速增加。到1343年，威尼斯不得不考虑专门设立一个负责金币生产的铸币机构。到了1355年，威尼斯铸币厂已经完全停止铸造格罗索银币。这意味着杜卡特金币的重要性大大超过了格罗索银币，并被广泛用于大规模贸易和军费支付。例如，在1350~1355年威尼斯—热那亚战争期间，威尼斯主要使用杜卡特金币进行军费支付，不再使用银币。随着金币的广泛使用，出现了用黄金记账的情况，相关的记账单位包括"阿夫弗罗林狄纳里"（denari affiorino）和"奥罗格罗索狄纳里"（denari di grossi a oro）。其中，奥罗格罗索狄纳里并不存在与之面额相同的实物硬币，是一种"鬼币"，其价值为真实存在的杜卡特金币的1/24。

与此同时，在欧洲其他地区，金币的发行和使用也在不断扩大。匈牙利黄金与波希米亚白银的交换量非常大，使波希米亚国王卢森堡的"盲人"约翰开始铸造金币弗罗林的仿制币。在意大利半岛，匈牙利黄金流入了法国中部和北部的大片地区，这使菲利普六世在1337年能够大量发行金埃居（ecu d'or）。在此之前，金币在首都以外的地区几乎不为人所知。到了14世纪30年代末，相当数量的黄金进入了西北欧，使该地区开始使用金币，而不再用银锭来支付大额款项。佛兰德斯、布拉班特、海诺、康布雷和盖尔德斯的铸币厂都在1336年左右首次开始铸造金币。不久之后，莱茵河和美因河一带也开始使用金币。

总的来说，从14世纪20年代到15世纪60年代，金币一直占主导地位。随着金币使用的增加，银币的使用逐渐减少，以至于到了 15 世纪中叶，银币在一些国家几乎完全消失。

二、黑死病与货币改革

据称，1347 年，黑死病首先在热那亚商人的港口城市卡法暴发，然后传入欧洲。1348 年 6 月，黑死病侵袭了法国、西班牙、葡萄牙和英国，随后于 1348~1350 年向东和向北蔓延至德国、苏格兰和斯堪的纳维亚半岛，最终于 1351 年蔓延至俄罗斯西北部。[①]

在 1347 年的冬天，黑死病袭击了威尼斯，导致大量人口死亡。据估计，威尼斯的人口损失了约一半，[②] 甚至有资料显示近六成人口失去了生命。[③] 作为重要的贸易枢纽，威尼斯的经济严重依赖贸易。黑死病的暴发导致商业活动大幅减少，劳动力短缺，经济停滞，进而引发通货膨胀。同时，由于税收和贸易收入减少，而公共卫生支出增加，政府财政面临前所未有的巨大压力。

瘟疫暴发时，在任的五位司秤员，没有一人活到 [1348 年] 夏季 [四十人] 会议结束。新上任的官员也没有留任多长时间。到年底时，新任命的三位铸币工中只有一位还在铸币厂工作，三

---

① M. Wheelis，Biological Warfare at the 1346 Aiege of Caffa，*Emerging Infectious Diseases*，Vol.8，No.9，2002，pp. 971–975.

② Alan M.Stahl，P. Curtis，The Venetian Mint in the Age of the Black Death，*Material Culture and Cultural Materialism in the Middle Ages and Renaissance*，Brepols，2001，pp.41–54.

③ ［美］弗雷德里克·C. 莱恩：《威尼斯：海洋共和国》，谢汉卿等译，民主与建设出版社 2022 年版，第 23 页。

位新上任的司秤员也都失踪了。也许对铸币厂来说，更大的困难是失去了最熟练的工人，即三位刻模师。[①]

作为重要的金银市场，黑死病的暴发大大阻碍了威尼斯铸币厂正常的生产活动，导致铸币工数量骤减，并提高了不同工种铸币工的长期工资水平。例如，1351年3月，银币车间的司秤员和铸币工以生活成本翻番为由要求涨工资；1352年，剪切币坯工人的工资水平上涨了33%；1354年，有雕刻工要求将年工资从60杜卡特提升至70杜卡特。显然，疫情的发生使生产货币的劳动力成本上升。

对于中世纪的威尼斯而言，铸币厂对其生活的重要贡献主要体现在财政和商业两个方面。一方面，铸币厂能够为国家带来可观的收入，这对于一个无法像许多邻国那样从陆地上获得产出，而只能依赖从海外购买许多生活必需品的岛国来说，尤为重要。另一方面，铸币厂生产的硬币是中世纪威尼斯商业的基础。如果没有足够的钱币让其远道而来的贸易伙伴使用，威尼斯商人就会在激烈的竞争中失去优势。

因此，面对疫情的冲击，当时的威尼斯总督安德里亚·丹多洛立即着手重建货币秩序，启动了一系列货币改革。这些改革不仅旨在吸引更多的白银进入铸币厂，对市场上白银短缺作出回应，更重要的是为了最大化国家的收入，帮助经济尽快从疫情的破坏

---

① Alan M.Stahl, P. Curtis, The Venetian Mint in the Age of the Black Death, *Material Culture and Cultural Materialism in the Middle Ages and Renaissance*, Brepols, 2001, pp.41-54.

性后果中恢复。

在疫情暴发前，威尼斯的货币体系主要由四种货币构成，每种货币都有其独特的功能。首先是杜卡特金币，由纯金制成，保持着自 1284 年引入时的打制标准，主要用于长途贸易和大额支付。其次是格罗索银币，由纯银制成，保持着自 12 世纪末引入时的打制标准，曾广泛用于国际贸易，但在疫情期间逐渐被杜卡特金币取代。再次是索第诺（soldino），约于 1331 年引入，由合金制成，含银量为 2/3，主要用于国内贸易。最后是狄纳里银币，历史最悠久的货币，然而在这段时期，作为零钱，仅在地方小额交易中使用。此外还有梅扎尼诺（mezzanino），曾于 1331 年首次推出，但由于发行效果不佳，在安德里亚·丹多洛担任总督时期停止生产。

在四种货币中，杜卡特金币和格罗索银币是国际贸易货币。威尼斯生产这两种货币主要是为了与热那亚和佛罗伦萨竞争金银，为国内商人和贸易伙伴提供交易媒介，促进威尼斯贸易的发展。与此同时，这两种货币的生产利润较低，威尼斯并未为了获得铸币税而进行贬值。然而，对于国内和地方使用的低价值货币而言，情况则不同，贬值货币的利润极为可观。通过降低硬币的金属纯度或重量，甚至二者兼而有之，能够用同等重量的贵金属制造更多的硬币。这种做法不仅增加了货币的供应量，还带来了巨大的利润。因此，安德里亚·丹多洛开启了低价值货币的贬值历程。

1353 年，安德里亚·丹多洛引入了新版索第诺。与旧版不同的是，新版索第诺几乎是用纯银铸造的，与格罗索的纯度标准相同，但其重量从之前的 1 克下降至 0.55 克。新版索第诺发行后不久，为了进一步增加政府的铸币收入，安德里亚·丹多洛又引入了一种新的货币，专门在科伦、莫顿、内格罗蓬特和克里特等殖民地流通。该币被称为图尔内塞洛（tornesello），由银铜合金制成，所含白银和铜的比例为 1∶8，重 1/320 马克。这两种货币的出现代表了货币的贬值，因为与旧币相比，新币所含贵金属的市场价值远远低于面值。

三、金银荒的出现

在 14 世纪下半叶和 15 世纪初的西欧许多地方，出现了严重的硬币匮乏和流动性危机，即所谓的"金银荒"。对于"金银荒"的发生原因，学者给出了不同的解释。历史学家约翰·戴（1978）认为，"金银荒"的主要原因是大量的白银流向东方，而欧洲的白银开采量无法满足这种需求。[①] 具体而言，来自东方的明矾、丝绸、胡椒及其他香料的进口价值，远远超过了意大利人出口的廉价亚麻布和羊毛织物的价值。这种贸易逆差从意大利开始，沿着陆路和海路向东扩展，最终导致大量贵金属从欧洲地中海地区经由黎凡特流向东方。同时，14 世纪 40 年代，撒丁岛的阿根蒂拉银矿在经历了漫长的开采之后开始衰退。1347 年，黑死病的暴发也使白银开采的速度减缓。到了 1365 年左右，撒丁岛的银矿资源已经枯竭。不久之后，库特纳霍拉的白银供应也开始显著下降。

相反，内森·萨斯曼（1998）认为"金银荒"是由硬币的囤积

---

① John Day, The Great Bullion Famine of the Fifteenth Century, *Past & Present*, Vol.79, No.1, 1978, pp.3–54.

所导致的。[1] 他以 1336~1415 年的法国为例，发现当人们面对货币短缺时，会试图用商品来交换货币，这将导致整体经济更多地出口而非进口商品。然而，经济史教授塞维特·巴姆（2000）对此观点持有不同看法，他指出囤积硬币只是加剧了"金银荒"的状况。[2]

在这个问题上，彼得·斯普福德（1993）提供了一个更全面的解释。他认为，"金银荒"的发生部分取决于新矿的开采或旧矿的关闭，部分取决于流通中硬币的磨损，部分取决于金银的囤积和抛售，部分取决于因使用和重铸导致的金银损失，以及部分取决于与欧洲以外国家的贸易收支平衡。[3]

由于地理位置、经济状况和货币政策等因素的不同，西欧各地区受金银短缺影响的具体时间也不尽相同。北欧在 14 世纪 70 年代开始受到白银短缺的影响。例如，弗拉芒地区的铸币厂在 14 世纪 70 年代末期的产量大幅下降。到了 14 世纪 90 年代，欧洲中部许多地区出现了银荒现象。例如，1392 年，法国的铸币厂的银币产量开始加速下降，而佛兰德斯的根特铸币厂已经停止了硬币的铸造；同样在 1392 年，佛罗伦萨也停止了银币的铸造，并在 1393 年停止了所有铸币活动。

威尼斯出现银荒的时间更早。1327 年，波希米亚国王"盲人"

---

[1]　Nathan Sussman, The Late Medieval Bullion Famine Reconsidered, *The Journal of Economic History*, Vol.58, No.1, 1998, pp.126-154.

[2]　Sevket Pamuk, *A Monetary History of the Ottoman Empire*, Cambridge University Press, 2000, p.48.

[3]　Peter Spufford, *Money and Its Use in Medieval Europe*, Cambridge University Press, 1993, pp.339-342.

约翰和匈牙利国王查尔斯·罗伯特签订了一份合约，旨在阻止波希米亚的白银通过奥地利流向意大利。从那时起，波希米亚和摩拉维亚的银矿产出的大部分被运往西方和北方，特别是通过法兰克福流向莱茵兰，以交换商品，尤其是来自低地国家的布匹。这导致之前经维也纳进入威尼斯的白银供应急剧减少。为确保银币的生产，威尼斯于 1331 年颁布了一项法令，要求所有进口商人将其进口白银的 1/5 送至铸币厂，以打造索第诺银币。随着时间的推移，这一比例在 1343~1350 年被调整为 1/10。14 世纪 70 年代，随着塞尔维亚和波斯尼亚的白银矿藏开始开采，威尼斯获得了新的白银供应。1379 年，威尼斯已经能够重新铸造银币。

然而，即便如此，威尼斯在 14 世纪末也受到了席卷整个欧洲的"金银荒"的影响。[1] 面对白银的短缺，威尼斯在 14 世纪最后二三十年不断贬值其货币，以吸引白银流入并增强货币的竞争力。例如，1379 年，威尼斯发行了新版格罗索银币，与旧币相比，新币贬值了约 9%。1385 年，威尼斯铸币厂将狄纳里或皮科洛（piccolo）的重量降至 0.23 克，白银纯度降至 16.1%。1390 年，皮科洛的纯度进一步下降至 11.1%。次年，索第诺银币的重量也减少了约 5.9%，降至约 0.47 克。随后的 1394 年，一种新的更轻的格罗索银币出现，理论重量为 1.88 克，而在 1379 年，该币的重量为 1.99 克。[2]

---

① Frederic C. Lane, Reinhold C. Mueller, *Money and Banking in Medieval and Renaissance Venice : Coins and Moneys of Account（Vol.1）*, Johns Hopkins University Press, 1985, p.366.

② Alan M. Stahl, *Zecca : The Mint of Venice in the Middle Ages*, The Johns Hopkins University Press, 2000, pp.75-77.

四、15 世纪的货币

进入 15 世纪后，威尼斯陆续征服了一些陆地殖民地，并开始发行一系列殖民地货币。在这个世纪的前二三十年，威尼斯征服了潟湖周围的大部分地区，包括原本拥有独立铸币权的三个城市：维罗纳、帕多瓦和阿奎莱亚。具体而言，威尼斯在 1404~1405 年控制了维罗纳和帕多瓦，在 1420 年控制了阿奎莱亚。尽管威尼斯的金银币已经在这些地区流通，但威尼斯的货币政策转向了关闭这些城市的铸币厂，并强制使用自己发行的贬值的小硬币，同时禁止外国硬币的流通。

1406 年，威尼斯议会决定在新征服的领地上发行新货币。第一种货币是新版梅扎尼诺，按照维罗纳的记账体系，价值 12 狄纳里或皮科洛，即 1 索第诺。第二种货币是专门为维罗纳和维琴察打制的皮科洛，其纯度与图尔内塞洛相同，白银和铜的比例为 1∶8，重 0.31 克，价值 1/12 索第诺。至于达尔马提亚，威尼斯铸币厂在 1410 年为其生产了新币索多（soldo），以取代当地流通的阿奎莱亚生产的弗里萨赫芬尼（friesacher pfennige）。

在总督弗朗西斯科·福斯卡里执政期间（1423~1457 年），威尼斯在伦巴第地区征服了广大新领土，包括布雷西亚（1426 年）和贝加莫（1428 年）。按照当时已确立的传统，威尼斯铸币厂迅速为新领地专门铸造了两种新硬币：一种是面额较大的格罗索尼（grossone），其纯度与威尼斯的格罗索相同，价值 8 索第诺，重量为 3.08 克；另一种是面额较小的硬币，价值 1/2 格罗索，即 2 索第诺，但其重量为格罗索的 1/4。

然而，在这一时期，威尼斯仍然面临白银短缺的问题。虽然在 15 世纪初，来自塞尔维亚的白银数量大幅增加，极大地改变了意大利的货币流通状况，但到了 15 世纪 30 年代末，随着塞尔维亚和波斯尼亚的矿场资源逐渐枯竭，来自巴尔干半岛的大规模白银供应也越来越少。格罗索的铸造开始变得困难，并且面临即将停止的风险。同时，威尼斯还受到了黄金普遍匮乏的影响。尽管匈牙利作为黄金产地，在 15 世纪 40 年代之前黄金产量并未大幅下降，但自 1412 年以来，威尼斯与匈牙利的战争导致两国政治关系不稳定，匈牙利国王西吉斯蒙德的封锁使威尼斯难以从波希米亚和斯洛伐克的矿藏中获得大量金银供应。

然而，在 15 世纪的欧洲，金银短缺并非威尼斯独有，而是整个欧洲普遍存在的现象，这在历史上被称为"金银大饥荒"（Great Bullion Famine）。其中，最严重的时期是 1457~1464 年。

面对金银短缺，威尼斯不断进行货币贬值。1407 年，威尼斯议会下令将格罗索的重量从 1.82 克减少到 1.75 克，但纯度保持不变。随后在 1417 年和 1421 年，格罗索和索第诺的重量进一步下降，其中格罗索的重量降至 1.6 克，因此被称为格罗斯特（grossetto），意为"小格罗索"，而索第诺的重量降至 0.4 克。

到了 15 世纪中叶，随着奥斯曼帝国向巴尔干半岛扩张，西欧的金银供应恶化，威尼斯面临的情况也愈加严峻。特别是在 15 世纪五六十年代，奥斯曼帝国先后占领了塞尔维亚和波斯尼亚之后，威尼斯自 15 世纪 20 年代以来从两地获得的逐渐减少的金银供应彻底停止。格罗索长期的铸造历史在 1462 年终结。威尼斯最后一批格罗索的重量比 40 年前的减少了 2/3，远低于

1201 年最初发行时的一半。随着金银匮乏的加剧，银币不仅重量逐渐减轻，纯度也降低。因此，威尼斯在 1462 年开始发行纯铜皮科洛，又被称为巴吉提诺（bagattino）。

进入 15 世纪 60 年代，在阿尔卑斯山脉和厄尔士山脉，特别是在蒂罗尔州的施瓦茨和萨克森州的施奈贝格，发现了一系列新的银矿。这些新矿的开采为曾一度消耗殆尽的西欧白银存量注入了新鲜的血液，使个头更大、纯度更高的银币被铸造出来。1472 年，威尼斯总督尼科洛·特龙下令铸造一种价值 1 威尼斯里拉的硬币，含银量为 6 克。从 1474 年开始，在彼得罗·莫塞尼戈任总督期间，一种新的价值 20 索利多（索第诺）的里拉被铸造出来，并因总督之名被称为莫塞尼戈（mocenigo）。类似的大个头硬币也在米兰、热那亚和帕维亚发行，随后法国和英格兰也效仿发行。

第三章

中世纪威尼斯货币的种类与特征

中世纪威尼斯的货币体系演化过程反映了其经济和政治力量的增长,同时展现了其在地中海和欧洲贸易中的关键地位。这一体系的演化可以分为几个主要阶段,各个阶段都有独特的货币种类和特征。威尼斯的货币史与大多数意大利城市政权的货币史类似,最初以单一的狄纳里银币为起点,随着威尼斯经济的发展和独立性的增强,逐渐开始铸造自己的特色货币。12世纪末,威尼斯引入了大个头银币格罗索。格罗索的稳定价值和广泛使用标志着威尼斯货币体系的初步形成。1284年,威尼斯又引入了纯金铸造的金币杜卡特。杜卡特的引入标志着威尼斯货币体系的又一个重要转折点。杜卡特不仅在威尼斯本地被广泛使用,更在国际贸易中取得了重要地位,并成为国际硬通货。14世纪,为了满足日常交易和小额支付的需求,威尼斯引入了几种小额货币,如索第诺和梅扎尼诺。这些小额货币的引入,使威尼斯的货币体系更加完善,能够覆盖从大宗贸易到日常交易的各种需求。此外,14~15世纪,随着"海洋领地"和"陆上领地"的扩张,威尼斯在其广泛的殖民地和贸易网络中也发行了特定的货币(如图尔内塞洛),以适应不同地区的经济和商业需求。中世纪威尼斯货币的图案设计在视觉上具有统一性。在这些货币上,我们常常可以看到威尼斯共和国的象征和标志性元素,如总督和圣马可,这些图案凸显了共和国的权威和宗教信仰。

第一节
从狄纳里银币到格罗索银币

一、发行概况

在西欧，7~12 世纪是银币狄纳里的时代。在长达五个多世纪的时间里，狄纳里不仅是西欧的标志性硬币，几乎也是唯一在使用的硬币。狄纳里的拉丁文是"denarius"，在不同的时期或语言中，它还被称为便士（penny）、德涅尔（denier）、芬尼（pfennig）和彭宁（penning）等。威尼斯最早打造的硬币即狄纳里银币，后来被称为帕维（parvi）和皮科洛（piccolo）等。为了便于按时期分类，本章将这些小银币统称为狄纳里。

12 世纪末，威尼斯率先推出了大个头银币格罗索，其拉丁文是"grosso"，这一名称源自短语"denaro grosso"，意为"大狄纳里"（大便士）。最初，1 枚格罗索价值 26 枚狄纳里。威尼斯发行格罗索不久，维罗纳、热那亚、比萨、佛罗伦萨等城市也开始逐步打造自己的格罗索银币，使格罗索取代狄纳里成为西欧的主要银币，整个西欧也进入了大银币时代。在不同的时期或语言中，这种大个头银币还被称为格罗特（groat）、格罗申（groschen）、格罗什（gros）和格鲁特（groot）等。

其中，威尼斯狄纳里的发行历史大致可以分为两个阶段。第一个阶段即 9 世纪中叶至 12 世纪初，威尼斯主要以加洛林王朝皇帝、意大利王国国王及神圣罗马帝国皇帝的名义发行狄纳里。

第二阶段是从 12 世纪中叶开始，威尼斯以在任总督的名义发行狄纳里。在这一阶段，威尼斯的狄纳里曾经在 1194 年一度中断铸造，直到 1268 年才重新开始发行。此后，威尼斯狄纳里逐渐被称为帕维（parvi），后又被称为皮科洛（piccolo）。

最早一版现存的威尼斯狄纳里样本币，发行于加洛林王朝皇帝"虔诚者"路易执政期间（814~840 年）。这些硬币正面印有"虔诚者"路易的名字，背面则印有"VENECIAS"（威尼斯）字样。843 年，"虔诚者"路易去世后，法兰克王国分裂为西法兰克王国（843~987 年）、中法兰克王国（843~855 年）和东法兰克王国（843~911 年）三个部分。路易的儿子洛泰尔一世成为中法兰克国王，也是意大利领土的继承者。因此，在洛泰尔一世执政期间，威尼斯开始发行正面印有洛泰尔一世名字的狄纳里，背面则印着铸币厂的名称威尼斯。

855 年，洛泰尔一世去世后，中法兰克王国分裂成了北部的洛林和勃艮第王国，以及南部的意大利王国。在随后的 9 世纪下半叶，东西法兰克王国瓜分了原中法兰克王国的大部分领土，为今日德国和法国的形成奠定了基础。在这段时间，意大利发行的钱币开始无区分地在整个地区流通，钱币上不再印有铸币厂的名称，威尼斯发行的狄纳里也是如此。

962 年，德意志国王奥托一世被加冕为神圣罗马帝国皇帝，德意志王国随之演变为神圣罗马帝国。在神圣罗马帝国皇帝奥托二世执政期间（973~983 年），威尼斯曾以他的名义发行狄纳里。11 世纪上半叶，威尼斯继续以神圣罗马帝国皇帝的名义铸造狄纳里，这些硬币的正面印有皇帝的名字。

到了 12 世纪中叶，在维塔利二世·米希尔任总督期间（1156~1172 年），威尼斯在早期神圣罗马帝国皇帝亨利五世（1081~1125 年在位）发行的狄纳里基础上，开始以总督的名义发行狄纳里的辅币。此后，威尼斯逐渐进入了以在任总督名义发行货币的阶段。然而，1194 年，威尼斯总督恩里科·丹多洛进行了一次货币改革，暂停了狄纳里的铸造。直到 1268 年，威尼斯才再次铸造狄纳里。

1194 年，恩里科·丹多洛在停止发行狄纳里的同时，创新性地引入了大个银币格罗索。此后，格罗索很快成为威尼斯的主要记账货币，在国内外贸易中得到广泛应用，并逐渐取代了狄纳里，成为威尼斯的基本银币。格罗索的发行大体上经历了两个阶段：第一个阶段是 1194~1356 年，这段时间格罗索的形制几乎没有变化，是理论重量为 2.19 克的纯银币；第二个阶段是 1379~1471 年，新版格罗索不仅变成了合金币，而且重量逐渐减少，甚至币面图案也发生了变化。

12 世纪末至 14 世纪初，除了狄纳里和格罗索，威尼斯还发行了一些辅币作为零钱使用，包括 1/2 狄纳里和 1/4 狄纳里。其中，1/2 狄纳里最初以维塔利二世·米希尔发行的早期公爵狄纳里为原型，后来被称为比安科（bianco）；而 1/4 狄纳里又名夸特罗洛（quartarolo），是一种含银量极低的合金币，重约 0.7 克，最早由总督恩里科·丹多洛引入。

二、狄纳里（1268 年之前）

威尼斯最初发行的狄纳里的样式与加洛林王朝的狄纳里相似

（图 3-1）。正面印有"十"字图案，币文环绕分布，且币文内容常常与皇帝的姓名和头衔相关；背面币文布满整个底板，通常包含铸币厂的信息。除了"十"字图案，币文中常出现与基督教有关的信息。这是因为在 8~9 世纪，拜占庭帝国的破坏圣像运动促成了罗马教廷与法兰克王国的政治联盟，特别是在 800 年，随着查理大帝被教皇利奥三世在罗马圣彼得大教堂加冕为"罗马人的皇帝"，加洛林王朝成为教皇权威名副其实的捍卫者。从重量上看，加洛林王朝打制的狄纳里约重 1.7 克，几乎由纯银制成，而威尼斯狄纳里的重量可能略低。

图 3-1　加洛林王朝的狄纳里（818~823 年）

注：以加洛林王朝皇帝"虔诚者"路易（814~840 年在位）的名义打制，直径为 20 毫米，重 1.79 克。正面图案是位于中央的"十"字图案，币文：HLVDOVVICVS IMP；背面印着币文：PALA/TINA MO/NETA，宫廷铸币厂打制。

资料来源：https://en.numista.com/catalogue/pieces267289.html。

在"虔诚者"路易统治时期（814~840 年），目前发现了两种类型的威尼斯狄纳里。第一种类型的狄纳里以加洛林王朝皇帝"虔诚者"路易的名义打制，重量为 1.3~1.5 克。正面图案是位于底板中央的"十"字，环绕着币文"HLVDOVVICVS IMP"（皇帝路易）；背面印有"VENECIAS"（威尼斯）的字样，表示威尼斯铸币厂（图 3-2）。

图 3-2 威尼斯狄纳里（819~822 年）

注：以加洛林王朝皇帝"虔诚者"路易（814~840 年在位）的名义打制，直径
为 21 毫米，重 1.45 克。正面图案是位于中央的"十"字，币文：HLVDOVVICVS
IMP；背面印着币文：VEN/ECIAS。

资料来源：http://home.eckerd.edu/~oberhot/venice.htm。

第二种类型的狄纳里的正面图案同样为位于底板中央的
"十"字，但在"十"字的每个象限内有一个小球，环绕着币文"DS
CONSERVA ROMANO IMP"（上帝，请保佑罗马皇帝）；背面币
文是"XPE SALVA VENECIAS"（基督，请保佑威尼斯），字母
分布的造型似神殿的石柱，重量约为 1.5 克（图 3-3）。

图 3-3 威尼斯狄纳里（823~840 年）

注：以加洛林王朝皇帝"虔诚者"路易（814~840 年在位）的名义打制，直
径为 19 毫米，重 1.5 克。正面图案是位于中央的"十"字，且每个象限有一个小
球，币文：DS CONSERVA ROMANO IMP；背面图案是似神殿的石柱，币文：XPE
SALVA VENECIAS。

资料来源：https://en.numista.com/catalogue/pieces113339.html。

　　9世纪下半叶，在意大利的钱币上，包括威尼斯打制的狄纳里，铸币厂的信息逐渐消失。这一时期，铸币的反面常常印有币文"XPISTIANA RELIGIO"（基督教）。962年，德意志国王奥托一世在罗马由教皇约翰十二世加冕为"罗马帝国"皇帝。于是，威尼斯继续以德意志皇帝的名义打制狄纳里。

　　1000年前后，有一版威尼斯狄纳里正面币文中的德意志皇帝名字消失了，取而代之的是新币文"CRISTVS IMPER"（基督统治），背面印着铸币厂名称威尼斯，字母分布的造型似神殿的石柱。与此同时，这一版狄纳里的重量和纯度下降（图3-4）。

图3-4　威尼斯狄纳里银币（1002~1027年）

注：无统治者名字，直径不详，重1.12克。正面图案是位于中央的"十"字，且每个象限有一个小球，币文：CRISTVS IMPER；背面图案是似神殿的石柱，币文：VENECI，其字母分布构成神殿石柱。

资料来源：https://coinweek.com/world-coins/serenissima-medieval-coinage-of-venice/。

　　在11世纪下半叶，威尼斯狄纳里的正面仍然印有德意志（神圣罗马帝国）皇帝的名字，但背面的图案从之前的神殿石柱变成了一个小个头的胸像，并伴有币文"S MARCVS VENECIA"（威尼斯的圣马可）。这是威尼斯的守护圣人圣马可第一次出现在钱币上（图3-5）。

图 3-5 威尼斯狄纳里（1082~1106 年）

注：以德意志皇帝亨利四世（1054~1087 年在位）的名义打制，直径为 18 毫米，重 0.5 克。正面图案是位于中央的"十"字，且每个象限有一个小球，币文：ENRICVS IMPERA；背面图案是圣马可的胸像，币文：S MARCVS VENECIA。

资料来源：https://en.numista.com/catalogue/pieces113359.html。

此后，该币的重量不断下降。在亨利四世统治时期（1056~1105 年），重量降至约 0.5 克；在亨利五世统治时期（1105~1125 年），该币重量进一步下降至 0.3~0.4 克。目前，尚未发现以神圣罗马帝国皇帝洛泰尔二世（1125~1138 年在位）和康拉德三世（1138~1152 年在位）的名义打制的威尼斯狄纳里。不过，意大利的其他城市或帝国皇家铸币厂发行的狄纳里有类似情况。

在维塔利二世·米希尔任总督期间（1156~1172 年），威尼斯在早期神圣罗马帝国皇帝亨利五世发行的狄纳里的基础上，发行了威尼斯狄纳里。这也是威尼斯首次发行总督钱币。该币重量维持在 0.3~0.4 克，银纯度在 22%~26%。正面仍以"十"字为图案，但环绕"十"字的币文为"V MICHL DVX"（总督维塔利二世·米希尔），取代了之前的币文"ENRICVS IMP"（皇帝亨利）。背面图案则保留了圣马可胸像。当时，该币价值为 1/2 维罗纳狄纳里。

在总督塞巴斯提亚诺·齐亚尼在位期间（1172~1178 年），威尼斯发行了新版狄纳里，并将其与维罗纳狄纳里的兑换比

率调整为 1 : 1。这版狄纳里的币文保留了"DVX"（总督）和
"S MARCVS"（圣马可），但其设计样式仿制了同一时期的维罗
纳狄纳里，即正反面都为"十"字图案（图 3-6）。与此同时，原
维塔利二世·米希尔发行的印有圣马可胸像的狄纳里被当作 1/2
狄纳里继续发行。此后，总督奥里奥·马斯洛皮埃罗（1178~1192
年在位）和恩里科·丹多洛（1192~1205 年在位）在继任之初继续
发行狄纳里。直到 1194 年，恩里科·丹多洛不再发行狄纳里。

图 3-6　威尼斯狄纳里（1178~1192 年）

注：以威尼斯总督奥里奥·马斯洛皮埃罗（1178~1192 年在位）的名义打制，直
径为 14 毫米，重 0.36 克。正面图案是位于圆圈中的"十"字，币文：AVR DVX；背
面图案是位于圆圈中的"十"字，币文：S MARCVS。

资料来源：https://en.numista.com/catalogue/pieces113362.html。

　　总的来说，在 1194 年之前的 300 多年里，威尼斯狄纳里
的生产规模和流通范围逐渐扩大。在威尼斯，除了本地生产的
狄纳里，日耳曼国家皇家铸币厂生产的狄纳里也在流通，尤其
是神圣罗马帝国在维罗纳生产的狄纳里。在 1183 年之前，维罗
纳狄纳里在威尼斯的使用甚至比本地生产的狄纳里还要常见。
1184~1194 年，因维罗纳铸币厂不再是神圣罗马帝国的官方铸币
厂，威尼斯的铸币产量大幅上升，其在威尼斯的流通量也超过了
维罗纳狄纳里。

三、狄纳里（1268 年及之后）

自恩里科·丹多洛停止发行旧狄纳里后，威尼斯狄纳里逐渐被称为帕维（parvi），后来相继被称为皮科洛（piccolo）和巴吉提诺（bagattino）。1268 年，威尼斯总督洛伦佐·提埃波罗（1268~1275 年在位）恢复了狄纳里的铸造。这一举措完善了威尼斯的货币体系：一方面，含银量高的优质银币格罗索成为长途贸易的交易媒介；另一方面，含银量低的小银币狄纳里适用于日常的国内交易。

与早期的狄纳里相比，新狄纳里虽然采用了类似的币图设计，但其重量和纯度较 1194 年停止铸造时有所下降，使其名义含银量从 0.091 克下降至 0.072 克，实际含银量则更低（图 3-7）。1269 年 2 月，威尼斯政府在支付官员工资时规定了狄纳里与格罗索的兑换率为 26.11 : 1，但很快在同年 12 月重新调整为 28 : 1。^①

图 3-7 威尼斯狄纳里（1268~1275 年）

注：以威尼斯总督洛伦佐·提埃波罗（1268~1275 年在位）的名义打制，直径为 13 毫米，重 0.23 克。正面图案是位于圆圈中的"十"字，币文：LA TE DVX；背面图案是位于圆圈中的"十"字，币文：S MARCVS。

资料来源：https://en.numista.com/catalogue/pieces113388.html。

---

① Alan M. Stahl, *Zecca : The Mint of Venice in the Middle Ages*, The Johns Hopkins University Press, 2000, p.24.

新狄纳里发行了一段时间后便开始继续贬值。1278 年，狄纳里的重量约为 0.289 克，含银纯度从之前的 25% 下降至 20%，这意味着其名义含银量进一步下降至 0.058 克。于是，1282 年，威尼斯大议会将格罗索与狄纳里的官方兑换率调整为 1∶32，1 马克可以铸造 784 枚狄纳里。然而，按照格罗索和狄纳里的实际含银量，1 枚格罗索价值 36 枚狄纳里，这意味着狄纳里的价值被高估了。

1331 年，威尼斯推出了两种新银币：索第诺和梅扎尼诺，但仍继续发行狄纳里。到了 1368 年，1 马克能铸造 900 枚狄纳里，与 1282 年的铸造标准相比，重量下降了约 15%。14 世纪末，随着"银荒"程度的加深及来自帕多瓦的狄纳里入侵，威尼斯的狄纳里进一步贬值。1385 年，威尼斯狄纳里的重量下调至 0.23 克，含银纯度下调至 16% 左右。1390 年，其纯度进一步下调至 11% 左右，实际含银量仅为 0.027 克。[①]

15 世纪上半叶，威尼斯曾为维罗纳、维琴察和布雷西亚等意大利东北部陆上殖民城市生产过新狄纳里，其重量和币图设计与为威尼斯城生产的狄纳里不同，这些狄纳里的特征将在本章第四节有关殖民地货币部分展开介绍。在威尼斯城，1446 年，由于各种仿制狄纳里的泛滥干扰了日常交易，威尼斯发行了新狄纳里，其重量和纯度与旧狄纳里保持一致，但启用了新的币图设计。正面为传统的"十"字图案，背面则改为跃立的圣马可雄狮（图 3-8）。

---

① Frederic C. Lane，Reinhold C. Mueller，*Money and Banking in Medieval and Renaissance Venice*：*Coins and Moneys of Account*（*Vol.1*），Johns Hopkins University Press，1985，p.527.

图 3-8　威尼斯狄纳里（1446~1457 年）

注：以威尼斯总督弗朗西斯科·福斯卡里（1423~1457 年在位）的名义打制，直径为 11 毫米，重 0.23 克。正面图案是位于圆圈中的"十"字，币文：FRA FO DVX；背面图案是一头跃立的圣马可雄狮，币文：SM。

资料来源：http://www.rhinocoins.com/ITALY/VENEZIA/FRAFOSC.HTML。

15 世纪下半叶，威尼斯狄纳里的含银量逐渐减少，最终变得微乎其微。1462 年，总督克里斯托佛罗·莫洛首次发行了由纯铜制成的狄纳里，这种新币又被称为巴吉提诺（bagattino）。巴吉提诺的理论重量约为 1.8 克，直径为 20 毫米，正面印着总督的侧面像，背面印着圣马可雄狮的坐像（图 3-9）。

图 3-9　威尼斯狄纳里（1446~1457 年）

注：以威尼斯总督克里斯托佛罗·莫洛（1462~1471 年在位）的名义打制，直径不详，重 1.53 克（低于理论重量）。正面图案是总督的侧面像，币文：CRISTOFORVS MAVRO DVX；背面图案是圣马可雄狮的坐像，币文：S MARCVS VENETI。

资料来源：https://www.numisbids.com/n.php？p=lot&sid=2563&lot=237。

🐉 四、格罗索

1194 年，威尼斯总督恩里科·丹多洛在停止铸造狄纳里的同时，创新性地引入了大银币格罗索（grosso），俗称"曼塔潘"（matapan）。"曼塔潘"一词源自阿拉伯语"mantaban"，意为"坐着的国王"。该币的理论重量为 2.19 克，含银纯度高达 98.5%。直到 1356 年，其重量都没有发生大的变化。虽然这种新币的重量比 9 世纪的旧狄纳里重 1/3 左右，但至少是丹多洛时代狄纳里的 6 倍。

格罗索的币图设计与早期威尼斯硬币及意大利北部其他地区的钱币有很大不同。格罗索的正面印着总督和圣马可的全身站像，两人共同握着一根高高的旗杆，象征着总督从圣马可手中接过旗杆；背面印着基督坐像（图 3-10）。这一币图设计的灵感来自拜占庭 12 世纪发行的金银合金币艾斯伯特拉奇（electrum aspron trachy）（图 3-11）。不过，与艾斯伯特拉奇不同的是，格罗索是由纯银打制的，且其形制扁平，币坯边缘排列着连珠纹。

图 3-10　威尼斯格罗索（1202~1205 年）

注：以威尼斯总督恩里科·丹多洛（1192~1205 年在位）的名义打制，直径为 20 毫米，重约 2 克。正面图案是总督和圣马可的全身站像，两人共同握着一根高高的旗杆，币文：H DANDOL S M VENETI；背面图案是基督的正面坐像，上方有标记"IC XC"。

资料来源：https://en.numista.com/catalogue/pieces113364.html。

图 3-11　拜占庭艾斯伯特拉奇（1152~1167 年）

　　注：以拜占庭皇帝曼努埃尔一世（1143~1180 年在位）的名义打制，直径为 31 毫米，重约 4 克，为碟形币。正面图案是基督坐像，币文：IC XC；背面图案是皇帝和基督站像，皇帝位于左边，二者共同握着一个高高的长十字架。

　　资料来源：https://en.numista.com/catalogue/pieces296057.html。

　　该币与旧狄纳里和拜占庭艾斯伯合金币的最大不同在于纯度。在恩里科·丹多洛发行格罗索的时代，狄纳里的纯度已下降到约 20%。然而，格罗索在发行之初的纯度为 98.5%，即每枚重 2.19 克的格罗索实际含银量为 2.16 克，几乎由纯银铸造。在 12 世纪末期，无论是神圣罗马帝国皇家铸币厂铸造的银币，还是其他意大利北部城市铸造的银币，抑或是标准艾斯伯合金币，都没有如此高的纯度。

　　自 1194 年问世以来，格罗索很快便成为记账货币，并在国内和国际贸易中被广泛应用。根据其含银量计算，1 枚格罗索应等于 24 枚狄纳里，然而，官方很快宣布其与狄纳里的法定兑换比率为 1：26。在接下来的 60 多年里，威尼斯没有再铸造狄纳里，格罗索成为威尼斯唯一的银币。在此期间，格罗索的形制几乎没有变化。尽管同一时期旧威尼斯狄纳里和外国狄纳里仍继续流通，但格罗索逐渐取代了狄纳里，成为威尼斯的主要银币。同时，其他城市的铸币厂，如维罗纳、热那亚、比萨和佛罗伦萨，也仿照威尼斯，开始铸造自己的格罗索银币。

　　1356 年，乔凡尼·道芬成为威尼斯新任总督，面对白银供应短缺，格罗索的铸造一度停止。直到 1379 年，威尼斯再次发行了新的格罗索。然而，新币不仅采用了与旧币不同的重量标准，还启用了新的币图。具体而言，新格罗索的重量从 1/109.5 马克（2.19 克）下降为 1/120 马克（1.99 克），同时含银纯度约为 96%，而不是之前的98.5%。在记账体系中，价值48威尼斯狄纳里。然而，按其实际含银量计算，这版格罗索与 180 年前初次发行的那版相比，已贬值约 11%。与旧币相比，新格罗索的币图变化不大，只是在钱币正面，总督的正面像变成了侧身像；在背面，基督坐像旁增加了一颗星形图案和铸币厂厂长名字的首字母（图 3–12）。

图 3-12　威尼斯格罗索（1368~1382 年）

注：以威尼斯总督安德里亚·康塔里尼（1367~1382 年在位）的名义打制，直径为 21 毫米，重 1.98 克。正面图案是总督和圣马可的全身站像，总督面朝圣马可，二者共同握着一根高高的旗杆，币文：ANDR QTARENO S M VENETI；背面图案是基督正面坐像，上方有标记"IC XC"，底板上有星形图案、铸币厂厂长名字首字母"P."。

资料来源：https://en.numista.com/catalogue/pieces114239.html。

1394 年，格罗索继续贬值，理论重量变为 1/127 马克，即 1.88 克。同时，它的币图再次经历了微调，在钱币正面出现了两颗星形图案；在背面，铸币厂厂长名字的首字母被对耶稣基督的赞美词"TIBI LAVS 了 GLORIA"（荣耀和赞美属于您）取代（图 3–13）。1399 年，威尼斯参议院下令进一步将格罗索的重量降至 1.82 克，纯度降至 95.2%。

图 3-13　威尼斯格罗索（1382~1400 年）

注：以威尼斯总督安托尼奥·维尼埃（1382~1400 年在位）的名义打制，直径为 22 毫米，重 1.97 克。正面图案是总督和圣马可的全身站像，总督面朝圣马可，两人共同握着一根高高的旗杆，底板上有两颗星形图案，币文：ANTO VENERIO S M VENETI；背面图案是基督的正面坐像，币文：TIBI LAVS 了 GLORIA。

资料来源：https://en.numista.com/catalogue/pieces114254.html。

在 15 世纪的前 30 年，通过威尼斯从东方进口的货物主要是用威尼斯的银币格罗索支付的，该币在一段时间内是叙利亚和埃及的通用货币。1407 年，威尼斯参议院进一步将格罗索的重量降至 1.75 克。1417 年，格罗索的重量再次降至 1.6 克，并因此被称为格罗斯特（grossetto），意为"小格罗索"。在克里斯托弗罗·莫洛担任总督期间（1462~1471 年），威尼斯最后一次发行了格罗索，此时其重量已降至 1.40 克左右。此后，格罗索仍被当作记账单位。

第二节

杜卡特金币

一、发行概况

13 世纪，意大利北部的城市相继开始发行金币。例如，1252 年，热那亚和佛罗伦萨分别发行了重 3.53 克、纯度为

98.6% 的金币。随后，卢卡和佩鲁贾分别在 1256 年和 1259 年开始发行金币。除意大利之外，英国的亨利三世于 1257 年开始发行金币，法国的路易九世则在 1270 年开始发行金币。然而，这些金币的发行并不十分成功，未能成为广泛流通的货币，即便是佛罗伦萨的弗罗林（florin），其流通时间也不长久。

1284 年 10 月 31 日，威尼斯大议会下令发行一种金币，每马克黄金生产 67 枚金币，这意味着每枚硬币的理论重量为 3.545 克，纯度高达 99.47%。这是中世纪冶金业能生产的最高纯度的金币，与格罗索的兑换比率约为 1∶18。该金币从 1285 年开始生产，后来被称为"杜卡特"（ducat）。虽然杜卡特不像格罗索那样是威尼斯的首创，却取得了更大的成功。自 1284 年问世至 1797 年拿破仑占领威尼斯，杜卡特持续发行了 500 余年。特别是在 15 世纪，杜卡特逐渐取代了佛罗伦萨的弗罗林，成为欧洲大部分地区在国际贸易中主要使用的金币。因此，"杜卡特"一词也成为金币的代名词。杜卡特的仿制品生产遍布整个地中海东部、黎凡特地区，甚至最远可达印度。

"Ducat"的拉丁文是"ducalis"，意思是"与公爵相关"，"杜卡特"一词最初的含义是"公爵的钱币"，人们普遍认为这一名称与硬币正面上"DVX"（公爵）的字样有关。事实上，"杜卡特"作为硬币名称最早出现在阿普利亚公国。1140 年，西西里国王罗杰二世仿照拜占庭的合金币赛费特（scyphate）发行了一款硬币，背面印有罗杰二世和他的长子罗杰三世的肖像。由于当时罗杰三世是阿普利亚公爵，这款硬币还被称为"duchy's coin"，即"公爵的钱币"。随后，这一名称被应用于 1194 年威尼斯总督恩里科·丹多洛发行的格罗索。在金币杜卡特发行后，其最初的全称是"ducati auri"（金杜卡特），而银币格罗索被称为"ducati argenti"（银杜卡特）。随着时间的推移，金杜卡特逐渐变得更加重要，因此"杜卡特"成为金币的专属称呼，银杜卡特则被称为格罗索。

1470 年，杜卡特成为白银的记账单位，用于核算工资和成本，表示 124 索利多（先令）。然而，进入 16 世纪后，随着银币持续贬值，金币杜卡特的实际价值超过了 124 索利多。因此，为了区分作为记账单位的杜卡特与实物铸币杜卡特的价值差异，后者逐渐被称为"ducato de zecca"，即"铸币厂的杜卡特"，简称"zecchino"（扎克诺）。

此外，杜卡特有一个别称是"斯奎因"（sequin），意为"闪亮的小圆形装饰物"。这一别称的出现与杜卡特的非货币用途有关。几个世纪以来，杜卡特在一些地区常被妇女缝在服饰上作为装饰。久而久之，人们便将该金币称为"斯奎因"。

二、基本特征

从 1284 年首次推出到 1797 年威尼斯共和国解体，杜卡特（扎克诺）的币图设计在 500 多年间基本保持不变。[①] 在中世纪欧洲，没有其他硬币的设计能在如此长的历史时期内保持不变。

杜卡特的设计延续了银币格罗索的样式，后者的设计灵感又源自拜占庭的钱币样式。其正面币图描绘的是威尼斯总督跪在圣

———————————

① 1797 年威尼斯共和国解体后，杜卡特金币的发行并没有立即结束，因为它们在黎凡特非常受欢迎。在奥地利第一次占领威尼斯期间（1797~1805 年），威尼斯铸币厂和贡兹堡铸币厂曾生产过印有弗朗西斯二世姓名信息的杜卡特。

马可面前接受委任的场景，圣马可手持福音书，并向总督授予圣旗。币图左侧的币文是"S M VENETI"，表示"威尼斯的圣人马可"，右侧的币文是总督的名字。在背面，印着基督站在一圈椭圆形连珠纹内，圈内底板上还分布是许多星形图案，币文为"SIT T XPE DAT' Q TV REGIS ISTE DVCAT"，含义是"是您，基督，授予公爵（杜卡特）发行权，您来统治"（图3-14）。值得一提的是，在威尼斯杜卡特金币上始终没有出现日期标记，即使在日期标记成为西方硬币的一个普遍特征之后，威尼斯在铸造金币时也没有使用这一标记。

图3-14　威尼斯杜卡特（1280~1289年）

注：以总督乔瓦尼·丹多洛（1280~1289年在位）的名义打制，直径为20毫米，重3.5克。正面图案是威尼斯总督跪在威尼斯的守护神圣马可面前，圣马可手持福音书，并向总督授予圣旗，币文：IO DANDVL S M VENETI；背面图案是基督站像，位于一圈椭圆形波点纹内，底板上还分布是许多星形，币文：SIT T XPE DAT' Q TV REGIS ISTE DVCAT。

资料来源：https://en.numista.com/catalogue/pieces113592.html。

自1284年首次发行以来，历任威尼斯总督继续铸造杜卡特，除了正面币文中总督的姓名信息随着总督的更替而发生变化，主要币图几乎保持不变。然而，仔细观察可以发现一些微小的变化，如总督帽的样式、币文字体、圣像的位置、椭圆形内的光环设计及星星的数量和排列等。例如，总督弗朗西斯科·丹

多洛（1328~1339 年在位）发行的一版杜卡特与 1284 年首次发
行的杜卡特相比，背面椭圆形底板右侧分布着四颗星，而不是
五颗星（图 3-15）。在马里诺·法利埃罗担任总督期间（1354~
1355 年），有一版杜卡特正面的总督帽的样式和反面的光环设计
也与 1284 年首版的杜卡特略有不同（图 3-16）。

图 3-15　威尼斯杜卡特（1329~1339 年）

注：以总督弗朗西斯科·丹多洛（1328~1339 年在位）的名义打制，直径为 20
毫米，重 3.53 克。正面图案是威尼斯总督跪在威尼斯的守护神圣马可面前，圣马
可手持福音书，并向总督授予圣旗，币文：FRA DANDVLO S M VENETI。背面
图案是基督站一圈椭圆形波点纹内，底板上还有许多星形图案，币文：SIT T XPE
DAT' Q TV REGIS ISTE DVCAT。

资料来源：https://en.numista.com/catalogue/pieces114103.html。

图 3-16　威尼斯杜卡特（1354~1355 年）

注：以总督马里诺·法利埃罗（1354~1355 年在位）的名义打制，直径为 20 毫
米，重 3.53 克。正面图案是威尼斯总督跪在威尼斯的守护神圣马可面前，圣马可
手持福音书，并向总督授予圣旗，币文：MAIN FALEDRO S M VENETI；背面图案
是基督的站像，位于一圈椭圆形波点纹内，底板上还有许多星形，币文：SIT T XPE
DAT' Q TV REGIS ISTE DVCAT。

资料来源：https://en.numista.com/catalogue/pieces114201.html。

除了币图设计，威尼斯杜卡特金币的重量标准也比较稳定。在其发行的最初 200 多年里，其理论重量标准一直维持在 3.545 克，纯度为 99.47%，每马克黄金可以生产 67 枚杜卡特，实际重量可能略低。汉斯·乌尔里希·沃格尔（2012）列出了 1343~1400 年的样本币的平均重量（表 3-1）。1491 年，由于黄金的短缺，威尼斯十人会议在两百年来首次决定将金币的重量从 3.545 克略微减少到 3.52 克，每马克黄金可生产的金币数量从 67 枚提高到 67.5 枚。

表 3-1　1343~1400 年威尼斯杜卡特的平均重量

单位：克

总督	重量
安德里亚·丹多洛（1343~1354 年）	3.51
乔凡尼·道芬（1356~1361 年）	3.52
马可·科纳罗（1365~1368 年）	3.50
安德里亚·康塔里尼（1368~1382 年）	3.52
安托尼奥·维尼埃（1382~1400 年）	3.52
平均重量	3.52

数据来源：Hans Ulrich Vogel，*Marco Polo Was in China*：*New Evidence from Currencies*，*Salts and Revenues*，BRILL，2012，p.appendix 3.

三、杜卡特与弗罗林

在威尼斯于 1284 年引入金币杜卡特之前，佛罗伦萨于 1252 年就引入了金币弗罗林，这是自 7 世纪以来欧洲首次大规模铸造的金币，在商业领域发挥了重要作用。作为竞争对手，杜卡特和弗罗林在尺寸和价值上几乎相同，而且纯度都很高。在几个世纪里，它们一直在发行，设计上几乎没有变化，其中弗罗林的发行持续到 1533 年；杜卡特的发行则一直延续到 1797 年，甚至在 19 世纪仍有发行。两种硬币的流通量都很大，并被广泛仿制，但涉及的地域和时间跨度有所不同。尤其是在 15~16 世纪，随着杜卡特成为整个地中海和欧洲的首选货币，"杜卡特"一词更是取代了弗罗林，成为金币的常用表达方式。

在佛罗伦萨弗罗林的正面底板中央印有百合花，币文为"FLOR ENTIA"（佛罗伦萨）；背面印有佛罗伦萨的守护圣人施洗者圣约翰，币文为"S IOHA NNES B"（圣约翰）（图 3-17）。对该币的仿制主要集中在西欧国家和地区，如德国、低地国家、法国和阿拉贡，超过 100 个国家和城市发行了弗罗林仿制币。在这些仿制币上，正面币文"FLOR ENTIA"常常被替换为其他地名或统治者的名字，如"FRANCIA"（法兰西）或"FLAD"（佛兰德斯），而背面的圣约翰常被替换成仿制币所在地的守护圣人。弗罗林仿制币在 14 世纪曾一度盛行，但到 1400 年已几乎绝迹，唯有阿拉贡地区例外，在那里弗罗林的仿制币一直流通至 15 世纪。

图 3-17　佛罗伦萨弗罗林（1267~1303 年）

注：吉贝林党统治期间（1267~1303 年）打制，直径为 21 毫米，重 3.50 克。正面图案是佛罗伦萨的百合花，币文：FLOR ENTIA；背面图案是圣约翰的站像，币文：S IOHA NNES B。

资料来源：https://en.numista.com/catalogue/pieces91920.html。

匈牙利是欧洲黄金的一个主要来源。1325 年，匈牙利国王查理·罗伯特开始生产弗罗林的仿制币。该币也被称为弗罗特（florint）（图3-18）。在他的儿子路易一世统治时期（1342~1370年），弗罗特的正面百合花图案被路易一世的纹章取代，背面的圣约翰站像被圣拉迪斯劳斯的站像取代（图3-19）。

图3-18　匈牙利弗罗特（1325~1342年）

注：查理·罗伯特在位期间（1308~1342年）打制，直径不详，重3.48克。正面图案是佛罗伦萨的百合花，币文：KARO LV REX；背面图案是圣约翰的站像，币文：S IOHA NNES B。

资料来源：https://en.numista.com/catalogue/pieces49299.html。

图3-19　匈牙利弗罗特（1358~1371年）

注：路易一世在位期间（1342~1382年）打制，直径不详，重3.55克。正面图案是路易一世的纹章，币文：LODOVICI D G R VHGARIE；背面图案是圣拉迪斯劳斯的站像，币文：SANTVS LA DISLAVSR。

资料来源：https://en.numista.com/catalogue/pieces51159.html。

14世纪40~50年代，科隆、特里尔和美因茨等地区开始生产弗罗林的仿制币。该币在德语中被称为"rheinischer gulden"（莱茵古尔盾），在拉丁语中被称为"florenus Rheni"（莱茵弗罗林）。由于莱茵古尔盾的大量铸造，其成为14世纪莱茵地区的主要货币。例如，在科隆发行的一版仿制币上，正面的币文"FLOR ENTIA"（佛罗伦萨）被替换为表示主教信息的币文"WILH A REPVS"（威廉主教）（图 3-20）。

图 3-20　莱茵古尔盾（1354~1362 年）

注：威廉·根内普任科隆主教期间（1349~1362 在位）打制，直径 21 毫米，重 3.52 克。正面图案是佛罗伦萨的百合花，币文：WILH A REPVS；背面图案是圣约翰的站像，币文：S IOHA NNES B。

资料来源：https://en.numista.com/catalogue/pieces416187.html。

然而，这些弗罗林仿制币在几个世纪里不断贬值，其黄金含量从 1354 年的 3.43 克下降到 1419 年的 2.76 克，并进一步降至 1559 年的 2.503 克。弗罗林仿制币的严重贬值损害了其作为保值贸易货币的声誉。因此，到了 15 世纪，西欧的国际贸易商开始将注意力从弗罗林转向杜卡特，将后者视为首选货币。杜卡特一词取代弗罗林成为金币的常用表达方式，以至于在佛罗伦萨，弗罗林被称为"佛罗伦萨杜卡特"。

四、杜卡特仿制币

与弗罗林仿制币不同，威尼斯杜卡特仿制币主要流通于威尼斯南部和东部地区，包括东地中海、黎凡特，甚至延伸至印度。与弗罗林只流行了 100 余年不同，杜卡特仿制币被持续使用了数个世纪，直至 19 世纪。特别是在 15~16 世纪，随着弗罗林的贬

值，杜卡特成为整个基督教西方和穆斯林东方金币改革与生产的
典范。①

　　大多数威尼斯杜卡特的仿制币是在黎凡特制造的，在那里
威尼斯花掉的钱比收到的钱多。其中，圣约翰骑士团是耶路撒
冷十字军王国的重要军事力量，自 12 世纪成立至 1291 年，其
总部设在耶路撒冷，后搬迁至塞浦路斯的科洛西城堡（1302~
1310 年）、罗得岛（1310~1522 年）、马耳他（1530~1798 年）和
圣彼得堡（1799~1801 年）。14 世纪中叶，骑士团团长迪厄多
内·德·戈松发行了一版杜卡特仿制币，正面币图为团长跪在圣
约翰面前，币文为 "SIOHES B MGR F DEODAT"（圣乔瓦尼·巴
蒂斯塔，兄弟迪厄多内），背面币图则是坐在基督墓上的天使，
币文为 "HOSPITALIS Q VENT RODI"（圣医院骑士团，罗德岛）
（图 3-21）。

图 3-21　罗德岛骑士团杜卡特（1346~1353 年）

　　注：团长迪厄多内·德·戈松打制，直径为 21 毫米，重 3.53 克。正面图案是
圣乔瓦尼·巴蒂斯尼站在左边，向跪在地上的骑士团团长赠送旗帜，两个人物周
围有铭文，边缘有连珠纹，币文：SIOHES B MGR F DEODAT；背面图案是一位天
使坐在敞开的基督墓上，右手拿着长柄权杖，左手放在膝盖上，面向前方，币文：
HOSPITALIS Q VENT RODI。

　　资料来源：https://en.numista.com/catalogue/pieces124734.html。

---

　　①　Alan M. Stahl, The Making of a Gold Standard: The Ducat and Its Offspring,
1284—2001, *Money in the Pre-Industrial World*, Routledge，2015，pp.45–61.

然而，进入 15 世纪后，罗德岛和马耳他的其他骑士团团长发现，直接使用威尼斯杜卡特的设计更便利。例如，在里帕的安东尼·弗拉维安发现了一版杜卡特仿制币，其币图与威尼斯杜卡特相似，但正面币文为 "F AN FLVVIAN S I BATIS MRO"（安东尼·弗卢维安修士，施洗者圣约翰，罗德岛团长），包含了铸币厂信息；背面币文为 "SIT T XIE DATQ TV REGISISTE DVCAT"（是您，基督，授予杜卡特发行权，您来统治），与威尼斯杜卡特相同（图 3-22）。

图 3-22 罗德岛骑士团杜卡特（1421~1437 年）

注：里帕的安东尼·弗拉维安打制，直径为 22 毫米，重 3.5 克。正面图案是圣约翰站在左边，向跪在地上的骑士团团长赠送旗帜，两个人物周围有铭文，边缘有连珠纹，币文：F AN FLVVIAN S I BATIS MRO；背面图案是基督的站像，被星星环绕，位于连珠纹光环内，币文：SIT T XIE DATQ TV REGISISTE DVCAT。

资料来源：https://en.numista.com/catalogue/pieces407936.html。

15 世纪初，教宗国发行的杜卡特仿制币在风格上与其原型威尼斯杜卡特较接近。在此之前，教宗国一直沿用拜占庭的货币体系，直到利奥三世统治时期（795~816 年）才开始认可法兰克帝国的货币体系。当佛罗伦萨最早开始发行金币弗罗林，教皇约翰二十二世（1316~1334 年在位）采用了佛罗伦萨的货币体系，并铸造了弗罗林仿制币。随着威尼斯杜卡特在 15 世纪取代弗罗

林成为欧洲统治者竞相模仿的货币样本，教宗的铸币厂也开始在
15世纪初铸造杜卡特仿制币。这些仿制币的正面币图通常与教
皇的盾形纹章相关，背面则是圣彼得的站像，且币文中包含了铸
币厂的地址信息（图3-23和图3-24）。

图3-23 教宗国杜卡特（1424~1426年）

注：马丁五世在位期间（1417~1431年）打制，直径不详，重3.52克，打制于
意大利博洛尼亚。正面图案是教皇的盾形纹章，币文：MARTINVS P P QVINTUS；
背面图案是圣彼得的站像，币文：S PETRVS A POSTOLV S。

资料来源：https://en.numista.com/catalogue/pieces360176.html。

图3-24 教宗国杜卡特（1431~1447年）

注：尤金四世在位期间（1431~1447年）打制，直径不详，重3.34克，打制
于意大利罗马。正面图案是皇冠和交叉钥匙位于盾牌之上，币文：EVGENIVS
PP QVARTVS；背面图案是圣彼得手持钥匙和书的站像，币文：SPETRVS ALMA
ROMA。

资料来源：https://en.numista.com/catalogue/pieces333837.html。

    15世纪初，威尼斯杜卡特在埃及广泛流通且数量庞大。因此，
马穆鲁克统治者阿纳生·法拉吉（1399~1412年在位）于1407年

发行自己的新金币纳瑟瑞（nasery）时，采用了与杜卡特相同的重量标准，约为 3.45 克。后来，在巴斯贝统治时期（1422~1438 年），该币又被称为阿什拉夫（ashrafi）。由于其重量和纯度稳定，阿什拉夫受到青睐，成为埃及的主要金币，并传播到了安纳托利亚东部、叙利亚北部及与马穆鲁克有密切联系的土库曼小国。然而，与威尼斯杜卡特的原型币图设计不同，阿什拉夫的正反面的币图都由几行阿拉伯文构成，其中不仅包含宗教信息，还包括苏丹的名字、头衔、日期和铸币厂等信息（图 3-25）。

图 3-25　马穆鲁克阿什拉夫（1438~1453 年）

注：贾格马克（1438~1453 年）发行，直径为 15.5 毫米，重 3.38 克，打制于开罗。正面印着阿拉伯币文：بالهدى رسول الله محمد الا اله لا الله ارسله ابو سعيد（阿布·赛义德受真主派遣，安拉的使者，穆罕默德的指引）。背面印着阿拉伯币文：سنة ست و ثمانماية اربعين ابو جقمق سعيد عز نصره الملك السلطان الظاهر بالقاهرة（开罗，苏丹显圣者，阿布·赛义德·贾格马克，愿他在伊斯兰历 846 年胜利）。

资料来源：https://en.numista.com/catalogue/pieces316027.html。

奥斯曼人在 1453 年征服君士坦丁堡后，"征服者"穆罕默德二世于 1478 年（伊斯兰历 882 年）开始在君士坦丁堡（后更名为伊斯坦布尔）、埃迪尔内和马其顿的塞雷兹生产杜卡特仿制币阿尔通（altun）。该币的币图主要由几行阿拉伯币文构成，包含苏丹的名字、头衔、日期和铸币厂等信息。阿尔通很快成为一种被广泛接受的贸易货币，特别是在东地中海地区占据主导地位（图3-26）。

图3-26　奥斯曼帝国阿尔通（1477~1478年）

注：穆罕默德二世（1451~1481年）统治期间打制，直径不详，重3.45克。正面图案是阿拉伯币文：穆拉德之子苏丹穆罕默德，主啊，愿他的胜利是光荣的；伊斯兰历882年，君士坦丁堡。背面图案是阿拉伯币文：闪耀的进击者，力量的主人，陆地和海洋的胜利者。

资料来源：https://www.moneymuseum.com/en/coins?&id=2044。

此外，15世纪下半叶和16世纪初，从葡萄牙到匈牙利，许多欧洲国家在决定发行自己的金币时都采用了杜卡特的标准。1457年，葡萄牙国王阿方索五世（1438~1481年在位）首次使用来自西非海岸的几内亚黄金打制金币时，参照了威尼斯杜卡特的重量和纯度标准。西班牙的费迪南大公和伊莎贝拉在1497年进行货币改革时，也将威尼斯杜卡特当作自己的金币——艾诗兰克（excelente）的参照标准，并在1504年直接将其改名为杜卡多（ducado）（图3-27）。在神圣罗马帝国，考虑到莱茵河流域的弗罗林仿制币不断贬值，皇帝查理五世于1524年按照威尼斯杜卡特的标准制造了自己的金币，并规定其价值比弗罗林仿制币高出39%。他的弟弟费迪南一世于1526年继承匈牙利王位后，继续在匈牙利发行杜卡特仿制币。

图 3-27　西班牙艾诗兰克（1497~1504 年）

注：西班牙斐迪南大公和伊莎贝拉发行，直径 22 毫米，重 3.5 克。正面图案是国王和皇后的胸像，币文：QVOS DEVS CONIVNXIT HOMO NON SEP；背面图案是盾形纹章，币文：FERNANDVS ET HELISABET D G R S S。

资料来源：https://en.numista.com/catalogue/pieces76359.html。

第三节

14 世纪以来出现的新币

一、发行概况

1331 年左右，在威尼斯的邻近城市维罗纳发行了一种新银币。这些银币可能质量较差，因为它们流入威尼斯后，在劣币驱逐良币的法则下，立刻受到了当地人的欢迎，流通中的威尼斯格罗索则遭到窖藏或被人们剪切以与这些外来银币的重量标准相匹配。然而，威尼斯无法完全禁止这些外国劣质货币的流入，因为当时威尼斯城内的白银供应相对短缺。

为了吸引更多的白银流入并与外国银币竞争，威尼斯总督弗朗西斯科·丹多洛在 1331 年推出了两种新币，即索第诺（soldino）和梅扎尼诺（mezzanino）。其中，索第诺价值为 12 狄纳里或 12/32 格罗索，梅扎尼诺价值为 16 狄纳里或 1/2 格罗索。这两种面额的钱币对于威尼斯而言是全新的。与由纯银制成的格罗索不同，它们都是合金币，其中索第诺重约 1 克，含银量约为 67%；而梅扎尼诺重约 1.15 克，含银量可能达到了 78%。

显然，这两种新币的白银含量明显低于 12 狄纳里和 1/2 格罗索的含银量，这意味着它们的价值被高估了。通过这种做法，在劣币驱逐良币法则的作用下，威尼斯用自己的劣质货币驱逐了维罗纳的货币。同时，政府通过打造实际含银量低于名义价值的钱币，获得了可观的铸币收入。

虽然索第诺和梅扎尼诺的最初发行是为了对抗来自维罗纳的货币竞争，但它们很快开始在希腊半岛流通。其中，索第诺的铸造从 14 世纪末延续至 16 世纪，在格罗索于 1356 年停止铸造后，索第诺便成为一种重要的银币，并在希腊半岛被广泛仿制。在 15 世纪初的英国，索第诺也广泛流通，这些钱币是由从事葡萄酒和其他货物贸易的商人带到英国的。由于这些索第诺经常在伦敦泰晤士河的加利码头被分发出去，英国人称其为"galley halfpennies"（加利半便士）。

相比之下，梅扎尼诺的发行历史非常短暂且有间断。在弗朗西斯科·丹多洛的继任者巴托洛梅奥·格拉德尼戈统治时期（1339~1342 年），梅扎尼诺的铸造停止了。后来，在安德里亚·丹多洛（1342~1354 年）担任总督时，由于白银价格上涨和供应短缺，威尼斯于 1346 年重新发行了价值为 1/2 格罗索的梅扎尼诺。然而，该币在 1355 年再次停产。15 世纪初，威尼斯曾重新发行梅扎尼诺，但这次是专门为意大利东北部的陆上殖民地生产的，有关该币的生产将在本章的后续部分进行详细介绍。

与梅扎尼诺相比，索第诺能够存活下来的一个可能原因是它更劣质。根据劣币驱逐良币法则，当两种货币的外在价值与内在价值的比例不一致时，人们更倾向使用劣质货币进行交易，这导致劣币将良币逐出了流通领域。

在索第诺和梅扎尼诺发行后，杜卡特和格罗索的流通并没有受到太大的影响，这是因为它们逐渐成为国际贸易中使用的货币，并根据市场价值进行流通，与新币按浮动汇率兑换。至于市场价值与法定价值的差异，通常通过贴水率（agio）进行折算。同时，狄纳里继续被铸造，尽管其重量进一步降低，但 1/2 狄纳里和 1/4 狄纳里逐渐退出了流通领域。

二、索第诺

索第诺（soldino）又被称为苏（sou），是狄纳里的倍数币，价值为 12 狄纳里，相当于 1 先令或 1/20 里拉。该币的原型可能是索多（soldo），同样价值 12 狄纳里，最早由 12 世纪末神圣罗马帝国皇帝亨利六世在米兰首次发行，随后在意大利迅速流行，在热那亚、博洛尼亚等许多城市都有铸造，它们的名称源自古罗马的金币索利多（solidus）。在加洛林王朝采用银本位制后，索利多不再以金币形式铸造，而演变为一种记账单位，指 12 个狄纳里或 1/20 磅白银。

1331 年，总督弗朗西斯科·丹多洛推出的最初版的索第诺重约 1 克，含银量大约为 67%，其币图设计极具创新性。该币正面图案是总督跪像，面朝左，手持旗帜，因此它还有一个很流行的名称——"小跪像币"（the little kneeler）。该币背面图案为无翼圣马可雄狮手持旗帜，这是圣马可第一次以狮子形象呈现（图 3-28）。

图 3-28　威尼斯索第诺（1329~1339 年）

注：该币以总督弗朗西斯科·丹多洛（1328~1339 年在位）的名义打制，直径 18 为毫米，重 0.95 克。正面图案是总督的跪像，面朝左，手持旗帜，币文：FRA DAN DVLO DVX；背面图案是无翼的圣马可雄狮侧面像，后腿站立，手持旗帜，币文：S MARCVS VENETI。

资料来源：https://en.numista.com/catalogue/pieces114105.html。

1353 年，总督安德里亚·丹多洛进行了货币改革，发行了新版索第诺。相较于旧版，第二版索第诺由纯银制成，重量从约 1 克下降至约 0.55 克，含银量从 67% 提高至 98.5%，与旧银币格罗索最初发行时的白银含量相同。新币的币图也发生了变化，与 1331~1344 年发行的版本相比，第二版索第诺的正面币图由总督跪像改为站像，并在旗帜左侧增加了铸币师名字的首字母。铸币直径也从原来的 18 毫米缩小至约 16 毫米。

1369 年，面对白银的短缺，威尼斯再次对索第诺进行了贬值。第三版索第诺相较于 1353 年发行的版本，含银量下降了 7%，重量降至约 0.50 克，导致该币所含金属的内在价值下降了 6.8%。这一版的正面币图与第二版保持一致，但背面变为手持福音书的带翼圣马可雄狮的坐像。同时，铸币直径进一步缩小至约 15 毫米（图 3-29）。

图 3-29　威尼斯索第诺（1369~1379 年）

注：该币以总督安德里亚·康塔里尼（1368~1382 年在位）的名义打制，直径为 15 毫米，重 0.51 克。正面图案是总督的站像，面朝左，手持旗帜，币文：ANDR QTAR DVX；背面图案是手持福音书的带翼的圣马可雄狮坐像，币文：S MARCVS VENETI。

资料来源：https://en.numista.com/catalogue/pieces154457.html。

1379 年，由于第四次热那亚战争导致威尼斯财政异常紧张，索第诺继续减轻重量，其内在价值再次下降了约 9%。同时，在铸币正面出现了一颗星形。14 世纪末的最后十年，索第诺再次经历了两次贬值，分别发生在 1391 年和 1399 年，其重量相继降至 0.47 克和 0.45 克左右。此后，索第诺不断贬值，其币图也多次变化，尺寸从约 15 毫米进一步缩小至约 12 毫米。

1472 年，随着白银供应状况改善，威尼斯发行了新一版索第诺。1 马克白银可打制 720 枚索第诺，每枚的理论重量为 0.33 克。

这一版本的币图发生了重大变化，正面印有面朝左的基督站像，手持旗帜；背面印有位于四叶形内的圣马可雄狮像，叶片外部交接处有四个圆环（图 3-30）。

图 3-30 威尼斯索第诺（1471~1473 年）

注：该币以总督尼科洛·特龙（1471~1473 年在位）的名义打制，直径为 13 毫米，重 0.32 克。正面图案是总督的站像，面朝左，手持旗帜，币文：NI TRONVS DVX，以及铸币师姓名首字母"L M"；背面图案是带翼的圣马可雄狮像，手持福音书，都在一个四叶形内，叶片外部交接处有四个圆环。

资料来源：https://en.numista.com/catalogue/pieces116374.html。

15 世纪的最后十年，威尼斯总督阿戈斯蒂诺·巴巴里戈先后发行了三版索第诺。第一版的币图与杜卡特金币相似，正面印着总督手持旗帜，跪在圣马可面前，反面印着基督正面站像。第二版的币图，正面印有总督手持旗帜，背面印有基督站像。第三版的币图与第一版相似，但背面的币文从"RESVRESIT"（复活）改为"LAVS TIBI SOLI"（唯有您值得赞美）（图 3–31）。

图 3-31 威尼斯索第诺（1486~1501 年）

注：该币以总督阿戈斯蒂诺·巴巴里戈（1486~1501 年在位）的名义打制，直径为 14 毫米，重 0.32 克。正面图案是总督手持旗帜，跪在圣马可面前，币文：AVG BAR DVX S M V；背面图案是基督的正面站像，头上有光环，手持十字，币文：LAVS TIBI SOLI。

资料来源：https://en.numista.com/catalogue/pieces116864.html。

三、梅扎尼诺

1331 年，总督弗朗西斯科·丹多洛首次发行了索第诺，同时推出了梅扎尼诺，其价值为 16 狄纳里或 1/2 格罗索。与索第诺类似，梅扎尼诺也是用合金打制而成的，含有约 78% 的白银，其币图与杜卡特和格罗索有显著不同。在第一版梅扎尼诺上，总督像位于正面，这一点与第一版索第诺相同，而圣人像位于背面（图 3-32）。然而，该币的发行并不十分成功，到了安德里亚·丹多洛担任总督期间（1343~1354 年），这一版梅扎尼诺已经不再生产。

图 3-32　威尼斯梅扎尼诺（1328~1339 年）

注：以弗朗西斯科·丹多洛（1328~1339 年在位）的名义发行，重 0.81 克。正面图案是总督的站像，手持旌旗，币文：FRA DAN DVLO DVX；背面图案是圣人的祈福像，币文：S MARC VS VENETI。

资料来源：https://artgallery. yale. edu/collections/objects/176481。

1346 年，安德里亚·丹多洛发行了新一版的梅扎尼诺。与旧币不同，新币采用了纯度为 98.5% 的白银，与格罗索最初发行时使用的白银纯度相同。同时，该版钱币结合了格罗索和旧版梅扎尼诺的币图特征。正面印有总督和圣马克站像，但与格罗索上的站位相反，圣马可位于左侧，总督则面朝圣马可位于右侧。该币的背面图案更具创新性，描绘了基督的复活场景。基督从墓穴中迈出，右脚着地，左脚仍在墓穴中，左手持十字架，右手持旗帜（图 3-33）。当时，威尼斯在与热那亚的战争中屡战屡败，但安德里亚·丹多洛执政后，扭转了战局，使威尼斯在 1381 年赢得了热那亚战役。这也解释了钱币背面出现基督复活图像的原因。

图 3-33　威尼斯梅扎尼诺（1343~1354 年）

注：该币以总督安德里亚·丹多洛（1342~1354 年在位）的名义发行，直径为 16 毫米，重 0.75 克。正面图案是总督和圣马可的站像，手持旌旗，币文：AN DADVL S M VENE；背面图案是耶稣复活像，币文：XPE RES VRESIT。

资料来源：https://en.numista.com/catalogue/pieces114196.html。

15 世纪初，随着威尼斯帝国版图的扩张，威尼斯专门为其统治下的不同省份铸造了多种银币。1407 年，在维罗纳和维琴察，威尼斯发行了新版梅扎尼诺。该币的设计参照了半个世纪前发行的同名旧版钱币，正面图案是总督和圣马可共同拿着蜡烛，背面图案是基督复活像。在威尼斯的记账体系中，三枚新梅扎尼诺的内在价值与四枚索第诺等价，因此其价值为 16 狄纳里，相当于 1/2 格罗索。然而，根据维罗纳的记账体系，梅扎尼诺的价值为 12 狄纳里或皮科洛，即 1 索多。这些梅扎尼诺的发行时间非常短暂，在总督米凯里·斯泰诺的执政期（1400~1413 年）后，它们就不再发行了。

四、里拉

进入 15 世纪 60 年代，随着施瓦茨和施奈贝格新银矿的开采，一度被消耗殆尽的西欧白银存量再次得到大量补充。为了利用市场上新出现的大量白银，威尼斯十人会议于 1472 年 5 月下令发行一种新的面额为 1 威尼斯里拉（lira）的大银币，价值相当于 20 索利多。由于这种银币是在总督尼科洛·特龙的任期内发行的，因此后来被称为"特龙里拉"（tron lira）。"lira"一词源自拉丁语"libra"，法语表达是"livre"（里弗）；英语表达"pound"（镑），其起源于"Roman pound"（罗马磅），表示 329 克左右的高纯度白银。在罗马帝国的货币体系中，磅是基础记账单位。当欧洲在加洛林王朝时期恢复货币体系时，采用了罗马货币体系。所以，自 10 世纪以来，里拉（磅）在意大利一直作为记账单位存在。因此，威尼斯在 1472 年发行里拉，标志着首次有面额为 1 里拉的实物银币被铸造出来。

特龙里拉重约 6.5 克，含银纯度为 94.8%，因此实际含银量约 6 克，是威尼斯铸币厂有史以来生产的最大硬币。钱币正面图案是总督的头像，面朝左；背面图案是带翼的圣马可雄狮手持圣经（图 3–34）。事实证明，银币里拉的发行意义重大，尽管它们使用起来不那么方便，却仍可以作为当时非常匮乏的金币的替代。

图 3-34　威尼斯特龙里拉（1471~1473 年）

注：以总督尼科洛·特龙（1471~1473 年在位）的名义打制，直径为 28 毫米，重 6.52 克。正面图案是总督的胸像，手持旌旗，币文：NICOLAVS TRONVS DVX；背面图案是圣马可雄狮手持圣经，币文：SANCTVS MARCVS。

资料来源：https://en.numista.com/catalogue/pieces116370.html。

　　除了里拉，在 1473 年 7 月 12 日的一项决议中，威尼斯十人会议还下令发行价值 10 索利多或 1/2 里拉的银币。然而，不幸的是，16 天后，总督尼科洛·特龙去世，该币没有正式发行。随着新总督尼科洛·马尔塞洛上任，1/2 里拉被生产出来，重约 3.26 克，该币还被称为"马尔塞洛里拉"（Marcello lira）。与第一版里拉不同，该币正面印着总督跪在圣马可面前的形象，就像金币上的一样。同时，背面出现了新的币文"TIBI LAVS GLORIA"（赞美和荣耀属于您）（图 3-35）。

图 3-35　威尼斯马尔塞洛 1/2 里拉（1473~1474 年）

注：以总督尼科洛·马尔塞洛（1473~1474 年在位）的名义打制，直径为 25 毫米，重 3.16 克。正面图案是总督跪在圣马可面前，币文：NI MARCELL S M VENETI；背面图案是基督像，币文：TIBI LAVS GLORIA。

资料来源：https://en.numista.com/catalogue/pieces116383.html。

从 1474 年开始，在彼得罗·莫塞尼戈担任总督期间（1474~1476 年），一种新的价值 20 索利多的里拉被铸造出来，被称为"莫塞尼戈"（mocenigo）。尽管与特龙里拉相比，新版里拉个头略微大了一些，边缘薄了一些，但二者价值保持一致，同样为 20 索利多。同时，彼得罗·莫塞尼戈发行了 1/2 里拉。两种新币的币图与尼科洛·马尔塞洛发行的 1/2 里拉类似，正面描绘了总督跪在圣马可前的形象，背面则是基督像，但在背面的币文中，"TIBI SOLI GLORIA"（荣耀仅属于您）被"TIBI LAVS GLORIA"（赞美和荣耀属于您）取代，同时基督基座上出现了铸币厂厂长名字的首字母（图 3-36 和图 3-37）。

图 3-36　威尼斯莫塞尼戈里拉（1474~1476 年）

注：以总督彼得罗·莫塞尼戈（1474~1476 年在位）的名义打制，直径为 32 毫米，重 6.62 克。正面图案是圣马可和总督像，手持旌旗，币文：PE MOCENIGO S MARCVS V；背图案是基督像，币文：TIBI SOLI GLORIA FB PM。

资料来源：https://en.numista.com/catalogue/pieces116455.html。

图 3-37　威尼斯莫塞尼戈 1/2 里拉（1474~1476 年）

注：以总督彼得罗·莫塞尼戈（1474~1476 年在位）的名义打制，直径为 25 毫米，重 3.28 克。正面图案是圣马可和总督像，手持旌旗，币文：PE MOCENIGO S M VENETI；背面图案是基督像，币文：TIBI SOLI GLORIA IC XC。

资料来源：https://en.numista.com/catalogue/pieces116456.html。

在阿尔韦塞一世·莫塞尼戈任总督时期（1570~1577 年），威尼斯最后一次生产含银量约 6 克的大个头、高纯度银币里拉。与此同时，除了威尼斯，米兰、热那亚和帕维亚还发行了类似的大个头银币，随后法国和英格兰也效仿铸造。例如，1474 年，米兰公爵加莱亚佐·玛丽亚·斯福尔萨下令铸造了重量超过 9 克的米兰里拉，由于该币的正面图案是公爵侧面头像，这些银币也被称为"泰斯通"（testone），含义是"头像"。

第四节
殖民地货币

一、发行概况

直至 15 世纪末，威尼斯共和国的领土主要分为三部分：最初的威尼斯公国（Dogado）、海洋领地（Domini da Mar）和陆上领地（Domini di Terraferma）。其中，海洋领地包括达尔马提亚、阿尔巴尼亚、希腊部分地区，以及爱奥尼亚群岛、伯罗奔尼撒半岛、克里特岛、基克拉迪群岛、伊比萨岛和塞浦路斯等地。陆上领地的最大范围东至伊斯特拉半岛，西至米兰边境，南接波河与教皇国接壤，北至阿尔卑斯山，包括意大利威尼托地区、弗留利—威尼斯朱利亚的西部和中部地区，以及伦巴第的东部地区（图 3-38）。

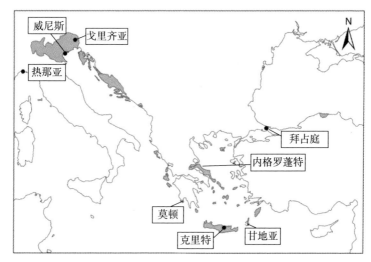

图 3-38　15 世纪的威尼斯及其殖民地

资料来源：Alan M. Stahl，Coins for Trade and for Wages: The Development of Coinage Systems in Medieval Venice，in *Wages and Currency: Global and Historical Comparisons from Antiquity to the Twentieth Century*，Peter Lang，2007，p.194.

　　具体来说，威尼斯海洋领地的建立始于公元 1000 年左右，当时总督彼得罗二世·奥尔赛奥洛击败了纳伦丁人，因此开始统治达尔马提亚城邦，并在随后几十年中威尼斯总督自称"达尔马提亚公爵"。到了 1204 年第四次十字军东征结束时，威尼斯的海洋领地达到了名义上的最大范围，控制了从潟湖到黑海的贸易路线上的一系列港口，包括整个希腊西部、科孚岛、爱奥尼亚群岛、爱琴海上的多个基地和岛屿、克里特岛和内格罗蓬特等地。威尼斯从一个商业城市迅速发展为强大的殖民帝国，在地中海获得了前所未有的海上优势。14 世纪末，基奥贾战争结束后，威尼斯再次迎来了快速发展时期，在亚得里亚海东部通过战争或购买相

继获得了科孚岛（1386 年）、杜拉佐（1392 年）、阿莱西奥（1392
年）、斯库塔里（1396 年）。15 世纪初，威尼斯还在达尔马提亚
获得了克雷斯、拉布、帕格、扎达尔、弗拉纳和诺维格拉德等领
地。同时，威尼斯在希腊建立了一系列新要塞，包括莱潘托（1407
年）、帕特雷（1408 年）、纳瓦里诺（1410 年）和塞萨洛尼卡（1423
年）等。

　　陆上领地的建立始于 1339 年，当时威尼斯将其正北部的特
雷维索并入了共和国的版图。这是威尼斯在意大利北部的第一个
大陆属地。然而，直至 15 世纪初，威尼斯才真正建立了一个陆
地帝国。1402 年，第一任米兰公爵詹·加莱佐·维斯康蒂去世，
威尼斯借此机会扩大了对维琴察和维罗纳的控制，并扩张至伦巴
第东部地区。1405 年，威尼斯又彻底击败了卡拉拉家族，将帕
多瓦公国纳入了威尼斯共和国。1420 年，威尼斯吞并了从亚得
里亚海沿岸直到朱利安—阿尔卑斯山的阿奎莱亚教区的弗留利领
土。在弗朗西斯科·福斯卡里执政期间，威尼斯在伦巴第征服了
大片新领土，包括布雷西亚（1426 年）和贝加莫（1428 年）。

　　在海洋领地和陆上领地推行威尼斯货币意义重大。通过引入
自己的货币与殖民地当地和外国货币竞争，威尼斯确保了对殖民
地经济的直接控制，能够管理贸易、收税并维持领土内的经济稳
定。同时，作为地中海地区的主要贸易强国，在殖民地使用标准
化货币有助于贸易活动的顺利进行。考虑到殖民地的传统记账体
系和货币使用习惯，威尼斯当局生产的钱币不一定能在殖民地广
泛流通，因此威尼斯有时会专门为殖民地生产特定类型的钱币。
此外，由于硬币上通常印有统治者的信息和图像，发行自己的硬

币是威尼斯对其殖民地行使主权的一种方式，有助于巩固威尼斯在这些地区的统治地位和影响力。最重要的是，铸造硬币可以带来铸币税，为威尼斯提供额外的收入来源。

具体来讲，在希腊半岛，威尼斯于 1353 年引入了一种新币——图尔内塞洛（tornesello）。在维罗纳和维琴察，威尼斯于 1406 年发行了三种新钱币，分别为皮科洛（piccolo）、夸特瑞诺（quattrino）和梅扎尼诺（mezzanino）。在布雷西亚和贝加莫，威尼斯于 1429 年发行了三种铸币，分别是格罗索尼（grossone）、1/2 格罗索（half-grosso）和巴吉提诺（bagattino）。在亚得里亚海东岸的扎拉，威尼斯于 1410 年开始生产弗里萨赫芬尼的仿制币——"索多"（soldo）。此外，为了满足殖民地对小额零钱的需求，威尼斯于 1485 年开始尝试在五个达尔马提亚城市发行巴吉提诺（bagattino）。

二、希腊半岛

威尼斯共和国在第四次十字军东征期间开始控制希腊半岛上的岛屿，并在随后的几个世纪里不断扩张并巩固了对这些岛屿的控制。13 世纪上半叶，希腊半岛上主要流通三种外国货币：法国图尔德涅尔（denier tournois）、英国便士和威尼斯格罗索。其中，法国图尔德涅尔是中世纪中欧典型的基础银币，自第四次十字军东征以来，该币及其仿制币在希腊半岛广泛流通了一个半世纪。与图尔德涅尔不同的是，英国便士几乎是由纯银制成的，且重量更重，所以按法国官方比价，1 英国便士等价于 4 图尔德涅尔。然而，英国便士在希腊大陆的流通时间并不长久，在 13 世纪中叶便停止流入。威尼斯格罗索的纯度比英国便士更高，重量几乎是后者的 1.5 倍，所以 1 威尼斯格罗索等价于 6 图尔德涅尔。

至于威尼斯在母城生产的狄纳里，由于其体积小、重量轻，在 13 世纪时无法与更大且纯度更高的图尔德涅尔竞争。因此，格罗索成为威尼斯一系列硬币中第一种在希腊广泛使用的硬币。该币发行于第四次十字军东征前后，在希腊的广泛流通一直维持到 14 世纪初。此外，威尼斯在 1284 年开始发行的金币杜卡特，后来也出现在威尼斯在希腊半岛的基地，如希腊西部、内格罗蓬特岛、科隆和莫东殖民地、科孚岛和克里特岛等。

到了 14 世纪 30 年代，经过一个多世纪的发行，由于剪切、筛选、货币竞争和银荒的发生，威尼斯格罗索开始贬值且日益稀缺。于是，1331 年，威尼斯引入了两种新银币——索第诺和梅扎尼诺。其中，索第诺的发行非常成功。该币价值 12 狄纳里，面值介于几乎纯铜的狄纳里和大银币格罗索之间，能够很好地满足威尼斯及其殖民地对贸易货币的需求，因此很快在希腊岛屿被广泛接受，并取代了格罗索。14 世纪 40~50 年代，希腊大陆流通的外国铸币几乎主要由威尼斯索第诺和法国图尔德涅尔构成。

1353 年，威尼斯引入了一种新币——图尔内塞洛（tornesello）。新币的引入"将给共和国和在科伦、莫顿、内格罗蓬特和克里特的领地带来益处"。[①] 这是威尼斯首次专门为殖民地发行的货

---

① Alan M. Stahl, European Coinage in Greece after the Fourth Crusade, *Mediterranean Historical Review*, Vol.4, No.2, 1989, pp.356-363.

币。事实上，该币的名称"tornesello"来源于"tournois"（图尔），表示威尼斯打制该币为了取代在希腊半岛流通的图尔德涅尔。

图尔内塞洛由银铜合金制成，白银和铜的比例为 1：8，重量为 1/320 马克（约 0.75 克），实际含银量为银质索第诺的 15%。按法定兑换标准，1 图尔内塞洛等于 3 狄纳里或 1/4 索第诺。这意味着该币的实际含银量显著低于其理论价值。图尔内塞洛的正面图案沿用了在希腊流通的图尔德涅尔上的"十"字图案，只是将边缘的币文改成了威尼斯总督的名字（图 3-39）。背面图案则摒弃了希腊政权发行的图尔德涅尔仿制币或法国图尔德涅尔原型的塔楼，取而代之的是圣马可的标志图案。不过，这里的圣马可雄狮图案与之前的钱币有所不同，具体而言，它似乎是从波浪涌动的水面上升起的。这一图案很受欢迎，很快被应用于即将发行的新版索第诺，以取代旧版索第诺上无翼雄狮的图案。此外，币文"VEXILIFER VENECIARVM"（威尼斯的擎旗手）首次出现在威尼斯的钱币上（图 3-40）。

图 3-39　伊庇鲁斯王国的图尔德涅尔（1294~1313 年）

注：伊庇鲁斯王国在 1294~1313 年打制，直径为 19 毫米，重 0.76 克。正面图案是位于圆圈内的"十"字，币文：PHS P TAR DESP；背面图案是图尔的塔楼，币文：NEPANTI CIVIS。

资料来源：https://en.numista.com/catalogue/pieces116306.html。

图 3-40　威尼斯—克里特图尔内塞洛（1355~1356 年）

注：以总督乔凡尼·格拉德尼戈（1355~1356 年在位）的名义打制，直径为 17 毫米，重 0.72 克。正面图案是位于圆圈内的"十"字，币文：IO GRADOICO DVX；背面图案是位于圆圈内的圣马可雄狮，手持福音书，币文：VEXILIFER VENECIARVM。

在威尼斯雄厚财力和劣币驱逐良币法则的共同作用下，图尔内塞洛这一含银量低的劣质银币很快将希腊半岛上的其他钱币驱逐出流通领域。自 1353 年推出后的一个世纪里，它在希腊的流通中占据主导地位，直至 15 世纪奥斯曼帝国征服了这一地区。

三、意大利半岛东北部

15 世纪初的二三十年，威尼斯征服了潟湖周围的大部分地区。整个意大利东北部，东起伊斯特拉半岛，西至米兰边境，南至波河，北至阿尔卑斯山，包括意大利威尼托地区、弗留利—威尼斯朱利亚西部和中部地区，以及伦巴第东部地区，都在威尼斯的控制之下。

长期以来，意大利东北部的诸城市政权面临激烈的金银供应和货币竞争，为此不断贬值自己的货币或推出新的、更"劣质"的铸币以驱逐外来货币。威尼斯作为地中海地区的主要海上强国和重要贸易枢纽，其货币得到了广泛接受和流通，在意大利半岛东北部也不例外。然而，对意大利大陆的征服，使威尼斯有望通过生产低价值的钱币供当地流通，以获得可观的财政收入。毕竟，图尔内塞洛在希腊殖民地的发行和流通是一个成功先例。

在维罗纳和维琴察，威尼斯在 1406 年 2 月出台了一则法令，规定旧的维罗纳货币和维琴察货币仅允许按照其原有价值流通到当年 9 月，之后便只有威尼斯货币可以流通。此外，法令还规定，威尼斯货币在流通时继续采用旧的兑换比率，即按对应的维罗纳货币的价值的 3/4 进行流通。与此同时，威尼斯专门为两地发行了三种新钱币，分别为皮科洛（piccolo）、夸特瑞诺（quattrino）和梅扎尼诺（mezzanino）。其中，皮科洛是新版的威尼斯狄纳里，采用与图尔内塞洛相同的合金制成，所含白银的纯度约为 11%，重量为 1/770 马克（约 0.31 克）。其图案与维罗纳在斯卡拉家族或米兰统治时期的钱币显著不同，正面印着覆盖整个底板的十字，且十字的每个象限角落有一个圆圈，背面印着圣马可的正面胸像（图 3-41）。该币的铸造至少持续至弗朗西斯科·福斯卡里任威尼斯总督时期（1423~1457 年）。

图 3-41　威尼斯—维罗纳—维琴察皮科洛（1423~1457 年）

注：该币以总督弗朗西斯科·福斯卡里（1423~1457 年在位）的名义打制，直径为 11 毫米，重 0.31 克。正面图案是"十"字带四个小圆圈，币文：FRA FO DVX；背面图案是圣马可的正面胸像，币文：S M VENETI。

资料来源：https://en.numista.com/catalogue/pieces115393.html。

夸特瑞诺是一种古老的意大利货币面额，曾在意大利中部被广泛使用，特别是在托斯卡纳和罗马。其名字"quattrino"源自拉丁语"quater denari"，意思是4狄纳里，即该币的价值为4狄纳里。关于威尼斯铸造的夸特瑞诺，现有文献鲜有提及，因此无从得知威尼斯的具体铸造标准。然而，威尼斯殖民地的钱币通常有其意大利原型。通过参考同一时期位于罗马东北部的意大利城市安科纳发行的夸特瑞诺样本币，可以大致了解其铸造标准（图3-42）。

图3-42　安科纳夸特瑞诺（1400~1500年）

注：该币直径为15毫米，重0.4克。正面币文：PP S QVIRIA CVS；背面图案是末端有三个分叉的"十"字，币文：DE ANCONA。

资料来源：https://en.numista.com/catalogue/pieces272142.html。

梅扎尼诺的币图参照了半个世纪前威尼斯发行的同名旧版钱币，正面图案是总督和圣马可共同拿着蜡烛，背面图案是基督从坟墓中升起（图3-43）。由于3枚新版梅扎尼诺的内在价值与4枚索第诺相同，在威尼斯的记账体系中，该币的价值为16狄纳里，相当于1/2格罗索。然而，按照维罗纳的记账体系，它的价值为12狄纳里或皮科洛，即1索利多。这一版梅扎尼诺的发行时间非常短暂，在总督米凯里·斯泰诺执政期（1400~1413年）结束后，它的铸造可能也结束了。

图 3-43　威尼斯—维罗纳—维琴察梅扎尼诺（1400~1413 年）

注：该币以总督米凯里·斯泰诺（1400~1413 年在位）的名义打制，直径为 17 毫米，重 0.6 克。正面图案是圣马可和总督的站像，中间共同持有旗帜，币文：MIC STEN DVX S M VENE；背面图案是基督复活像，币文：XPE RESVRESIT。

资料来源：https://en.numista.com/catalogue/pieces114282.html。

在布雷西亚和贝加莫，根据当时已确立的传统，威尼斯铸币厂很快为新领地专门铸造了新硬币。根据 1429 年的立法规定，威尼斯为这两个地区发行了三种面额的铸币：格罗索尼（grossone）、1/2 格罗索（half-grosso）、巴吉提诺（bagattino）。其中，格罗索尼重 3.08 克，价值 8 索多，纯度与威尼斯格罗索相同，但后者价值 4 索多，重 3.20 克（图 3-44）。1/2 格罗索的重量是格罗索尼的 1/4，价值 2 索多。二者的币图相同，正面印有总督站像，反面印有圣马可的胸像。巴吉提诺是合金币，"bagattino" 一词原本是对在帕多瓦流通的皮科洛的称呼。该币曾在威尼斯及意大利东北部广泛流通，威尼斯在占领布雷西亚后，也为当地发行了该币，价值等同于狄纳里或皮科洛。巴吉提诺的正面图案是位于圆圈内的 "十" 字，背面印有跃立的圣马可雄狮（图 3-45）。

图 3-44　威尼斯—布雷西亚—贝加莫格罗索尼（1423~1457 年）

注：该币以总督弗朗西斯科·福斯卡里（1423~1457 年在位）的名义打制，直径为 26 毫米，重 3.07 克。正面图案是总督的站像，币文：FRANCISCVS FOSCARI DVX；背面图案是圣马可的胸像，币文：SANCTVS MARCVS VENETI。

资料来源：https://en.numista.com/catalogue/pieces115380.html。

图 3-45 威尼斯—布雷西亚巴吉提诺（1423~1457 年）

注：该币以总督弗朗西斯科·福斯卡里（1423~1457 年在位）的名义打制，直径为 13 毫米，重 0.3 克。正面图案是位于圆圈内的"十"字，币文：F F D V；背面图案是跃立的圣马可雄狮，无币文。

资料来源：https://en.numista.com/catalogue/pieces115392.html。

四、亚得里亚海东岸

在中世纪，亚得里亚海东岸常常成为各个势力争夺的焦点。其中，拜占庭帝国长期掌控亚得里亚海沿岸的部分地区，尤其是在中世纪早期。克罗地亚王国成立于 10 世纪，在一段时间内统治了亚得里亚海东部海岸的广大地域，直到 1102 年与匈牙利结盟，形成克罗地亚和匈牙利王国，此后匈牙利开始对该地区施加影响。此外，扎拉、斯普利特和拉古萨等沿海城市的地方贵族也在特定时期拥有自治权。

在 1000 年，威尼斯对达尔马提亚沿海进行了远征，镇压了斯拉夫海盗，确保了威尼斯在该地区的主导地位。然而，此后威尼斯一度为了保有意大利北部的陆上领地，不得不放弃达尔马提亚一带。直到 15 世纪初，威尼斯利用整个匈牙利和克罗地亚王国内部动荡的时机，通过外交手段才牢固地控制了整个达尔马提亚地区（除拉古萨外），并且这种控制一直延续到 1797 年威尼斯共和国灭亡。

在 10 世纪到 15 世纪期间，亚得里亚海东海岸流通着各种硬币，反映了不同政权对该地的政治和经济影响。具体来说，亚得里亚海周边城市的货币体系深受威尼斯、匈牙利及当地统治者的影响。这些城市有时会发行自己的硬币，有时则使用外来统治者的硬币。在这里，威尼斯的格罗索和索第诺主要面临匈牙利钱币的竞争，特别是来自阿奎莱亚的弗里萨赫芬尼（friesacher pfennig）的竞争。后者又称阿格莱尔（aglieir）。

弗里萨赫芬尼最早于 12 世纪在卡林西亚城市弗里萨赫被铸造。弗里萨赫处于维也纳和威尼斯之间，是重要的交通枢纽，因此成为中欧经济繁荣的贸易中心和神圣罗马帝国的行政中心。这使弗里萨赫芬尼成为 12~14 世纪中欧流通最广的硬币之一，在今奥地利、斯洛文尼亚、克罗地亚和匈牙利的部分地区非常流行。亚得里亚海东部城市如扎拉、斯普利特和拉古萨也广泛接受了弗里萨赫芬尼。

到了 15 世纪初，阿奎莱亚的弗里萨赫芬尼与威尼斯的索第

诺的流通价值相等，但其含银量只有索第诺的 2/3。在 1414 年
后，弗里萨赫芬尼重量减少至每马克白银可打制 44 枚，但提
高了银的纯度，因此其内在含银量保持不变。阿奎莱亚主教安
东尼奥二世发行的弗里萨赫芬尼，正面图案是盾形纹章和币文
"ANTONIVS PATRIARCA"（主教安东尼），背面则刻有老鹰和
币文"AQV ILE GEN SIS"（阿奎莱亚）（图 3–46）。

图 3-46　阿奎莱亚弗里萨赫芬尼（1402~1411 年）

注：阿奎莱亚主教安东尼奥二世发行，直径为 17 毫米，重 0.6 克。正面图案
是盾形纹章，币文：ANTONIVS PATRIARCA；背面图案是老鹰，币文：AQV ILE
GEN SIS。

资料来源：https://en.numista.com/catalogue/pieces82150.html。

　　1410 年，威尼斯开始在扎拉生产弗里萨赫芬尼仿制币"索多"
（soldo）。这些硬币与已经在流通的旧弗里萨赫非常相似，并与
其并行流通。每枚索多重 0.71 克，含银纯度为 3/8，价值为 8 狄
纳里，比在威尼斯流通的索利多的价值低约 1/3。正面图案沿袭
了阿奎莱亚发行的弗里萨赫，是一个盾牌；反面则印有身穿教士
长袍的圣马可。值得注意的是，威尼斯为扎拉发行的索多，正面
币文为"MONETA DALMATIE"（达尔马提亚钱币），背面币文
为"SANTVS MARCVS"（圣马可），并未包含统治者的信息。这
是威尼斯自独立以来，首次出现这种情况（图 3–47）。

图 3-47　威尼斯扎拉索多（1402~1411 年）

注：威尼斯为扎拉发行，重量不详。正面图案是盾牌，币文：MONETA DALMATIE；背面图案是身穿教士长袍的圣马可，币文：SANTVS MARCVS。

资料来源：https://www.cronacanumismatica.com/il-soldo-di-lira-dalmata-la-storia-poco-nota-di-una-moneta-di-venezia/。

在亚得里亚海更南端的阿尔巴尼亚，威尼斯早在 15 世纪初期就在其港口斯库台建立了殖民地。

1409 年，威尼斯议会有议员提议禁止当地伯爵继续铸造自己的货币，但最终这一提案未获得通过。斯库台的货币面值与威尼斯的格罗索相同，但正面印有当地守护圣人圣斯蒂芬的肖像和币文 "S STEFANUS SCUTARENS"（圣斯蒂芬，斯库台），背面印有威尼斯的狮子标志和币文 "S MARCUS VENETIARUM"（圣马可，威尼斯）。

随着金银供应不足的加剧，欧洲银币的重量逐渐减轻，纯度也不断下降。1462 年，威尼斯开始发行纯铜制作的皮科洛，即巴吉提诺（bagattino），其价值为 1/12 索利多。鉴于小额零钱的短缺，1485 年，威尼斯尝试在五个达尔马提亚城市发行巴吉提诺。每个城市发行的巴吉提诺都有相同的背面图案，即象征圣马可的带翼雄狮，而正面印有各城市的守护圣人。例如，特拉乌的守护圣人是圣劳伦斯，扎拉的守护圣人是圣西蒙（图 3-48）。

图 3-48　扎拉巴吉提诺（1491 年）

注：威尼斯为扎拉打制，直径为 18 毫米，重 1.71g。正面图案是圣西蒙，币文：S S SIMEON IVSVS PROFETA；背面图案是圣马可带翼雄狮，币文：S MARCVS VENETI。

资料来源：https://colnect.com/en/coins/coin/127569-1_Bagattino_Anonymus_No_date-Venice-Zara_Zadar-Italian_States。

总的来看，威尼斯 15 世纪在亚得里亚海东岸发行的殖民地货币数量并不多，远不及 14 世纪末在希腊发行的图尔内塞洛的规模。

第四章

中世纪威尼斯货币的生产与管理

　　威尼斯的金银供应主要依赖国际贸易和采矿业。威尼斯的商人通过遍布欧洲和地中海的贸易网络，从拜占庭、北非、意大利内陆和中欧等地获取贵金属。此外，威尼斯从德国和匈牙利进口金银矿石，补充其铸币所需的金银。威尼斯不仅进口大量贵金属，也通过货币的形式将其出口到其他地区。这一做法与17世纪发展起来的晚期重商主义思想非常相似，威尼斯人并没有对贵金属出口表现出恐慌，金银被视为一种商品，出口金银同样可以赚取差价。威尼斯提供了一个相对自由的金银市场，但这并不意味着它对本国金银流动没有任何监管。为了与米兰、博洛尼亚、热那亚和佛罗伦萨等意大利北部城市政权展开竞争，并吸引白银和黄金供应者到来，威尼斯采取了诸多措施，努力营造一个公正、有序的金银市场，其中，设立德国商馆是典型之举。威尼斯的铸币厂由国家负责运营，政府任命专门的官员监督铸币过程，从金银的提炼、称重到最终的铸造，每一步都严格把关。铸币厂内分工明确，有专门的技术工人负责设计、模具制作、金属熔炼和铸币打磨等环节。总体而言，中世纪威尼斯通过高效的供应链管理、优惠的货币政策和精细的铸币厂运营，确保了其货币体系的稳定和国际声誉。这一体系不仅促进了威尼斯经济的发展，也为其成为国际金融中心奠定了基础。

第一节

金银的供给

一、金银的产地

在整个地中海地区,金属矿藏资源虽然分布广泛但并不均匀。其中,金银矿藏主要分布在西班牙、埃及、苏丹南部的原努比亚[①]、古国吕底亚[②]和亚美尼亚等地。此外,巴尔干半岛和伊比利亚半岛上也有零星的金银矿分布。进入12世纪,西欧的萨克森、阿尔卑斯山脉附近的蒂罗尔等地区相继成为重要的白银产区。

从金银矿藏的分布可以看出,意大利半岛不富含贵金属矿藏。在罗马共和国时期,最早使用的标准货币是铜币——阿斯。然而,随着罗马帝国逐步征服迦太基、马其顿、塞琉古和托勒密等东方大国,大量白银和黄金流入罗马,推动了银币和金币的发行。

特别是第一次布匿战争的胜利,使罗马从迦太基获得了巨额赔款,其中包括23000塔兰同(talentum)白银。因此,从公元

---

① 努比亚王国于公元320年灭亡,现在的苏丹北部同古拉地区一直存在某些努比亚部落。公元400年,努比亚地区出现了其他一些王国,尽管王国的统治时间和名称都不一样,但是统治者依然是居住在苏丹北部的古拉人,其文明的因素和血统的延续得以传承。

② 古吕底亚是小亚细亚中西部的一个古国(公元前1200年至公元前546年),濒临爱琴海,位于现在土耳其的西北部。该地土壤肥沃,赫穆斯河及其支流含有大量的沙金,使吕底亚拥有丰富黄金储备,成为世界上最早铸造贵重金属货币的政权。

前 268 年开始，罗马按照古希腊的银币德拉克马的生产标准，铸造了自己的银币——狄纳里。一枚狄纳里银币重约 4.5 克，相当于罗马磅的 1/72。狄纳里的名称源于拉丁语中的 "10"，表示其价值相当于 10 个阿斯。此外，还有一种小额白银辅币赛斯特提（sestertius），其价值为 2.5 个阿斯，相当于 1/4 狄纳里。

在第二次布匿战争中，罗马不仅获得了巨额战争赔款，还征服了西班牙，并在此地发现了一个巨型金矿。从公元前 1 世纪到公元 1 世纪，西班牙成为罗马帝国最重要的黄金供应地之一。罗马的金币被称作"奥里斯"（aureus），意为"黄金"。其中，恺撒被认为是最早大规模铸造这种金币的人之一。这些金币经历了朝代更迭，多次被重新铸造。

然而，到了 3 世纪，罗马帝国陷入全面衰退，商品经济受到严重影响，成色良好的货币被大量贮藏，黄金离开流通领域，严重威胁了罗马帝国的货币储备。戴克里先为了铸造新的金币，不得不以较低的价格强制收购城市中的黄金。[①] 随后，君士坦丁为了获取黄金，不仅从他击败的对手那里缴获了大量财富，还命令东罗马帝国境内的异教宗教场所将财产充公。[②] 此外，他还对贵族和商人额外征收了用金银缴纳的元老贡献税和金银税。

在西罗马帝国灭亡时，地中海地区的矿产资源已相对枯竭。中世纪早期，欧洲的白银供应主要来自亚洲中西部。特别是阿富

---

① A. H. M. Jone, *The Later Roman Empire，284–602：A Social，Economic，and Administrative Survey*，Johns Hopkins University Press，1986，p.107.

② M. F. Hendy, *Studies in the Byzantine Monetary Economy c. 300 – 1450*，Cambridge University Press，1985，p.284.

汗和伊朗东部提供了大量白银。在西欧，位于法国西部靠近普瓦捷的梅勒在 8~9 世纪成为重要的白银产地，并且梅勒成为法兰克王国拥有最多铸币厂的地区之一。然而，到了 9 世纪下半叶，梅勒的银矿产量鼎盛时期已过，开始逐渐衰竭。与此同时，地中海地区，特别是意大利半岛随着人口和贸易的增长，对金银供应的需求不断增加。10 世纪上半叶，欧洲的金银仍然主要来自亚洲，尤其是来自萨曼王朝的白银供应。这是因为萨曼王朝于 9 世纪下半叶在沙什（今塔什干）和彭吉尔（今阿富汗）一带发现了大型银矿。

在 10 世纪下半叶，中亚白银产量迅速下降。当来自中亚的金银供应中断后，本地金银成为欧洲白银供应的主要来源。其中，位于哈茨山脉戈斯拉尔镇上方的拉梅尔斯堡银矿产量最丰富。该矿床于 961~968 年被发现，其开始开采的时间几乎与西欧无法获得河中地区白银供应的时间重合。除了哈茨地区的银矿，在 10 世纪末和 11 世纪初，更多的银矿在德意志其他地方被发现并开采。例如，在黑森林南部的苏尔兹巴赫、克罗普巴赫和斯坦布莱纳等地相继发现了矿脉。

然而，在 11 世纪末和 12 世纪初，欧洲白银供应似乎再次出现新的衰退。欧洲过去的主要白银来源，是位于哈茨山脉戈斯拉尔附近的拉梅尔斯堡矿场，自 11 世纪 40 年代以来，产量逐渐减少，并在接下来的 20 年后几乎枯竭。直到 12 世纪 60 年代，欧洲再次发现了新的重要白银来源，即位于萨克森的弗莱堡银矿。弗莱堡银矿的发现引发了各国对新矿藏的勘探热潮。与此同时，位于托斯卡纳的蒙蒂耶里银矿和卡林西亚的弗里萨赫银矿开始被大规模开采，尽管其规模与弗莱堡相比较小。

在 13 世纪下半叶，已经开采了近百年的弗莱堡矿场开始慢慢衰落。蒙蒂耶里和位于阿尔卑斯山东部的卡林西亚的弗里萨赫银矿也面临相同命运。它们的产量逐渐被更多新发现的矿藏超越，包括 1230 年左右在波希米亚和摩拉维亚边境发现的伊赫拉瓦（伊格劳）银矿。大约在伊赫拉瓦矿场取代弗莱堡和弗里萨赫的矿场成为中欧的主要银矿的同时，撒丁岛的伊格莱西亚矿场取代了蒙蒂耶里矿场成为南欧的主要银矿。此外，匈牙利在喀尔巴阡山脉、特兰西瓦尼亚和东阿尔卑斯山也发现了银矿。

在中世纪后期，欧洲主要从中欧东部获得白银。13 世纪末，波希米亚的库特纳霍拉银矿成为最多产的矿场。然而，库特纳霍拉的白银产量在 14 世纪下半叶开始下降，其开采在 15 世纪初胡斯战争期间陷入停滞。撒丁岛的阿根蒂拉银矿在长期开采后也于 14 世纪 40 年代开始衰落，并于 1365 年左右渐渐枯竭。在 14 世纪 70 年代，塞尔维亚和波斯尼亚的银矿开始被开采。尽管在 15 世纪初塞尔维亚的白银产量大幅增加，显著地改变了意大利的货币流通状况，但到了 15 世纪 30 年代末，这里的白银供应量已经显著减少。此后，直到 15 世纪 60 年代，欧洲才再次发现了新的大规模银矿。

15 世纪 60 年代，欧洲开采了许多矿场，其中两个白银产量最高的矿场分别位于阿尔卑斯山脉和厄尔士山脉，尤其是蒂罗尔的施瓦茨和萨克森的施奈贝格。16 世纪 20~30 年代，新的银矿继续被发现和开采，萨克森的安纳伯格矿山和波希米亚的约赫姆塔尔矿山成为这一时期最重要的矿场，正如 15 世纪下半叶的施

奈贝格和施瓦茨矿山。欧洲的白银总产量不断增长，大约在 16
世纪 30 年代达到了高峰。

随着欧洲白银开采量的迅速增加，非洲的黄金开采量也在增
加。非洲的黄金主要来自位于塞内加尔河上游的班布克和尼日尔
河上游的布雷。与欧洲人在弗莱堡和蒙蒂耶里发现白银相比，非
洲人早在 8 世纪就开始大规模开采黄金，并持续将其穿越撒哈拉
运输至欧洲，这一过程一直延续到 15 世纪中叶，几乎没有中断。

此外，在中世纪晚期，欧洲也发现了大规模金矿，即位于斯
洛伐克克雷姆尼察附近的匈牙利金矿，并于大约 1320 年开始开
采。尽管在此之前，匈牙利的黄金产量与西非的黄金产量相比微
不足道，但到了 1328 年，克雷姆尼察产出的黄金已足够支持匈
牙利国王安茹的查理·罗伯特在阿尔卑斯山以外地区成功铸造金
币。在中世纪，欧洲的金银供给主要来源如表 4-1 所示。

表 4-1　中世纪欧洲金银供给的主要来源

开采时间	属性	矿区位置
5 世纪至 10 世纪上半叶	银矿	阿富汗、伊朗东部和河中地区
8~9 世纪	银矿	法国的梅勒
10 世纪下半叶至 11 世纪中叶	银矿	哈茨山脉戈斯拉尔地区的拉梅尔斯堡；黑森林南部
12 世纪 60 年代至 13 世纪下半叶	银矿	萨克森的弗莱堡
12 世纪 60 年代至 13 世纪下半叶	银矿	托斯卡纳的蒙蒂耶里和卡林西亚的弗里萨赫
13 世纪 30 年代至 13 世纪末	银矿	波希米亚和摩拉维亚边境的伊赫拉瓦（德国飞地）
13~16 世纪	银矿、金矿	匈牙利的舍姆尼茨、特兰西瓦尼亚和齐普斯

续表

开采时间	属性	矿区位置
13 世纪 30 年代至 14 世纪 60 年代	银矿	撒丁岛的伊格莱西亚
13 世纪 60 年代至 14 世纪初	银矿	英格兰的德文郡
13 世纪末至 15 世纪初	银矿	波希米亚的库特纳霍拉
14 世纪 20 年代至 15 世纪 30 年代	金矿	匈牙利的克雷姆尼察
14 世纪 70 年代至 15 世纪 30 年代	银矿	塞尔维亚和波斯尼亚
15 世纪 60 年代至 16 世纪初	银矿	蒂罗尔的施瓦茨和萨克森的施奈贝格
16 世纪初至 16 世纪中叶	银矿	萨克森的安纳伯格和波希米亚的约赫姆塔尔
8 ~15 世纪	金矿	非洲的班布克和布雷

二、采矿权的演化

对于金银矿藏而言，采矿权的归属问题不仅与采矿业的发展密切相关，还关系到金银的占有权、收益权和处置权，最终会影响金银的流向。中世纪欧洲贵金属采矿权的发展反映了从中世纪早期到晚期更广泛的经济、技术和政治变革。西罗马帝国灭亡后，由于政局不稳定和经济分裂，许多采矿作业出现衰退。进入 10 世纪后，随着欧洲经济复苏，人们重新对采矿产生了兴趣，同时人口增长和贸易增加导致人们对贵金属的需求上升。关于采矿权的讨论，涉及矿工、君主、地主和教会之间的权益划分。[①]

---

① I. Blanchard，*Mining，Metallurgy，and Minting in the Middle Ages：Continuing Afro-European Supremacy，1250—1450*，F. Steiner，2001，p.80.

从 5 世纪末西罗马帝国灭亡到 9 世纪后期法兰克王国解体，西欧经历了漫长的封建化过程。查理大帝的统治结束后，以地方分权制为特点的封建制度最终确立，西欧开始进入封建社会，土地通常由当地领主或国王所有。矿产是土地的一部分，蕴藏于地表之下，故而谁拥有土地，谁就拥有矿藏。教士、伯爵、侯爵及其他大封建主和小地主均可以在其拥有的土地上开采金银矿和其他埋藏在地下的宝物。这表明在封建早期，封建领主将采矿纳入了庄园经济的范畴，同时掌握着地表使用权和矿藏开采权。

随着中央王权的鼎盛，王室的采矿特权得到了确立。国王在其封臣的领地内享有矿物的开采权。凭借这种特权，国王可以在封建领主的土地上开采矿物，或授权矿藏的发现者和开采者进行开采，而不用顾忌封建领主或土地所有者的反对。在这样的背景下，出现了人人都有机会独立自主进行采矿的局面，并带来了德意志采矿业的繁荣。德国矿工在中欧的采矿业开发中扮演了重要角色，特别是在哈茨山脉、萨克森、波希米亚和蒂罗尔等矿区，德国矿工的身影随处可见。

在中世纪，矿藏的发现和开采具有一定的技术难度。为了获得金银，欧洲的君主和地方统治者经常为采矿活动提供赞助和支持。他们授予矿藏的发现者和开采者采矿权，鼓励熟练的矿工前来定居，并通过出台相关法律为矿工的利益提供保障。实际上，欧洲君主的做法延续了古罗马时代基于发现的所有权原则，即发现矿藏的人可以主张所有权。在中欧大部分地区，自由矿工常受到地方当局的欢迎，他们可以在不同领主的土地边界自由勘探。如果自由矿工发现了金银矿脉，他们将获得沿矿脉双倍面积的发现权。自由矿工在向皇帝或地方统治者支付采矿权使用费后，即可对其发现的矿藏进行开采。

采矿权使用费在采矿总收益中的比例因地方习俗不同而有很大的不同。一般而言，德国各公国的王子往往享有矿场收益的 1/10。在波希米亚和匈牙利，国王则能得到白银产出的 1/8。在意大利，各地的分配比例有所不同。例如，在 12 世纪的蒙蒂耶里，沃尔泰拉的主教可以获得矿藏产出的 1/4；到了 13 世纪，随着矿场逐渐枯竭，这一比例降至 1/8。[①]

然而，这并非矿工必须支付的全部费用。他们还需向实际的土地所有者支付其他款项。例如，在黑森林地区，除了需向巴塞尔主教支付标准的采矿权使用费，矿工需根据矿主和土地所有者的协议支付一定金额的其他款项。一般来说，这些费用占产出的 1/30 或 1/31，但是资源丰富的矿场可能需要支付产出的 1/20，而贫瘠的矿场可能只需支付产出的 1/40，甚至更低。

在某些情况下，采矿权所有者和土地所有者是同一人。除了向王室和土地所有者支付这些费用，矿工还需向教会支付"什一税"，以及承担矿石冶炼的成本。然而，即便如此，大部分白银仍然掌握在矿主手中。

在中世纪，矿工通常是小团体中的自雇人士，因此也是矿主。每个小团体相当于一个合伙企业，拥有并经营自己的矿坑。在向王子、地主、教会和冶炼厂支付了费用后，剩余的白银完全

---

① Peter Spufford, *Money and Its Use in Medieval Europe*, Cambridge University Press, 1993, pp.110–114.

属于他们自己。这种制度促进了专业的采矿社区或城镇的建立，如弗莱堡。这些社区制定了全面的采矿法规，用于规范采矿作业的各个方面，包括安全规定、利润分配、工人权利和矿主责任等。此外，这些社区通常享有特殊特权，并在某种程度上拥有自治权。

虽然自雇矿工的传统根深蒂固，且在某些地方延续至今。例如，早期的加利福尼亚淘金者仍然按照这种传统寻求他们的开矿利益。然而，在意大利北部，早在13世纪初就已经出现了非矿工对采矿的投资，形成了复杂的早期资本主义组织形式。那些来自托斯卡纳的拥有资本的股东，在蒙蒂耶里成立开矿公司，并雇用职业经理，然后职业经理进一步雇用实际劳作的矿工。这些矿工是为赚取工资而工作，而不是为自己工作。随着时间的推移，当比萨人在伊格莱西亚进行开矿时，他们也采取了同样的模式。对于他们来说，对采矿业的投资与对其他营利活动的投资别无二致。

值得一提的是，在12~13世纪的大部分时间里，矿工通常可以将未经铸造的白银带到他们偏好的地方。换言之，矿工与当地铸币厂的关系更多地受经济激励和实际考量的影响，地方统治者并没有强迫矿工立即在当地将新开采的白银铸造成银币。1300年库特纳霍拉尝试这样，这实际上是一种创新，但并不十分成功。当然，地方统治者为了自身利益和提供更便捷的流通媒介，通常会在成功的矿区附近开设新的铸币厂。例如，迈森侯爵在弗莱堡、萨尔茨堡大主教在弗里萨赫、沃尔泰拉主教在蒙蒂耶里、波希米亚国王在伊赫拉瓦、比萨在伊格莱西亚设立了铸币厂。然而，尽管开设了这些新的铸币厂，大部分贵金属仍以未经铸造的形式离开了矿区。

三、金银的流动

来自矿区的金银，无论是以铸币的形式，还是以粉末、块、板、条和圆盘的形式，最终都流向了四面八方。

其中，来自戈斯拉尔矿区的白银，一部分向南经巴伐利亚流向意大利北部，或沿多瑙河流向匈牙利和黑海地区；一部分向东流向波兰和拉脱维亚地区；一部分向北流向波罗的海沿岸国家，如丹麦、挪威和瑞典；还有一部分向西流向弗里西亚和诺曼底，甚至跨越北海到达英格兰。

来自弗莱堡矿区的白银，一部分沿霍赫斯特通过陆路穿越欧洲，或经维也纳，沿多瑙河上游被运往莱茵兰、荷兰南部和香槟地区，甚至法兰西岛；一部分沿维斯图拉河下游，通过海路被运往波罗的海国家或英格兰；还有一部分则向南被运往意大利，尤其是威尼斯。

此外，来自施蒂利亚、波希米亚和匈牙利等其他重要中欧矿区的大部分白银，也通过不同的通道直接或间接地进入了意大利北部和西北欧的商业中心。

然而，从中欧矿区出发的白银在抵达欧洲重要市镇后，并没有永远地停留在那里。总体而言，大部分来自中欧矿区的白银最终经过多次转运进入意大利北部，随后从意大利北部继续向南流入意大利南部和西西里，或向东流经君士坦丁堡、巴勒斯坦和埃及，进而继续向东穿越黑海，流向更遥远的东方。

至于来自非洲班布克和布雷矿区的黄金，在 10 世纪末主要经西迪尔马萨到达摩洛哥，最终抵达西班牙南部的科尔多瓦哈里发国。到 11 世纪中叶，非洲黄金主要通过凯鲁万进入西西里岛。此外，还有一定数量的黄金沿着撒哈拉以南的贸易路线进入了尼罗河上游地区。

那么，金银的国际流动主要取决于哪些因素？从长期来看，贵金属的流动与一国的国际收支情况密切相关。按照国际收支理论，在贵金属充当国际交换媒介的时代，只要一国的全部对外贸易出口总额超过进口总额，即形成贸易顺差，金银就会流入该国；反之，会流出该国。这里的国际收支不仅涵盖商品贸易，还包括服务贸易，如为保障商船顺利航行而向地方政权支付的通行费。在中世纪和近代早期的欧洲，一个没有矿产资源的国家要获取贵金属，就必须出口比进口更多的商品和服务。

除了国际贸易状况，在短期内，政治、战争支出及宗教因素也会影响金银的国际流动。例如，在宗教方面，从 12 世纪末开始，历任教皇都试图建立广泛的税收体系，向整个拉丁基督教世界征收"什一税"，以维持教皇国中央官僚机构的运作，并使教皇对外施加重大政治压力。这笔收入的流动也成为国际资金流动的重要组成部分。14 世纪初，教皇离开意大利到处流亡，并最终在阿维尼翁定居，这导致税款流向了阿维尼翁，而不是意大利北部的市镇。

综上所述，金银国际流动主要受多种因素影响。国际贸易状况、政治与战争支出，以及宗教因素等共同塑造了贵金属的国际流动格局，最终决定了一个国家的金银供给。

四、威尼斯的金银市场

中世纪，尽管威尼斯本土缺乏金银矿藏，其大部分金银仍需从国外进口。然而，即便如此，13世纪和14世纪，威尼斯分别在白银和黄金市场上获得了显著的地位；整个15世纪，威尼斯继续占据着金银市场的重要地位。

对于威尼斯来说，贵金属的进出口是其商品贸易的重要组成部分。像对待其他商品一样，威尼斯商人根据不同地区对白银的需求和供应，策划和执行白银的交易，充当中间人的角色。这一商业模型，一方面得益于其优越的地理位置，它不仅地处东西方贸易的交汇点，而且在地理上毗邻贵金属的产地；另一方面归功于威尼斯政府为促进金银流入而采取的政策措施，以及其对金银市场的监管和良好的营商环境的维护。

在白银方面，1170~1220年，威尼斯从欧洲金银产地的转移中获益良多。中世纪早期，欧洲的白银供应主要来自中亚。然而，到了12世纪，在来自中亚的白银流入逐渐减少后，西欧特别是德国，成为新的白银来源。由于威尼斯位于亚得里亚海北端，这使它比其他任何港口更靠近德国的白银矿区。因此，德国矿工开采的白银首先流入威尼斯，再流向地中海其他地区。此外，为了吸引德国白银的流入，威尼斯特意修建了德国商馆，并给予德国商人特殊的特权和监督。因此，13世纪上半叶，这些来自德国的白银在威尼斯的经济中发挥了突出作用。

然而，威尼斯之所以能获得如此大量的贵金属供应，关键在于其能为从事金银贸易的商人提供他们所需的商品作为交换。与其他中世纪城市相比，威尼斯对贵金属具有特别的吸引力，因为它处于东西方贸易交汇的位置，商品资源丰富，便于交换。最初，在这里可以买到香料、丝绸等东方特产。随后，它还提供一些原材料，如供德国织布业使用的棉花，以及威尼斯自身生产的高质量产品，如玻璃和香皂。为了阻止德国商人在他们前往威尼斯途中经过的大陆城市（如维罗纳、特雷维索和帕多瓦）进行金银贸易，威尼斯人不仅被禁止前往这些城市与德国人进行交易，还被禁止在这些城市为德国人购买黎凡特的物品提供便利。

13 世纪末，威尼斯的金银市场不再完全依赖德国供应商。地中海世界本身也存在其他的白银产地，如撒丁岛、塞尔维亚和波斯尼亚，但这些地区并未向意大利以外的欧洲提供白银，而是将大部分供应集中在了欧洲硬币和信贷最充裕的城市——威尼斯。与其他意大利北部商业城市相比，威尼斯由于其地理位置更靠近巴尔干半岛开发的新矿区，能够更有效地与这些矿区进行贸易。

进入 14 世纪后，白银供应开始变得越来越紧张，欧洲出现了白银普遍短缺的初期迹象。威尼斯虽然也未能完全幸免，但受影响相对较小，特别是在 14 世纪 70 年代后期，由于威尼斯可以从塞尔维亚和波斯尼亚获取到一些白银矿产，这在一定程度上减轻了白银匮乏的冲击，并使其重新开始了铸造银币的活动。进入 15 世纪后，来自塞尔维亚的白银大幅增加，其中大部分被运往威尼斯，这使威尼斯成为当时欧洲唯一拥有大规模白银储备的城市。

然而，到了 15 世纪 20 年代，中欧的白银供应接近枯竭。随后土耳其人在 15 世纪 50 年代和 60 年代先后占领了塞尔维亚和波斯尼亚，使威尼斯彻底无法从两地获得白银供应。随着白银储备的减少，欧洲市场再度将目光转向黄金。直到 15 世纪 60 年代初，在阿尔卑斯山脉和厄尔士山脉发现了一系列新的银矿，尤其是蒂罗尔州的施瓦茨和萨克森州的施奈贝格银矿。中世纪的大银荒随着这些新银矿的发现而结束，它们的开采使欧洲的硬币和信贷供应再次充足，威尼斯也再次成为重要的白银进出口市场。

作为一个黄金市场，威尼斯在 13 世纪的重要性不如比萨、热那亚和佛罗伦萨等意大利西部城市。这是因为非洲的黄金主要通过撒哈拉以南的商队运输到地中海沿岸，其中一些商队的终点站在摩洛哥，还有一些在阿尔及利亚和突尼斯。意大利西部城市、西西里岛和西班牙与统治上述北非三地的马格里布的商业联系非常紧密，因此大多数时候，它们是非洲黄金进入地中海的主要门户。相比之下，从匈牙利和黑海运往威尼斯的黄金数量并不多。

然而，到了 14 世纪，威尼斯作为黄金集散市场的地位开始提升。特别是在 14 世纪三四十年代，流入威尼斯的黄金数量显著增加。[①] 这一增长一方面是因为威尼斯与埃及的关系得到了改善，另一方面是因为匈牙利王国的黄金产量增加了。更重要的是，非洲的商队不再沿传统的撒哈拉西部的路线运输黄金，而是转向

① Frederic C. Lane, Reinhold C. Mueller, *Money and Banking in Medieval and Renaissance Venice : Coins and Moneys of Account（Vol.1）*, Johns Hopkins University Press, 1985, p.19.

了尼日尔河—塞内加尔河—埃及的路线。[①] 这一变化对威尼斯非常有利，因为它可以通过克里特岛和塞浦路斯间接抵达埃及，或直接派遣良好保护的船队前往埃及进口黄金。

到了 15 世纪，非洲的黄金供应路线再次回到撒哈拉西部，且供应量大幅增加。不过，这时的威尼斯不仅在海军力量上，而且在商业实力上达到了鼎盛，这使它能够在马格里布获得大量黄金供应。因此，15 世纪，威尼斯以其良好组织的船队从多个方向获取黄金，从而确保了它作为欧洲主要黄金市场向其他商业城市出口黄金的能力。

第二节
政府对金银交易与进出口的监管

一、德国商馆的设立

威尼斯提供了一个相对自由的金银市场，但这并不意味着它对国内金银流动没有任何监管。为了与米兰、博洛尼亚、热那亚和佛罗伦萨等意大利北部城市政权展开竞争，并吸引白银和黄金供应者到来，威尼斯需要树立良好的声誉，营造一个公正、有序的金银市场。特别是在 13 世纪，威尼斯发展为重要的白银市场，这离不开政府为促进商业发展而采取的措施，其中设立德国商馆

---

① Department of the Arts of Africa, Oceania, and the Americas, The Trans-Saharan Gold Trade（7th–14th Century），*Heilbrunn Timeline of Art History*，The Metropolitan Museum of Art，2000，pp.1–2.

是典型之举。

德国商馆建于 1228 年，在威尼斯语中，称为 "Fontego dei Tedeschi"，其中 "fontego" 一词源自阿拉伯语 "funduq"，指一种集仓库、市场和外国商人居住区于一体的建筑。德国商馆位于威尼斯商业中心里亚托桥附近，地处大运河的转弯处，既有来自大陆的河运驳船，也有来自圣马可内港的小型海船在此转运。该建筑作为海关大楼，兼作仓库、市场和受限制的居住区，共有四层，内部设有庭院，一楼用作仓库和办公室，其他楼层则供商人居住。1505~1508 年，原建筑在一场大火中被烧毁，随后威尼斯进行了重建。

13 世纪，许多来自德国南部和奥地利各城市的商人选择在威尼斯进行贸易。他们带来了铜、亚麻等商品，尤其是大量的白银。为了方便管理和保护他们的贸易利益，德国商馆成为他们的主要总部，由威尼斯官员监督管理，允许商人在此存放货物、进行业务活动，并在逗留期间居住。可以说，德国商馆的设立不仅彰显了德国白银在威尼斯贸易中的重要地位，也显示了威尼斯政府对外国进口商的监管和保护。这种特殊的管理制度降低了德国商人的交易成本，进一步促进了威尼斯作为国际贸易中心的地位。

德国商人抵达威尼斯后，必须按照严格的流程行事。首先，威尼斯船夫会接到严格的命令，直接将所有德国商人和他们的货物运送到德国商馆，中途不能停留。抵达商馆后，德国商人需与商馆主管、门卫、检查员和经纪人接洽，并按威尼斯的关税和市场营销条例行事。其中，商馆的主管被称为"威斯多米尼"

（Visdomini），这是地方行政长官的头衔，通常由威尼斯贵族担任。13 世纪，所有德国商人必须在两天内向威斯多米尼申报所有金银货物；否则将面临罚款，数额大约为携带白银价值的 9% 和黄金价值的 4%。申报完成后方可进行金银交易。到了 1268 年，白银进口商还需向铸币厂长出示银块。如果双方无法就价格达成一致，将由威斯多米尼主持公开拍卖售出。

商馆中另一类重要人员是经纪人。经纪人由总督和议会选出，人数不超过 10 人，并需与国家分享所得收入。特别是白银经纪人在监督德国商人销售白银的活动中扮演着重要角色。他们的主要职责是陪同携带白银的外国商人，确保他们在规定的地点按规定的方式出售白银。任何违反规定的行为都可能面临罚款。他们还负责向威斯多米尼报告任何可疑的非法金银交易行为。如果这些非法交易得以进行，那么，经纪人可能会面临罚款，并被禁止担任白银经纪人。此外，他们还需向当局报告白银购买者之间涉嫌串通操纵价格的行为。有些经纪人既是货币兑换商，也参与白银交易。

二、对国内金银市场的监管

对威尼斯金银市场进行监管，是确保铸币厂有足够的金属用于铸币的必要条件。威尼斯政府在鼓励金银进口的同时，努力全面掌握城内所有金银的数量和销售情况。由于金银的单位体积价值极高，在销售的过程中很容易出现造假和欺诈，因此在 1262 年，威尼斯总督在里亚尔托设立了一个专门的金银称重和化验办事处。这个办事处由两名金匠组成，负责检测重量超过 0.5 克的黄金的成色，确保其纯度至少达到 76%。同时，他们也负责监测白银的流动。

1311 年，里亚尔托办事处内部分设了两个部门：一个部门负责黄金的相关事务，有三名工作人员；另一个部门负责白银的相关事务，有两名工作人员。15 世纪，该办事处有四名负责登记和称重的官员：两名负责白银事务，两名负责黄金事务。此外，还有三名化验员负责测定金银的纯度。办事处的化验员由议会选出并支付薪水，他们个人被禁止参与金银交易。

从 13 世纪末开始，里亚尔托办事处的金银官员逐渐接管了对进口金银的监管工作。所有进口商，包括威尼斯人和外国人，如果进口的金银超过一定数额，都必须立即向办事处进行申报登记，未经登记的金银不得出售。具体到德国商人，流程如下：抵达威尼斯后，他们首先向威斯多米尼申报所有的金银，然后通过商馆向里亚尔托办事处申报。为确保申报的数量和价值一致，1339 年，威尼斯四十人议会规定商馆的威斯多米尼必须将德国商人的白银装入密封袋，并由其经纪人亲自护送到里亚尔托办事处进行交接。其他外国进口商通过海关官员进行申报，威尼斯本地进口商则自行处理申报事宜。

在申报登记时，里亚尔托办事处会对金银进行化验。对于黄金而言，只有在被铸造成形后，才能接受化验。威尼斯官员在里亚尔托市场的桌子上使用国家提供的试金石来检验黄金的成色。如果黄金成色低于 98%，无法通过试金石化验，则必须先进行精炼，铸成块，并装入皮袋送至化验处。化验结果将以书面形式被记录下来，并加盖国家印章。对于白银而言，它无法像黄金一样在现场通过试金石确定成色，必须通过灰吹法检测，且需在严格控制的条件下进行。因此，办事处人员通常只称白银的重量，并检查银块上是否有纯度印记或其他标志，以确定其产地和成色。

然而，在 1295 年，白银的申报程序变得更加严格。除了威尼斯格罗索，任何人携带超过 2 马克（0.48 千克）的白银进入威尼斯，都必须在办事处进行称重登记，里亚尔托办事处的工作人员会将称重和化验的结果报告给税务机构。到了 1358 年，威尼斯颁布法令规定，在拍卖会上出售或送往铸币厂的白银必须达到一定的纯度标准，并盖上圣马可印章，同时记录其数量。

除了登记、称重和化验，里亚尔托办事处还负责记录所有权的变更，即追踪金银的去处，确保对每盎司（ounce）金银的来源和目的地都有清晰的记录。办事处每周会向税局报告所有银块和硬币的交易数量，以及买卖双方的姓名。

14 世纪，进口黄金的典型买卖流程如下：德国商人将黄金带到威尼斯，办事处对金块进行化验后，向德国商人开具收据，表明其成色和重量。这时黄金本身存放在办事处的金库中。接着，德国商人将收据交给主持拍卖的德国商馆的威斯多米尼。拍卖结束后，威斯多米尼凭收据到办事处提取黄金，每张收据背面都记录着德国卖家的姓名、买家的姓名及商定的价格。

相比黄金，对白银买卖的登记检查更烦琐。每个参与白银交易的威尼斯人都需开立官方交易账户，由负责白银交易的官员随时更新，并每月与个人的交易记录进行对账，以确保没有隐瞒交易。1354 年，由于大量白银被非法出售和走私出威尼斯，导致铸币厂因缺少白银而停产。为此，四十人会议决定采取强有力的行动，下令扣押和没收任何未经记录和未向负责白银事宜的官员报备而私下销售和出口的白银。

此外，该办事处还负责检测货币兑换商使用的天平的准确性，并向当局报告任何欺诈行为。铸币厂也需使用办事处提供的砝码，并定期接受检查。14 世纪初，该办事处还负责处理剪切币和仿制币问题。

除里亚尔托办事处，铸币厂在金银监管方面发挥了越来越重要的作用，且铸币厂厂长的权力有扩大的趋势。1298 年，铸币厂厂长被授权检查里亚尔托办事处的工作。化验员和司称员需向铸币厂厂长提交关于金银出售数量和去向的书面报告。

🐉 三、进口金银的需求管理

进口商将金银运到威尼斯后，需求不同的买家会购买这些金银。第一类买家是代表政府需求的铸币厂。在某些时期，政府会规定铸币厂收购金银的数量和价格。例如，1284 年，威尼斯开始铸造金杜卡，黄金供应因此变得非常重要。为保障铸币厂的黄金供应，威尼斯规定德国商人在里亚尔托办事处对金块进行检验并盖上国家印章后，将金块带到铸币厂按固定价格出售。

对于白银，政府最典型的干预发生在 1332 年，当时规定进口商必须将所有进口白银的 1/5 按固定价格出售给铸币厂用于铸造银币。1343~1350 年，这一比例减少至 1/10。1417 年，由于市场上白银供应充裕，这一规定被完全废除。[①]这与同期的热那亚和佛罗伦萨形成鲜明对比，这些城市的铸币厂主要为金银商人提供铸币服务并收取费用，而威尼斯铸币厂代表国家在金银市场上发挥了更积极的作用。

然而，铸币厂厂长并不总是被允许直接从外国进口商处购买金银的。早在1278年，铸币厂厂长便被禁止直接从外国进口商处购买金银。14世纪早期，进口商可以将金银卖给铸币厂，但前提是他们在抵达威尼斯后五天内将其交付给铸币厂，并接受铸币厂的既定价格。如果进口商不能与铸币厂厂长就价格达成一致，或希望在较短的时间内收到付款，威斯多米尼会亲自将金银运到里亚尔托办事处，在那里进行每天两次的公开拍卖。1420年，白银进口商可以自由选择出售白银的方式。

在不同时期，铸币厂厂长在威尼斯金银市场的参与程度也不同，且对白银市场的参与程度高于黄金市场。在威尼斯筹备铸造第一枚金币的过程中，以及在1284年之后的几年里，铸币厂会派人到市场上用大议会拨付的银币购买金块。几年后，这种做法已不再必要，进口商或从进口商处购得金块的威尼斯人会直接将金块带到铸币厂，铸币厂会按照法定价格铸造这些金块，并将铸造所得的金币或类似的金币支付给他们。

直到1353年，铸币厂厂长才被要求按照法律规定的价格将所有提供给他们的白银铸造成银币。在此之前，银币的生产数量

---

① Alan M. Stahl, *Zecca : The Mint of Venice in the Middle Ages*, The Johns Hopkins University Press, 2000, p.51.

主要取决于白银供给商的选择，他们决定将多少银锭铸成银币，多少银锭直接运往海外。同时，政府的选择也影响银币的生产数量，二者的供需决策共同决定了铸币厂对白银的报价。

第二类非常重要的买家是中间商，包括货币兑换商、银行家和其他从事金银贸易的商人。通常情况下，铸币厂也是从威尼斯的中间商那里获得大部分金银供应。货币兑换商的典型形象是坐在小板凳上，面前摆着一个桌子，上面放着秤和登记簿。在威尼斯，货币兑换商主要聚集在两个地方：一是在圣马可钟楼下面，这里不仅靠近铸币厂，还能很好地满足游客和朝圣者的货币需求，货币兑换商可以随时向游客提供铸币厂新生产的威尼斯硬币。二是在里亚尔托桥附近，靠近金银称重处、化验办事处及国库，其中前者有专家随时称重和评估金银成色，后者是银行家存放现金的地方。

需要说明的是，在威尼斯，外国进口商在进行金银买卖时会受到一些限制，即必须向威尼斯人出售他们的金银。实际上，进口金银的威尼斯人买家主要来自贵族阶层。14 世纪中期，为了避免威尼斯货币兑换商和银行家垄断金银市场、人为压低价格，威尼斯规定白银买家需支付现金，并且支付时必须有负责白银事宜的官员在场。1356 年，威尼斯当局进一步要求，禁止任何人代表他人购买未加盖印章的白银，并禁止任何企业或团体购买加盖印章的白银。为了让白银的销售更加公开化，1356 年，大议会决定，所有数量超过 10 马克的白银运入威尼斯经提炼后，必须在里亚尔托市场进行公开拍卖。拍卖会上的竞价是进口商在威尼斯获得最佳价格的保证。

此外，除了提供给铸币厂、货币兑换商、银行家和其他从事金银贸易的商人，这些进口金银还有一个重要用途，即满足威尼斯当地的消费需求。因此，第三类重要的金银购买者是用黄金镀银、制作珠宝和宗教物品的金银匠。其中，大量金银被用来制作餐具，因为在中世纪的威尼斯和其他地方一样，用白银和黄金制成的碗碟和杯具不仅能在使用时彰显地位，还可以作为财富储备，在必要时可重铸为硬币。在货币兑换商出现之前，金银匠已经存在。最初，他们的业务范围仅包括加工金、银、珍珠和宝石。他们不仅加工和制作顾客提供的金银，还从其他商人那里购进金银，以制成商品出售。为了便利银匠开展工作，1347年，威尼斯当局规定，金银匠如果购买重量不超过2马克的白银，无须登记和申报。

🎴 四、金银的出口

在那些购买金银的商人中，有些是出口商。他们购买金银是为了将硬币或金银块运往海外。这些出口商的需求量在许多时期超过了铸币厂的需求量。许多银锭或银条在盖上圣马可的印章保证其纯度后，便被运往黎凡特和北非，卖给那里的铸币厂。在威尼斯开始铸造金杜卡特之前，许多未加工的黄金被运往阿普利亚和西西里，用于购买小麦和其他食品，并可能被制成当地使用的金币。

在某些时期，威尼斯政府对向黎凡特运送银块的支持超过了对维持铸币厂生产活动的支持。例如，在1290年，威斯尼大议会曾一度禁止铸币厂厂长购买白银。大议会规定，所有进口白银需精炼成与格罗索相近的纯度。这些白银在得到铸币厂厂长认证后将被拍卖，就像精炼的黄金被政府官员拍卖一样。如此一来，威尼斯出口商便能在市场上获得充足的金银供应。

一般情况下，威尼斯商人可以自由地出口从外国进口商那里购买的金银块。他们也可以将这些金属拿到金银匠那里制成饰品，或者带到铸币厂打造成钱币。然而，可以肯定的是，这种自由会受到某些限制。1269 年，威尼斯颁布了一项新的黄金出口限制，规定无论是威尼斯人还是外国人，黄金出口纯度要达到 23 克拉。1272 年，威尼斯禁止向法国出口金银块，这一规定不仅阻止了金银块从威尼斯流向法国，还迫使那些在法国购买布匹的威尼斯人将货物带回威尼斯，而不是直接运到黎凡特。1429 年，随着巴尔干半岛白银供应的大规模减少，威尼斯取缔了未铸造白银的自由贸易，强调所有白银必须提交给铸币厂进行铸造。

尽管对白银出口的限制不断变化，但总体上威尼斯商人有很多机会将白银通过海路将白银出口到任何地方。然而，如果他们希望通过陆路将白银带出威尼斯，则必须在铸币厂将其中 1/4 的白银铸成硬币，并支付铸造的人工成本。对于外国人来说，无论是通过海路还是陆路，将金银从威尼斯运出大多会受到一定的限制。1315 年，外国人被禁止出口新的格罗索银币，但威尼斯人可以出口这些钱币，只要他们持有许可证并通过海路前往海湾以外的地区。然而，1417 年，威尼斯允许外国人通过陆路和海路出口银条和银币，但这种情况较少见。

与威尼斯相比，英国对金银出口的限制更加严格。直到 1663

年，英国才允许出口硬币或金银块，并要求在海关登记。事实上，英国的做法在当时非常普遍，因为在中世纪和近代早期的欧洲，出口金银往往被视为国家财富的流失。各国都欢迎进口金银块，但几乎所有国家都禁止出口未铸造的金银。即使在今天，许多历史学家仍将金银外流视为经济衰退的标志。

然而，在中世纪的威尼斯，金银块和硬币的出口通常被认为是有利的。大议会甚至会采取专门措施来促进金银出口。实际上，威尼斯的经济政策与 17 世纪发展起来的晚期重商主义思想非常相似，他们没有对贵金属出口表现出恐慌。对于威尼斯而言，中间商的收入源自大量的交易，通过低价买入高价卖出赚取差价，而金银也被视为一种商品，出口金银同样可以赚取差价。正是由于威尼斯的金银市场非常自由，金银进出威尼斯的方向和数量能够根据市场供求关系的变化而自由波动。

第三节
铸币厂的设立与管理

一、铸币厂的设立

铸币厂在威尼斯近千年的政治和经济生活中发挥了重要作用，是威尼斯崛起于地中海并成为欧洲主要海上和陆上商业强国的关键因素。早期，威尼斯铸币厂主要生产银币，被称为"moneta"（莫内塔），其名称源自罗马神话中的女神"Juno Moneta"（朱诺·莫内塔）。在罗马神话中，朱诺·莫内塔是资金的保护者，古罗马的钱币就是在她的神庙中铸造出来的。后来，"moneta"一词成为"money"（货币）和"monetize"（赚钱）的词源。在中世纪，"moneta"一直保留着"money"和"die"（模具）的含义，并经常出现在铸币上。1284年，威尼斯引入了金币杜卡特，此后金币铸币厂在官方文件中被称为"zecca"，这个词源自阿拉伯语名词"sikka"，意为"模具"。1290年，"zecca"这一名称开始用于银币铸币厂。

威尼斯的第一座铸币厂可能是专门用于生产特定银币硬币的临时机构，其成立日期尚不确定，据推测，在9世纪应该已经开始运营。在1200年之前，可能的一个厂址位于圣巴托洛梅奥教区，即圣巴托洛梅奥教堂和圣萨尔瓦多教堂之间的运河沿岸。这个地点与里亚尔托市场隔河相望，据称其自"远古"时期就一直是铸币厂的所在地，甚至可能是当地第一枚硬币——以"虔诚者"路易的名义发行的加洛林银币的生产地点。[①]

1112年，早期的铸币厂关闭，迁至圣马可广场东部，位于总督宫殿对面，原铸币厂所占的土地则被卖给了私人买家。12世纪中期，威尼斯铸币厂曾有一段时期停止铸币。在此期间，维罗纳的铸币似乎被用于当地交易，而拜占庭的硬币被用于长途贸易。直到维塔莱二世·米歇尔统治时期（1156~1172年），威尼斯的铸币活动才得以恢复，并首次发行了公爵铸币。随着12世纪末格罗索的面世，铸币厂的生产活动显著增加。

---

① Alan M. Stahl, *Zecca*: *The Mint of Venice in the Middle Ages*, The Johns Hopkins University Press, 2000, p.8.

在威尼斯引入金币杜卡特后的 1284 年，原铸币厂大楼内专门设立了一个类似现有银币铸币厂的金币铸币厂，或更确切地说是金币制造车间。这个金币铸币厂在官方文件中被称为"zecca"。1290 年，"zecca"这个名称被用于银币铸币厂。1291 年，铸币厂大楼经历了一场大火，用来制造坯料的工作室被烧毁。在修复和重新布局生产设施的过程中，威尼斯当局对原有铸币厂建筑的大门和阳台进行了改造。

随着时间的推移，威尼斯的规铸币模不断扩大。1319 年，铸币厂所在的建筑被认为太小、太拥挤。因此，铸币厂进行了扩建，将楼层增至三层。此外，与铸币厂相邻的一部分船厂也被用来扩建铸币厂。在随后的几个世纪中，威尼斯为母城和殖民地发行的硬币都集中在这座建筑中铸造。然而，由于金属精炼会产生大量有害的气体，所以大部分精炼工作是在其他地方进行的，有些甚至远至朱代卡岛。

1532 年 7 月，威尼斯铸币厂再次遭遇火灾。在重建过程中，威尼斯当局非常重视建筑的安全性问题，这是因为自 1528 年开始，铸币厂开始接受私人存款，因此提高铸币厂的安全性尤为必要。于是，1535 年 12 月，负责国家安全事务的十人议会决定，新建筑全部采用石拱顶，避免使用木梁。随后，重建工作于 1536 年 3 月正式开始，新建筑由著名建筑师雅各布·桑索维诺设计，最终于 1545 年完工。为筹集 5000 杜卡特的建厂资金，威尼斯十人议会批准以每人 50 杜卡特的价格释放塞浦路斯的奴隶。

1797 年，拿破仑占领威尼斯，威尼斯共和国灭亡。尽管如此，铸币厂仍继续生产硬币，直到1852年奥地利统治时期停产。随后，这座建筑被改建为商会所在地，从1872年一直使用到1900年。自1904年以来，这里一直是威尼斯马尔恰纳图书馆的主要构成部分。

二、管理体制

中世纪，威尼斯拥有独特而复杂的政府结构，且经过数个世纪的发展演变，其行政管理体系兼具寡头政治和共和政治的元素。金银的销售、提炼和制造涉及国内生活的多个方面，包括个人和银行的财富，以及国家的财政收入。因此，管理铸币厂的生产活动和其他相关的货币事宜是威尼斯行政管理部门的重要职责之一。在中世纪的威尼斯，国家垄断了货币的生产，并将生产集中于威尼斯铸币厂。

在探讨铸币厂的监管主体之前，有必要简要介绍威尼斯行政管理体制的关键组成部分，包括总督、大议会、参议院、四十人议会和十人议会。其中，总督是威尼斯共和国的名义上国家元首，终身任职，其名字出现在硬币、司法判决和致外国政府的信件上。历任总督一般来自几个贵族大家族，但通过多轮抽签选出，以防止单一家族独揽大权，其权力受到共和国各种议会和法律的限制。

大议会是威尼斯的主要立法机构，由所有登记在册且年龄在25岁以上的男性贵族成员组成，负责制定重大决策，通过法律选举各类官员和组建行政机构，包括总督、小议会、参议院、四十人议会和十人议会。该机构最初由大约400名成员组成，但在 1297 年后，其规模大幅增加，直至 1527 年达到了 2746 人。

参议院主要负责处理外交政策、金融、贸易和军事事务，同时具有立法职能和司法管理作用。其成员包括地方长官、外交官和其他高级官员，部分成员由大议会选举产生。到 15 世纪初，参议院的成员已超过 100 人。最初，参议院的权限仅为与商业和航海相关的立法，但在 14 世纪，其职能范围逐渐扩展，被视为共和国最有权势和最具影响力的机构，负责制定威尼斯发展的战略方向。

四十人议会是威尼斯拥有最大司法权力的机构，负责最高法院的法律和政治职能。其成员由大议会选出，负责裁决法律纠纷并确保司法公正。议会内部进一步选出三名主席，领导三个独立的委员会，处理刑事、民事和上诉等不同方面的法律事务。

十人议会对威尼斯国家安全事务拥有广泛的管辖权，其成员包括总督、六名内阁成员，以及三名来自大议会的成员。成员任期一年，不得连任。十人议会最初是为了处理国家安全和刑事司法事务而设立的，特别是处理叛国和阴谋案件。随着时间的推移，十人议会逐渐对其他国家治理方面的事务施加影响，成为寡头贵族的核心圈子之一。

除此之外，还有一些其他机构和官员负责具体治理事务，这些机构和职位通过选举产生，通常由贵族轮流担任。例如，在 14 世纪中叶开始出现的专家委员会，旨在协助威尼斯共和国领导层起草立法，并提交至威尼斯参议院、四十人议会或大议会。在 14 世纪晚期，威尼斯实际上的内阁——全体委员会（Pien Collegio）走上政治舞台，并在接下来几个世纪中影响力不断扩大。全体委员会由威尼斯总督、六名总督顾问、三名四十人议会主席，以及三个专家委员会成员组成。

13 世纪，关于金银贸易监管的大部分立法由大议会通过，其中包括设立铸币厂、规定银锭和银币的成色，以及有关贵金属的进口、提炼和拍卖等法案。在 1297 年后，随着威尼斯大议会成员数量的大幅增加，大议会逐渐将制定金银市场调控政策的权力下放给其他机构。

在此背景下，参议院具体负责制定有关进出口金银的立法，包括关税的确定和变更，在整个中世纪，这似乎是参议院的专属权限。四十人议会则负责铸币厂高级职员的选举并制定有关铸币厂运作的规章制度，以及金银的化验和检测事宜。与此同时，四十人议会还负责决定铸币厂的生产规模和金银的采买数量，铸币厂的员工人数和备用模具的数量，并指导日常经营活动。为了监督铸币厂的运营情况，四十人议会专门成立了一个小组，该小组由三名议会成员组成，负责每周视察铸币厂的生产活动。

随着贵金属的进口、销售和生产在威尼斯的经济发展中发挥的作用越来越重要，对相关部门的管理水平和知识水平的要求也越来越高，于是，在 14 世纪中叶，威尼斯当局往往针对具体货币问题成立一个专家委员会，由专家委员会针对具体问题展开调查，然后向议会提交报告，给出政策建议。在随后的几十年中，大多数与金银政策、硬币标准和铸币厂生产程序有关的重要立法都是由专家委员会制定的。1360 年，四十人议会成立专家委员会负责调查杜卡特的出口问题。

1361 年，参议院的管辖权扩大。大议会将有关货币和银行事宜的管辖权从四十人议会手中转移至参议院。同时，参议院接管了德国商会和兵工厂。从这时起，有关钱币标准变更的决定都由参议院作出。同时，参议院仍负责制定有关金银进出口和国内销售的法规。为处理特殊的货币问题，参议院成立了自己的专家委员会。然而，值得一提的是，在14世纪结束前夕，对铸币厂生产活动的监管和高级职员的选举仍由四十人议会负责。

三、组织架构

在中世纪的威尼斯，国家垄断了铸币权，从未将铸币的生产私有化或外包，而是由国有企业威尼斯铸币厂负责集中供应铸币。威尼斯铸币厂的长期雇员主要包括铸币厂厂长、司秤员、文书、精炼师、刻模师和铸币工等。其中，铸币厂厂长、司秤员、文书属于高级职员，由议会或总督任命。铸币厂厂长只能通过民主投票雇用初级员工，如铸币工和其他半熟练工人。而精炼师、刻模师等专业职位的员工的雇用条件和工资水平，需接受政府的审查和监管。除了精炼师可以是外国人，铸币厂的其他所有员工必须是威尼斯本地人。1280~1300年，铸币厂的总员工约为100人，其中包括5~6名管理人员、5~12名精炼师，以及70~100名工匠师傅，还有10~30名学徒。[①]

铸币厂厂长由特定的议会选举产生，通常具有贵族身份，

---

① Alan M. Stahl, *Zecca : The Mint of Venice in the Middle Ages*, The Johns Hopkins University Press, 2000, pp.369-371.

任期为一年或两年，负责铸币厂的日常经营。在特定时期内，铸币厂厂长不是由一人固定担任，而是由一个团队的成员轮流担任，以相互监督。每个铸币厂厂长团队通常由 2~4 人组成，其中当值厂长被视为首席厂长，负责检查和监督从金银购买到运送至精炼部门，再到钱币制作的每个工序。首席厂长还需确保金银在每次转手时都进行称重和记录。其他厂长则承担辅助角色，如将金银送去冶炼和负责出售铸币的副产品等。每次轮值的时长在不同时期有所不同，通常为 2 周至 2 个月。这种轮值制度旨在确保铸币厂的管理和监督具有连续性和透明度，防止权力集中和滥用。

铸币厂的司秤员由特定的议会选举产生，主要负责在生产的各个阶段对进出铸币厂的金银块和硬币进行重量和纯度的检验，并记录在册。威尼斯当局明确禁止铸币厂的司秤员与厂长有任何亲属关系。1412 年，金币铸币厂有两名司秤员，而银币铸币厂只有一名司秤员。当铸币厂首席厂长购进金银块后，必须首先将其交给司秤员进行称重和记录。当其他辅助厂长将金银块交给精炼师冶炼时，也必须有一名司秤员在场，负责记录精炼前后金银块的重量，并确认得到的金银纯度足够高，可以用来打制特定硬币。接下来，精炼后的金银将被制作成空白币坯，在交接坯料时同样也须有一名司秤员在场。司秤员将对币坯进行抽样检查，确认其重量符合标准。此外，司秤员还负责监督铸币厂的工作。如果他们发现铸币厂有任何不当行为，应在三天内通知厂长；如果厂长未对问题作出回应，司秤员则应将问题直接提交给国家检察官。

铸币厂的文书扮演着关键角色，类似于现代公司的财务主管。他们由总督直接任命，并直接对中央政府负责。文书的主要职责是记录账目，监督铸币厂厂长的工作。他们负责记录铸币厂所有资产的信息，包括金银块和铸币的数量、精炼后得到的金银币的数量、罚款收入、其他副产品的销售收入等。自 1349 年起，文书被要求准备两套记录：一套送往总督府，另一套送往直属主管部门，以便与铸币厂厂长上交的账目进行对照。1395 年，金币铸币厂的文书被要求每两个月在议会上公开宣读，并报告铸币厂的运作是否得当。

从上述描述可以看出，在铸币厂的三类高级职员中，司称员和文书对厂长和铸币厂的生产经营具有监督职责，首席厂长和辅助厂长之间也相互制约，形成了有效的内部控制机制。这种安排是为了防止铸币厂厂长利用职权牟取私利。厂长还受到多项限制，如禁止出国经商、进行白银投机、参与外国铸币活动、接受礼物、利用职务囤积良币等。为了加强对铸币厂运营的监督，四十人议会还专门成立了一个小组，由三名议会成员组成，负责每周视察铸币厂的生产活动，确保其按照规定进行。

除了上述的监督机制，对铸币厂厂长最重要的监督手段是账目审计制度。铸币厂必须向上级管理机构提交三类账目报告。首先是厂长定期向上级官员提交的报告。每位首席厂长在轮值结束后需提交书面任职报告，详细列出任职期间的所有交易情况；同时，其他辅助厂长需报告铸币厂出售木炭或铜等副产品的收益。其次是铸币厂所有高级管理层共同编制的半年度账目报表。在年中和年末，铸币厂的所有厂长和司称员一起对铸币厂加工的所有金银及从中获得的所有铸币税进行全面核算，并上交实际利润给国家商务处。最后是由厂长和其他高级管理层记录的账簿及其副本。在中世纪的威尼斯，所有经手货币的官员都必须记账，记录所有交易。为了加强审计监督，威尼斯议会在 1385 年选出两名审计员，专门负责审查铸币厂厂长及其他高级管理人员的账目记录的真实性和准确性。

四、货币的伪造

对于铸币厂来说，货币的伪造是面临的最大挑战之一。尽管硬币可能因筛选和剪裁而使其重量低于法定标准，但这些情况对于消费者来说相对容易识别，并且可以通过称重进一步甄别。然而，假币通常以官方铸币厂发行的硬币为基础进行伪造或变造，其金属含量较低，极易与真币混淆。如果假币大规模流入市场，则可能会引发货币市场动荡，消费者会怀疑铸币厂未按公开标准铸造硬币，从而损害公众对国家货币体系的信任。即使假币被发现，它们也会严重破坏经济秩序，因为假的"坏"币会将铸币厂生产的"好"币逐出流通领域，导致经济不稳定。

中世纪，为应对假币的威胁，威尼斯政府和当局采取了多种监管措施来防止和打击假币的制造和流通。其中，币图的一致性是官方铸币厂发行的硬币的基本特征。为了确保这一点，铸币厂对模具的雕刻、使用和保管制定了严格的规范。威尼斯铸币厂只能使用由官方刻模师雕刻的模具，这些刻模师由政府支付工资，并受到严格限制，不能未经厂主批准私自出国，即使允许出国，时间也受到限制。铸币厂厂主直接从刻模师处获取新雕刻的模具，并亲自负责销毁任何因磨损过度而不能使用的模具。

为了防止金币杜卡特的模具被盗窃，1402年，四十人议会要求铸币厂厂主详细记录每个模具被分配给哪位铸币师使用，并在每天晚上归还模具时进行登记。闲置的模具必须存放在只有铸币厂厂主持有钥匙的保险箱中，以确保安全。

为确保货币的生产过程严格保密和安全，除制定详细的货币管理法规外，威尼斯还颁布了严格的法律，对假币的制造和使用者施以严厉的处罚，以震慑潜在的违法者。在这方面，威尼斯历任总督都采取了坚定的立场。

1232年，总督雅各布·提埃波罗宣布，被发现制造假币的人将面临砍掉一只手的刑罚。1275年，总督雅各布·康塔里尼宣布，无论假币制造者是在威尼斯本地还是国外被捕，都将被处以火刑。1326年，货币兑换商多纳托·博比索因涉嫌经手伪币而被处以罚金。1338年，面对大量索第诺仿制币的涌入，威尼斯四十人议会下令没收假币，并对持有者处以罚款。1359年，五名铸币厂员工盗取了图尔内塞洛的模具并制造假币，被发现后，主犯被公开处以火刑，帮助他制造坏币的同伙则失去了左眼和右手。

此外，为了加大对伪造行为的防范力度，威尼斯铸币厂在生产铸币时采用了一些特殊的设计和技术手段。例如，通过使用暗记、变换币文的断句位置、调整背面星形标记的个数和排列方式等，有效地减少了假币的出现。这些措施共同构成了威尼斯对抗假币活动的综合战略，旨在维护其货币体系的稳定和公信力。

第四节
货币的生产

一、货币的生产过程

在中世纪的威尼斯，货币的生产标准包括统一的尺寸、重量和币图设计。然而，尽管有这些标准，我们却时常发现，即便是相同类型的钱币，在重量和直径上也常常存在差异。这是因为威尼斯的铸币通常是由工匠用锤子逐个敲打生产出来的，而非现代的机器铸造，每一枚钱币的重量和直径受到制作者技艺、力道及习惯的影响，因此难以找到两枚完全相同的钱币。

事实上，公元前289年，罗马共和国在最初生产青铜阿斯币时，采用的是浇铸法。这种方法涉及将金属熔化成液体后倒入模具，冷却后形成钱币。当时的阿斯币个头非常大，重量相当于1罗马磅，即约327克。随后，阿斯币的重量逐渐减轻，在公元前211年时已降至1/6罗马磅，即约54.5克。从这时开始，阿斯币的生产方法由浇铸改为打制，这一传统一直延续至中世纪的欧洲。除了生产大型纪念章，普通的货币多采用锤击方式制成。

然而，与古罗马铸币的典型特征——高浮雕和厚币坯不同，中世纪威尼斯、佛罗伦萨和法国等西欧国家的铸币普遍采用低浮雕和薄币坯的制作技术。因此，尽管重量相同，西欧铸币的直径常常较大。例如，一枚罗马奥里斯金币（aureus）和一枚英国诺波尔金币（noble）的重量可能相近，但诺波尔的直径是奥里斯的两倍。

威尼斯铸币厂的主要任务是将金银块转化为硬币。整个生产过程主要包括三道关键工序。第一道工序是精炼，目的是通过去除杂质和不需要的物质（主要是铜）提纯贵金属。铸币厂获取的币材主要来源于金银锭和旧铸币。司称员首先对币材进行称重，然后辅助厂长将其交给精炼师进行冶炼。金银锭达到规定的纯度标准后被浇铸在模具中，冷却凝固后形成金锭或银锭。每个精炼师都需在其精炼的铸锭上打上个人标记，随后由厂长和司称员进行检验，最后打上圣马可的戳记。

第二道工序是将金银锭加工成空白币坯，这一过程在多个生产车间中完成。13 世纪，生产车间的数量为 8~16 个，每个车间有一个主管，管理约 8 名工匠，大家共同使用一个熔炉，并对所生产的币坯质量负责。如果生产的币坯不符合标准，所有工匠都将面临罚款。车间主管的任命由铸币厂厂长和司称员负责。

具体而言，空白币坯的生产流程如下：首先，铸币厂厂长将一定数量的铸锭分配给每个生产车间。这些铸锭被锤击成片状，然后切成方块，最终剪裁成圆形，形成所需的币坯。其次，这些币坯可能比成品硬币的标准重量稍重，因此需要交给校正工进行重量调整。对于低面值的钱币，如皮科洛和铜币，则不需要进行重量校正。最后，将币坯进行煅烧，从而软化金属，以便印上币图。对于银币，还需对币坯表面进行处理，使其更加光亮。

第三道工序是将铸模上的币图印在空白币坯上。负责这一工序的工匠被称为铸币师或锤击工。他们使用由铸币厂厂长提供的模具，将空白币坯放置在砧模（下铸模）和冲模（上铸模）之间。

这三者通过夹具牢固固定在一起，确保硬币两面的图像对齐。砧模的底部是尖的，可以固定在木桩上，上面部分则露出在外。砧模的末端刻有硬币的正面币图，冲模的末端则刻有硬币的背面币图。这一工序需要两名工人相互配合：一名工人负责将币坯放入模具并夹紧，另一名工人用锤子敲击模具，在币坯上留下币图。打制完成后，车间主管会检查币图是否居中。任何不合格的硬币，将会被切割并送回重铸。

二、铸币税

铸币税是政府发行货币时获得的利润。它是货币面值与生产成本（包括原材料成本和铸造费用）的差额。具体来说，铸币厂以一定的价格购入金银块（原材料），然后按法定标准将其制成硬币。硬币的价值减去购入原材料的价格和铸造费用后，剩余部分即构成铸币税。本质上，铸币税是一种政府收入形式，使其无须提高税收或借款即可为各种支出筹集资金。铸币税的英文表达是"seigniorage"，来源于古法语"seigneuriage"，意为"领主（seigneur）铸造货币的权利"。从词源可以看出，铸币税本质上是一种税收，其征税的依据是政府拥有铸币的特权。通过降低公众的购买力，铸币税实际上向公众征收了一种隐性的通货膨胀税。

中世纪的威尼斯，即使作为一个商人共和国，也依然有征收铸币税的传统。实际上，铸币税通常包含在金银供给商支付给铸币厂的广义铸造费用中。例如，15世纪，金银供给商将一定数量的金银块送到铸币厂，并支付一定的铸造费用，将这些金银铸成的硬币。这里的铸造费用不仅包括实际的铸造成本，还包括铸币税，即政府的收入。威尼斯政府严格控制铸币流程，确保只有官方铸造厂能生产钱币。通过这种垄断地位，威尼斯铸币厂可以确定生产成本和钱币价值，从而确保铸币税的利润。同时，作为东西方贸易的主要枢纽，威尼斯的巨大交易量增加了对硬币的需求，从而进一步提升了威尼斯硬币的价值和接受度。随着这些硬币在贸易中的流通量不断增加，威尼斯能够持续铸造新硬币，从中获得稳定的铸币税收入。

据估计，金币杜卡特的铸币税收入占货币价值的 0.4%。对于银币格罗索而言，1423 年的铸币税收入占货币价值的 0.67%。[①]尤其是在 1368~1415 年，威尼斯在希腊领地大量发行含银量极低的"黑币"图尔内塞洛。由于该币的实际含银量显著低于其理论价值，这为威尼斯带来了可观的铸币税收入。

然而，中世纪，铸币税的高低不仅关乎国家的财政收入，还会影响国家的金银供应，是决定硬币或金银块流动方向的重要因素之一。高额铸币税可能阻碍个人将金银带到铸币厂。人们可能会选择囤积这些金属，或者以原始形态进行交易。此外，高额铸币税可能会导致人们更多地使用外国硬币，从而减少对本国铸币的需求。

特别值得注意的是，铸币税、贵金属的流动和贸易收支状况之间存在关联。对于贸易顺差的国家而言，降低铸币税率可以促进金银流入，成为一种激励措施。相反，对于贸易逆差的国家，即

---

① Frederic C. Lane, Reinhold C. Mueller, *Money and Banking in Medieval and Renaissance Venice : Coins and Moneys of Account（Vol.1）*, Johns Hopkins University Press, 1985, p.198.

便通过降低铸币税以降低综合铸币成本，也难以吸引贵金属流入。这是因为贸易逆差国家的商人更倾向筛选出质量最佳的硬币进行出口，而不会主动进口硬币。在这种情况下，较高的铸币税能够阻碍优质硬币的外流，从而有助于维持国内货币供应量的稳定。

高铸币税之所以能够阻碍硬币的出口，是因为它扩大了硬币的交换价值与其所含金属价值的差异。一般来说，硬币比金块更有价值，这就像相同重量和纯度的金银首饰比金块更贵一样。同时，硬币和金银块价差的大小也取决于对硬币的需求。虽然金银块对于出口和囤积而言是更好的选择，但硬币作为法定支付媒介，在支付时更受欢迎。因此，总的来说，硬币的交换价值总是高于其所含金属的价值。高额的铸币税进一步扩大了铸币厂为金银块支付的价格与用这些金银打制的硬币的法定价值的差异。

当商人为出口筛选优质硬币时，必须计算这些硬币所含金属的实际价值。这是因为在海外销售时，外国铸币厂或货币兑换商会忽略这些硬币的法定价值，而将其当作金银块对待，并根据其所含金属的价值报价。如果国外铸币厂与本国铸币厂在购买金银块时的报价相差不多，出口商将没有动力出口硬币。为了使出口有利可图，外国铸币厂或国际市场上金银块的报价必须高于国内铸币厂的报价，以覆盖所有费用，包括铸币税、运输成本，以及走私的风险和成本。因此，国内铸币税越高，国外铸币厂需要给出越高的报价，才能吸引人们将贵金属转移到国外。

三、重量标准

1391 年 5 月 30 日，有人向威尼斯参议院提交了一份议案，指出人们在使用新发行的索第诺时会进行称重，将较重的"良币"筛选出来，而花掉较轻的"劣币"。这不仅会导致流通货币的减少，还会损害国家的声誉，使流通中货币的整体重量和质量水平下降，需要引起当局重视。

在中世纪，虽然不同记账货币的价值及其相互之间的兑换关系由国家法律规定，反映了当时国王或领主的特权，但货币金属主义的影响根深蒂固。对于货币金属主义者来说，货币的价值基于金属的内在价值，与货币的作用无关。例如，金币之所以有价值，是因为黄金本身因其物理特性、稀缺性和需求而具有价值。因此，流通中的威尼斯索第诺之所以会遭遇筛选，正是因为其所含金属的价值大小不一。

同一种硬币的重量不一致可能由多种因素造成，包括硬币生产技术的局限性、硬币的自然磨损和剪切、官方的减重和重铸行为，以及假币的存在。为了维护货币的信誉，威尼斯对这些问题给予了不同程度的关注，并出台了相应的监管措施。

其中，对硬币质量的第一道把关发生在铸币厂，即通过制定铸币厂内部的生产程序，尽量减少硬币在发行时的重量差异。为此，立法机构针对不同种类的硬币设定了不同的出厂重量变化范围。例如，对于金币杜卡特，由于其理论标准重量是每马克黄金生产 67 枚，立法规定铸币厂生产 67 枚杜卡特金币所需的黄金重量应为 1 马克（238.5 克）到 1 马克 2 克拉（238.92 克），即每枚杜卡特的重量应为 3.560~3.566 克。这意味着杜卡特的重量在生产过程中允许的最大浮动范围为 ±0.2%。对于银币格罗索，13 世纪的立法规定其出厂重量需为 2.178~2.185 克，最大浮动范围

为 ±0.3%。

在流通过程中，如果较重的"良币"的金属价值与"劣币"或标准硬币的金属价值的差异足以弥补再次精炼和销售金属的成本，那么筛选硬币的现象会很常见；反之，筛选现象仍然会发生，但其影响不会太大。因此，尽管威尼斯铸币通常采用手工锤击的方法制成，缺乏现代造币技术的精确性，导致单个硬币的重量存在差异，但通过立法规定铸币厂生产的不同种类硬币的重量变化范围，使新币的筛选没那么有利可图。

然而，严格控制出厂银币的重量需要消耗时间和劳动力成本。虽然对于杜卡特和格罗索这种内在价值高且颇具声望的贸易货币而言是值得的，但对于低面值的硬币，这种严密的控制就显得不切实际。威尼斯参议院于 1391 年接到关于索第诺遭遇筛选的汇报后，很快出台了新的规定，要求铸币厂确保每枚索第诺的币坯重量在 0.473~0.481 克。由于索第诺的理论标准重量为 0.481 克，这意味着在标准重量的基础上，索第诺重量的最大浮动范围为 -1.7%。然而，与高纯度的杜卡特和格罗索不同，精确地控制索第诺的重量变化范围在实践中是困难的。因此，新的规定遭到了铸币厂工人的抵制，最终议会不得不将索第诺的重量变化范围调整为 0.451~0.489 克。①

除了出厂控制不严格会导致流通中的硬币重量不一，硬币的剪切也是一个常见的原因。硬币剪切是指将贵金属硬币的一小部

---

① Alan M. Stahl, *Zecca：The Mint of Venice in the Middle Ages*, The Johns Hopkins University Press, 2000, pp.361–363.

分剪下来以获利的行为，即人们可以把剪切下来的碎屑保存起来，积累到一定数量后重新提炼以获利。事实上，个人剪切硬币的行为在一定程度上与政府为了增加流通中货币数量而将硬币中的贵金属替换成更便宜的金属的做法类似，都会导致货币贬值，即硬币所含的贵金属含量减少，但仍按面值流通。

在中世纪，对硬币进行剪切是一件非常容易的事情，人们可以很容易地从硬币的边缘削下少量金属。为了预防这一行为，威尼斯在其所有硬币的边缘都设计了一圈连珠纹，以此确定硬币的外廓。在理想情况下，完整的硬币上的连珠纹边框是没有缺失的，但如果硬币遭遇剪切，将破坏边缘连珠纹，就会被轻易地识别出来。

四、新币的交付时限

新币的交付时限关系到威尼斯铸币厂对外国金银供应商的吸引力。威尼斯铸币厂在铸造和交付不同类型的钱币方面，有严格的规定和程序，以确保货币的质量和及时供应。由于制造工艺、原材料供应和生产规模等方面的差异，不同类型货币的交付时限和要求也不同。

对于银币而言，供应商需要等到他们带来的银块或同一时期获得的白银被打制成银币后才能收到新币。也就是说，白银供应商需要等待一段时间才能拿到用新铸币支付的货款。每位白银供应商按照交付银块的先后顺序领取新铸币。如果轮到某供应商领取铸币时他不在现场，这些属于他的铸币就会被存放在保险库中，直到他前来领取。

1336 年，四十人议会命令铸币厂厂长在其任期内能加工多少白银就收购多少。因此，首席铸币厂厂长在轮职伊始便着手进行银块的收购，并在轮值结束时向供应商支付相应数量的铸币。1349 年，四十人议会规定铸币厂厂长在收到银块供应后，需在 20 个工作日内交付新铸币。然而，受黑死病的影响，铸币厂的运作并不像规定的那样有效率，有时供应商甚至需要等待 4 个月之久才能收到新铸币。①

对于金币而言，金块的供应者可以在较短的时间内收到新币。为了吸引德国人将黄金送到威尼斯铸币厂，1338 年，四十人议会规定，当德国商人将金块带到铸币厂后，厂长必须在三天内支付货款。如果铸币厂厂长没有足够的资金购买所有金块，则可以支取国家专门为此设立的存款。当然，这条规定仅适用于德国商人。如果威尼斯人让德国人帮忙向铸币厂出售黄金以获得立即偿付，那么他将受到惩罚。从安全角度考虑，这种做法还有助于降低铸币厂平时持有的黄金量，从而降低被盗的风险。

15 世纪初，铸币厂的黄金供应商抱怨不能公平且迅速地收到货款。于是，作为金币铸造厂综合改革的一部分，参议院要求金币铸币厂厂长按照收到的金块供应的顺序支付金币。与此同时，铸币厂首席厂长需要在任职结束前的最后一个星期结清所有应付款项。这样一来，金币铸造厂采用了与银币铸造厂相同的支付规则，即厂长在任期开始时收购金块，并在任期结束时交付新币。

---

① Alan M. Stahl, *Zecca：The Mint of Venice in the Middle Ages*, The Johns Hopkins University Press，2000，p.254.

第五章

中世纪威尼斯货币的流通、银行信用与公债

在中世纪，威尼斯的货币流通体系高度复杂且井然有序，其成功不仅依赖自身货币的铸造和管理，还在于有效地应对外国货币的竞争，同时发展出了先进的记账体系和金融机构。中世纪威尼斯的货币体系由三种货币构成，即黑钱、白钱和黄钱。值得强调的是，在中世纪的威尼斯，黄钱和白钱的使用场合虽有所差别，但在很大程度上有所重合，很难划分出清晰的界限，这使套利的发生难以避免。这种情况与5~6世纪的拜占庭帝国有所不同，拜占庭帝国不同层次的货币在经济生活中发挥着不同的作用。面对外国货币的竞争，威尼斯采取了多种应对策略，不仅严格控制自身金银的质量和币值，确保货币的稳定性和可信度，还通过采取货币贬值、限制外国货币在国内市场的流通等手段，以保护本国货币的主导地位。为了促进货币的流通，中世纪的威尼斯逐渐发展出一套先进的记账体系。在研究中世纪威尼斯的货币时，人们很容易聚焦实物硬币。然而，硬币只是货币供应的一部分。在中世纪早期，有多种可转让的物品都是硬币的补充，不仅包括未铸成硬币的贵金属、有价值的商品（如胡椒），还有本质上无价值的代币，如以特殊方式制成的呈四方形的小布块。从12世纪开始，威尼斯开始使用银行信用和公债补充硬币的供应。

第一节
流通中的货币

一、三金属货币体系

13 世纪末，威尼斯已形成了三个层次的货币体系，包括三种由不同金属制成的实物硬币，即黑钱、白钱和黄钱。这种情况一直持续至 15 世纪。

黑钱主要包括贬值的狄纳里、1/2 狄纳里及面值更小的辅币。它们之所以被称为黑钱，是因为主要由铜制成，含银量通常低于 1/5，在流通中会很快变黑。例如，1278 年，狄纳里的重量仅为 0.3 克，含银量不足 20%。到 14 世纪末，随着银荒加深及来自帕多瓦的狄纳里竞争，威尼斯不断贬值狄纳里。1385 年，狄纳里的重量降至 0.23 克，含银量降至 16.1%。1390 年，狄纳里的含银量进一步降至 11.1%。

白钱主要是指高纯度的银币，如格罗索、索第诺和梅扎尼诺。它们被称为白钱，是因为经过反复摩擦后会展现出白色的光泽。格罗索银币于 1194 年首次发行，理论重量为 2.19 克，含银量为 98.5%，直至 1379 年，其重量和纯度基本没有变化。索第诺银币于 1331 年首次发行，尽管最初的含银量只有 67%，但自 1353 年后，新版索第诺的纯度一直保持在 95% 以上，直至 15 世纪这种情况才有所改变。此外，1331~1353 年曾短暂发行的梅扎尼诺银币，最初的含银量为 78%，后来提升至 96.5%。这些银币与狄纳里及其辅币相比，都是高纯度的银币。

黄钱主要是指杜卡特金币。该币的理论重量为 3.545 克，纯度为 99.47%，是中世纪冶金业能生产的最高纯度的金币。自1284 年首次发行直至威尼斯共和国的灭亡，威尼斯杜卡特金币的重量和纯度一直非常稳定。16 世纪初，威尼斯总督莱昂纳多·洛尔丹还发行了杜卡特的分数币，如 1/2 杜卡特，后来的总督相继发行了 1/4 杜卡特及其倍数币，这些金币的纯度与首次发行的杜卡特一致。

从货币的使用来看，高价值的黄钱杜卡特金币广泛用于国际贸易中，在 15 世纪甚至替代了佛罗伦萨的弗罗林，成为国际贸易中的主要金币。与此同时，白钱，尤其是高质量的格罗索银币，作为商业交易的基础货币，也在国际贸易中得到广泛使用。此外，在城市经济中，白钱和黑钱发挥着不同的作用。其中，大额的、高质量的银币用于谷物和食用油等商品的大宗采购，小额的黑钱则在日常生活中用于面包和肉等商品的少量购买。

从理论上讲，多种货币形态同时存在必然导致市场比价（汇率）波动，因为它们的贬值速度不同。如果市场比价与官方规定的固定比价不一致，很容易引发大规模的套利活动，从而对整个货币体系造成巨大压力。

在威尼斯的经济生活中，黄钱和白钱的使用场合虽有所差别，但在很大程度上有所重合，很难划分出清晰的界限，这使套利的发生难以避免。这种情况与 5~6 世纪的拜占庭帝国有所不同。在当时的拜占庭，银币在帝国东部仅用于仪式场合；铜币主要用于地方贸易和日常生活的小额开支；金币则是皇室支付的主要工具，尤其是在君士坦丁大帝进行的货币改革后，被广泛用于流通、储备、税收、纳贡、官员工资支付及国际贸易。由于这三种金属货币的用途相互分开，拜占庭的货币体系在一定程度上隔绝了套利的发生，从而保持了相对稳定的状态。

二、银条

银条是熔铸成条、块等固定形状的白银块。在12世纪初的欧洲，使用银条进行大额支付并不算新鲜事物。到了12世纪60年代，随着新银矿的陆续开采，欧洲的白银总量增加，银条作为大额支付工具变得普遍，就像银币用于小额支付一样常见。到了13世纪，银条继续作为一种常规支付手段存在，硬币只是流通中白银的一部分，而更重要的是作为地方和国际贸易支付工具的银条。直到14世纪30年代，来自匈牙利的黄金大量涌现，导致在欧洲许多地方对银条的使用逐渐减少。在威尼斯，银条的铸造和使用几乎也是在这一时期结束的。

最初，银条是直接从矿石中提炼出来的，并没有任何标记。然而，到了13世纪中期，银条开始被标记以显示其重量和纯度。例如，1273年5月，威尼斯大议会下令，在铸币厂铸造的所有银条上印上银币格罗索使用的图案，即一面是基督，另一面是圣马可。这些标记清楚地表明，这些银条达到了格罗索的高纯度标准。除了格罗索标准的银条，威尼斯还生产了符合斯特林（sterling）标准的银条，这种标准在地中海地区被广泛使用，含银量为92.5%。

"Sterling"一词可能来自古英语中的"steorling"，意为"小星星"，最初用来指诺曼银币狄纳里，因为早期的诺曼狄纳里上印有星星图案。后来，这个术语被用来称呼英国的便士。所以，斯特林的标准纯度与英国便士几乎相同。

威尼斯当局积极鼓励出口银条，大部分出口的银条都是格罗索标准纯度的，由铸币厂生产并加盖标记。这些银条重 3~6 千克，但其含银量逐渐下降，在 1369 年降至 95.2%，在 1422 年进一步下降至 94.9%。

除了地中海地区盛行的斯特林标准纯度和格罗索标准纯度的银条，当时的欧洲还广泛流通其他纯度标准的银条。在黑海地区，使用的是索米（sommi）标准纯度的银条，其含银量为 98%，重量不等。这实际上是一种亚洲标准，因此西方的银条，如地中海地区的斯特林标准纯度银条，需熔化后重新提炼，如在君士坦丁堡郊区意大利商人的聚集地佩拉或加拉塔，使之变成纯度更高的并适合与亚洲进行贸易的新银条。不同重量的索米标准纯度银条被从君士坦丁堡运往黑海地区，再穿过亚洲运往中国，最终在中国的边境被兑换成纸币。威尼斯铸币厂也为黑海贸易铸造了索米标准纯度的银条。

此外，还有一种在北欧盛行的维西伯（wersilber）标准纯度的银条，其含银量为 94%。这一纯度标准可能源自吕贝克的白银，其使用范围覆盖了整个汉萨贸易区。

三、在国外的流通

不同面值的威尼斯钱币在国外的流通范围各不相同，有些钱币甚至是威尼斯为特定地区发行的。即便是某一面值的威尼斯钱币，随着时间的推移，威尼斯的政治和经济地位发生了变化，竞争性钱币的重要性也有所变化，其流通范围也会随之变化。因此，可以按面额逐一分析中世纪威尼斯钱币在国外流通的整体情况。

第一种主要钱币是狄纳里。11世纪早期，威尼斯狄纳里主要在威尼斯城内流通，而在意大利东北部的货币区域，其接受度低于维罗纳的狄纳里。直到1183年，随着《康斯坦茨和约》的签署，威尼斯狄纳里的生产和流通开始与维罗纳狄纳里并驾齐驱，并逐渐超越，在威尼托和弗留利一带广泛流通。

1194年，威尼斯总督恩里科·丹多洛引入了大银币格罗索，同时停止打制狄纳里，直到1268年，威尼斯总督洛伦佐·提埃波罗为了方便威尼斯境内的小额购买而恢复了狄纳里的铸造。同时，在威尼斯城周边地区，特别是在维罗纳和帕多瓦，威尼斯的狄纳里与当地的狄纳里一起作为小面额货币流通。

然而，随着威尼斯在1331年推出新币索第诺和梅扎尼诺，狄纳里的流通似乎受到了限制，甚至在威尼斯城内也是如此。15世纪上半叶，威尼斯为维罗纳、维琴察和布雷西亚等意大利东北部的陆上殖民城市生产新的狄纳里。这些狄纳里与为威尼斯城生产的狄纳里在重量和设计上有所不同，含银量约为11%，重约1/770马克，即约0.31克。

第二种主要钱币是格罗索。从1194年开始铸造到1268年恢复狄纳里铸造之前，格罗索一度成为威尼斯唯一的银币种类。最初，格罗索的发行可能是为了支付十字军的费用，随后用于支付来自东方的进口商品。然而，随着威尼斯在黎凡特贸易中取得主导地位，大量白银以格罗索的形式流入黎凡特，使格罗索很快成为一种记账货币，并沿着亚得里亚海东岸向东地中海北岸传播，在国际贸易中被广泛应用。在阿尔卑斯山、巴尔干半岛和东地中海等地区都可以看到威尼斯格罗索的身影。

格罗索在克里特岛和其他威尼斯殖民地广泛流通，直到索第诺的引入。然而，随着 1284 年金币杜卡特的推出，格罗索在威尼斯货币体系中逐渐处于次要地位。到了 14 世纪 30 年代，金币和较小面额的威尼斯银币开始取代格罗索。面对白银供应短缺，格罗索的铸造在 1356 年被停止，直到 1379 年才再次发行新的格罗索。此后，随着时间的推移，格罗索的流通区域发生了显著变化，它在意大利北部的重要性逐渐下降，在希腊地区完全消失，但在东地中海地区的影响力明显增强。

第三种主要钱币是杜卡特。从 13 世纪到 19 世纪，威尼斯杜卡特作为一种贸易硬币在欧洲广泛流通并获得国际认可。威尼斯杜卡特首次发行于 1284 年，很快就出口到东地中海地区。从 14 世纪 40 年代开始，随着黄金大量涌入威尼斯，杜卡特的产量显著增加，其流通范围也随之扩大。最初，威尼斯杜卡特主要在威尼斯南部和东部流通，包括东地中海和黎凡特，甚至延伸至印度。然而，到了 15~16 世纪，随着弗罗林的贬值，杜卡特成为整个基督教西方和穆斯林东方金币改革和生产的典范。大量杜卡特的仿制币开始出现，这从侧面反映了杜卡特曾在这些地区广泛流通。

第四种主要钱币是索第诺。威尼斯索第诺的发行始于约 1331 年，一直持续至 16 世纪。最初，索第诺的发行是为了应对来自维罗纳的货币竞争，但很快成为威尼斯国内和殖民地货币体系的重要组成部分。1333 年，威尼斯参议院下令在克里特岛和其他殖民地广泛使用索第诺，并要求那里的官员用这种钱币支付工资，从而在希腊半岛推广了索第诺的流通。即使在 1353 年，当威尼斯专门为科伦、莫顿、内格罗蓬特和克里特等希腊殖民地发行了新币图尔内塞洛后，索第诺在当地的流通依然持续。

在格罗索于 1356 年停止打制之后，索第诺成为一种重要的银币。在 15 世纪初的英国，索第诺也广泛流通，它们主要是由从事葡萄酒和其他货物贸易的商人带到英国的。由于这些索第诺通常是在伦敦泰晤士街的加利码头被分销出去的，因此英国人还称其为"galley halfpennies"（加利半便士）。

除此之外，威尼斯还专门为其大陆和海外领地发行了特定的地方货币。例如，威尼斯于 1353 年在希腊半岛引入了新币图尔内塞洛。在维罗纳和维琴察，威尼斯于 1406 年发行了夸特瑞诺。在布雷西亚和贝加莫，威尼斯在 1429 年发行了三种铸币，分别是格罗索尼、1/2 格罗索和巴吉提诺。关于这些殖民地货币的流通情况，本书在第三章第四节已经进行了详细介绍，这里不再赘述。各种货币在国外的流通情况如表 5-1 所示。

表 5-1　中世纪晚期威尼斯铸币的种类和流通

铸币名称	初次发行时间	材质	1200~1500 年的价值（单位：狄纳里）	流通范围
狄纳里（皮科利）	约 800 年	品质越来越差的白银	1	11 世纪，主要在威尼斯和意大利东北部流通；在 1200 年之后，主要在威尼斯流通；在 15 世纪上半叶，新版狄纳里在维罗纳、维琴察和布雷西亚流通

续表

铸币名称	初次发行时间	材质	1200~1500 年的价值（单位：狄纳里）	流通范围
格罗索	约 1194 年	1379 年之前为优质白银，此后为品质越来越差的白银	24~48	威尼斯、阿尔卑斯山地区、巴尔干半岛、东地中海
杜卡特	约 1284 年	纯金	768~1488	威尼斯，欧洲中部和东地中海
索第诺	约 1331 年	优质白银	12	威尼斯，巴尔干半岛和希腊
图尔内塞洛	约 1353 年	含银量为 11%	3	希腊
夸特瑞诺	约 1406 年	含银量不详	4	维罗纳和维琴察
格罗索尼	约 1429 年	含银量为 50%	96	雷西亚和贝加莫

四、货币与商业革命

货币，无论是文献中记载的，还是钱币收藏中保存的实物，可能是感受商业革命经济脉搏最有效且最敏感的工具。[1]

卡尔·波兰尼在《大变革》一书中提到了"商业革命"一词，他指出，"从政治角度来看,中央集权国家是商业革命的新产物"。[2]

---

[1]　Robert S. Lopez，*The Commercial Revolution of the Middle Ages：950–1350*，Cambridge University Press，1998，p.70.

[2]　Karl Polanyi，*The Great Transformation：The Political and Economic Origins of Our Time*，Beacon Press，2001，p.69.

商业革命推动建立了以贸易为基础的欧洲经济。它始于 11 世纪，一直持续到 18 世纪中期被工业革命取代。其中，在 11~15 世纪，商业革命以意大利和拜占庭的东地中海为中心开始，但最终扩展到意大利城市共和国和欧洲其他地区。商业革命的基本特点包括贸易量的增加、新的贸易形式的出现，以及银行、保险和投资等金融服务业的发展，而货币供应的增加为这些变革奠定了基础。

西罗马帝国灭亡后，西欧被多个日耳曼部落所瓜分，这些部落建立了自己的王国。封建制度在这一时期逐渐形成，土地被分割给各地的领主。领主对其领地拥有绝对控制权，导致区域间经济的隔绝和商业活动的减少。许多地方货币供应减少，经济重新回归自给自足的农业经济模式，并严重依赖以物易物的交易方式。

直到 7 世纪末，法兰克王国墨洛温王朝和盎格鲁—弗里西亚海岸恢复了银币的使用。这些银币是后来加洛林王朝的德涅尔和整个中世纪银币狄纳里的雏形。8~9 世纪，西欧的其他地区相继跟进，开始发行和使用银币狄纳里。

然而，真正的转折发生在 10 世纪下半叶。随着德国哈茨山脉拉梅尔斯堡银矿的发现和开采，欧洲不再完全依靠中东白银，而拥有了自己的本地白银供应。在 10 世纪末和 11 世纪初，更多的银矿在德国其他地方被发现和开采。大量银矿的开采使银币的铸造数量显著增加，货币的使用在经济活动中变得越来越普遍，整个经济从以物易物向货币交易转变。这一转变不仅改变了商业交易的方式，还增加了商业交易的频率和规模，促进了经济的发展和复杂化。

随着商业的不断发展，货币的供应变得不那么充足。为了增加货币的供应，在发现新的银矿之前，各国政府只能生产含银量更少的钱币。因此，银币不断贬值，至 12 世纪末，威尼斯狄纳里的含银量已不足 0.1 克。同时，政府越是贬值货币，钱币在日常支付中的流通速度就越快，商品的价格也就越高。为应对这一问题，各国相继开始发行面值更大的货币，先是大个头银币格罗索，随后是金币。这些新的、价值稳定的、被普遍接受的大面额货币既能与传统的欧洲货币体系兼容，又能满足日益增长的货币需求，从而促进了贸易的发展。地中海贸易、北欧汉萨同盟贸易，以及与中东、亚洲的丝绸之路贸易逐渐发展壮大。

商业活动的扩展和经济规模的增长带来了巨大的交易需求，推动了金融体系的创新。转账银行、汇票和支票等金融工具相继出现，使商人之间能够进行无现金交易，提高了交易的安全性和效率。

同时，传统的融资方式已无法满足日益复杂的经济需求，因此一系列融资创新应运而生。银行家通过提供贷款和信用服务，为商人和企业提供了必要的资金支持。投资者通过购买和出售公司股票和债券，参与企业的投资和扩张。合伙制允许多个商人共同出资进行商业活动，共享利润和风险。因此，硬币和金银锭不再被囤积或者以极高的利率借出，而是用于投资，这进一步增加了整个经济的货币供应量，推动了商业活动的规模化和国际化。

第二节
货币竞争与监管

一、货币竞争与格雷欣法则

在西欧，随着加洛林帝国王权的衰微，铸币权逐渐向地方转移。到了 15 世纪，整个欧洲的货币体系日趋复杂，大部分地区拥有了自己的"国家"货币，甚至"国际"货币。每个政权都可以自由地铸造大量硬币，努力扩大其货币的流通范围，不仅为本国商人提供充足的交易媒介，还将钱币生产作为政府收入重要的来源之一。在这样的背景下，一种货币出现在发行地之外是常态，不同地区的货币并行流通，相互渗透和竞争，地方性主导货币的种类也会因时因地发生变化。因此，如何在激烈的货币竞争中胜出，让本国货币渗透到其他地区的经济生活中，并扩大其流通范围，成为每个统治者的重要目标。威尼斯也不例外。

在威尼斯城内，虽然外国硬币和威尼斯硬币通常可以自由流通，不受任何管制，商人可以根据需要选择任何货币进行贸易。然而，当外国货币的竞争或使用威胁到威尼斯铸币业的利润或威尼斯货币的流通时，威尼斯当局会积极地采取应对措施。

在经济学中，著名的格雷欣法则，即"劣币驱逐良币"，常被用来解释货币实践中的现象，即在货币竞争中，较高价值的货币逐渐退出流通。该法则是 19 世纪经济学家亨利·邓宁·麦克劳德命名的，以纪念都铎王朝时期英国金融家托马斯·格雷欣爵士。格雷欣曾力促伊丽莎白女王恢复人们对当时已严重贬值的英国货币的信心。该法则指出，如果有两种商品货币在流通，并且法律认可它们具有相似的面值，那么价值更高的货币将逐渐退出流通领域。贾谊在《铸钱》中称，"奸钱日繁，正钱日亡"，描述的正是这种现象，即"劣币"排斥"良币"。在多种货币并行供给和流通的情况下，"奸钱"得以大量铸造和使用，"正钱"则常被藏匿，最终退出流通领域。

根据格雷欣法则，"良币"指的是其名义价值（硬币面值）与其实际商品价值（硬币所含金属的价值）差异极小的货币；"劣币"则是指其商品价值远低于其面值，与良币共同流通的货币，这两种货币按相同的法定价值被人们接受。中世纪，劣币可能包括官方发行的减轻重量后的货币、被剪切过的货币或者私人铸造的假币等。对于那些良币，如果其面值低于所含金属的价值，人们可能会将其熔化，出售金属以获利。在开放的经济体中，良币通常会通过国际贸易离开原产国，前往愿意为良币提供更高价格的地方，劣币则留在国内。

也就是说，格雷欣法则发挥作用存在两个基本条件：首先，在实体货币下，政府强制规定良币和劣币具有相同的购买力，或者硬币的法定比价与金银的市场比价不一致。这种情况自然会导致人们将市场比价高的金属货币（良币）收藏起来，而更倾向使用市场比价低的金属货币（劣币），从而形成良币退藏、劣币充斥的现象。其次，存在对铸币品质信息不对称的情况，使劣币的流通成为可能。换言之，格雷欣法则的核心内容是，品质不同的货币可以作为流通手段在市场上实现相同的交换价值，购买到同等价值的物品。在这种情况下，劣币充当流通手段，人们均不愿意让其在手中停留。

威尼斯的货币发展史是威尼斯官方货币与其他外国货币相互竞争和博弈的历史，是对格雷欣法则的灵活应用。在其领地中，当其他国家的货币被视为劣币时，威尼斯或通过下调它们的法定价值并限制其流通来使格雷欣法则失效，或通过发行更劣质但样式相仿的新币来驱逐外国铸币，以保持自身货币的主导地位。这些策略能够使威尼斯在激烈的货币竞争中取得优势，扩大自身货币的流通范围和影响力。

二、对外国货币流通的限制

当外国劣质硬币在一个国家广泛流通时，如果能把它们从流通中剔除，格雷欣法则就不会起作用。要做到这一点，政府可以命令人们将所有外国货币上交，以便重新铸造。只要政府按照它们的法定价值进行偿付，人们通常会遵从这一命令。这类似于现今银行无偿为公众兑换残缺、污损人民币的情形，只要按原面额全额兑换，就能吸引人们前来兑换。

然而，用本国好的硬币换取大量贬值、含金量不足的外国硬币可能会带来巨大的代价。因此，在回收外国硬币时，政府通常会将上缴的硬币视为普通的金银，并按照单个硬币所含金属的市场价值进行支付。在实践中，统治者往往会规定一个过渡期，宣布在特定日期之后所有竞争货币不再是法定货币，并命令将它们全部送往铸币厂重新铸造。例如，1406 年 2 月，威尼斯在维罗纳和维琴察颁布法令，规定旧的维罗纳和维琴察货币可以按照其往常的价值流通至当年 9 月。之后，便只有威尼斯自己的货币才能在当地合法流通。

上述第二种举措使那些持有外国硬币的人承担了恢复货币秩序的成本。流通中的外币越多，该措施就越不受欢迎。因此，在实践中，还有一种方法可以避免格雷欣法则发挥效力，那就是政府允许外国硬币继续流通，但宣布这些硬币在记账体系中的价值将比以前少，或者宣布提高本国货币的法定价值。也就是说，通过缩小外国铸币法定价值与所含金属价值的差距，使之成为"良币"，或通过提高本国铸币法定价值与所含金属市场价值之间的差距，使之成为"劣币"，也可以提高本国货币的竞争力。关于这一点，威尼斯狄纳里在 12 世纪下半叶的发展历程，提供了一个很好的实例。

12 世纪 60 年代，随着萨克森的弗莱堡银矿、托斯卡纳的蒙蒂耶里银矿及卡林西亚的弗里萨赫银矿的相继发现和大规模开采，弗里萨赫开始铸造弗里萨赫芬尼（friesacher pfennige）。弗里萨赫是位于维也纳和威尼斯之间的重要的交通枢纽，是经济繁荣的贸易中心和神圣罗马帝国的行政中心。这一地理位置使弗里萨赫芬尼在弗留利一带得到广泛流通并被仿制，而在此前的两个世纪中，该地区主要流通的是威尼斯的狄纳里。特别是，阿奎莱亚地区生产的弗里萨赫芬尼仿制币在亚得里亚海东部地区，如扎拉、斯普利特和拉古萨等城市广泛流通。

从含银量来看，弗里萨赫芬尼和威尼斯狄纳里有巨大的差别，这使它们不太可能直接竞争。然而，阿奎莱亚主教规定弗里萨赫芬尼与威尼斯狄纳里的法定兑换比率为 1∶30，即 1 枚弗里萨赫芬尼价值 30 枚威尼斯狄纳里。由于这一比率远高于它们所含白银市场价值的比率，使弗里萨赫芬尼成为价值被高估的"劣币"，取代了威尼斯狄纳里，成为主要流通货币。

为了改变这种局面，威尼斯总督塞巴斯提亚诺·齐亚尼采取了多项措施。他将威尼斯狄纳里与维罗纳狄纳里的兑换比率从 2∶1 调整为 1∶1，并规定 12 枚威尼斯狄纳里等于 1 弗里萨赫芬尼。为了顺利推广货币改革，他还发行了新版狄纳里，虽然这些新版狄纳里的重量和纯度与旧版相近，但其设计采用了维罗纳狄纳里的样式，即正反面均为十字。同时，前任总督维塔利二世·米希尔发行的印有圣马可胸像的旧版狄纳里被当作 1/2 狄纳里继续使用。这些举措意味着威尼斯狄纳里的法定价值得到了提高，从而缩小了威尼斯狄纳里和弗里萨赫芬尼法定比价与实际所含金银市场价值的差距，削弱了格雷欣法则的负面影响。

在中世纪的欧洲，类似的做法非常普遍。例如，1272 年，意大利北部的边陲小镇梅拉诺发行了一种新币，名为蒂罗里诺格罗索（grosso tirolino），后来在德国被称为克鲁泽（kreuzer）。这种新币的推出旨在取代含银量相同但已经贬值的旧币阿奎里诺格罗索（grosso aqilino）。新币的价值被设定为 20 维罗纳狄纳里，与此同时，旧币的价值则从之前的 20 维罗纳狄纳里降低到了 18 维罗纳狄纳里。因此，梅拉诺的这一举措意味着格罗索的贬值，旨在将原价值是 20 维罗纳狄纳里但含银量更高的阿奎里诺格罗索逐出流通领域。到了 13 世纪末，梅拉诺的格罗索在威尼托一带广泛流通。这个例子展示了在历史上如何通过调整货币的法定价值和实际含金量的关系，影响货币的竞争力和流通范围，削弱格雷欣法则的负面影响。

三、货币的贬值

在实践中，无论是直接限制外国货币的流通，还是调整货币的相对法定价值，都是不受欢迎甚至不切实际的做法。尤其是对于威尼斯而言，贵金属的进口和出口是其经济的重要组成部分。像对待其他商品一样，威尼斯商人根据不同地区对金银的需求和供给进行交易，扮演着中间人的角色。然而，威尼斯国内并无金银矿山，大部分贵金属需要依赖进口，因此，为了保障金银的稳定供应，威尼斯难以像英格兰那样将所有的外国货币排除在流通之外，并迫使人们将所得到的外国货币迅速兑换成本国货币。

威尼斯允许多种外国硬币在本国流通，只要它们符合其生产国的标准。即便是那些不符合标准的劣质外国货币，在金银短缺时期，完全禁止其流通也难以实现。因此，为了增强本国货币的竞争力，威尼斯通常采取的做法是在限制外国劣质货币的流通的同时，引入金属含量更少的本国钱币或外国仿制币替代它们，同时吸引更多贵金属流入。换言之，新发行的本国货币或外国仿制币成为格雷欣法则所定义的"劣币"，促使原本的外国劣币退出流通。这就是货币贬值（减重）的过程。值得一提的是，威尼斯货币的贬值引领了整个欧洲的货币贬值过程。

在1331年左右，威尼斯的邻近城市维罗纳发行了一种新的银币。这些银币可能质量较差，因为当它们流入威尼斯后，立刻受到了当地人的欢迎。与此同时，威尼斯自己的格罗索则遭到了窖藏或被人们剪切，以与这些外来银币的重量标准相匹配。

然而，威尼斯无法完全阻止这些外国劣质货币的流入，因为当时威尼斯城内的白银供应严重匮乏。为了吸引更多的白银流入，并与外国银币竞争，1331 年，威尼斯总督弗朗西斯科·丹多洛推出了两种新币，分别是索第诺和梅扎尼诺。其中，索第诺的面值为 12 狄纳里或 12/32 格罗索，梅扎尼诺的面值为 16 狄纳里或 1/2 格罗索。这两种面额的钱币对于威尼斯而言是全新的类型。不同于由纯银打制的格罗索，这两种新币均为合金币，其中索第诺重约 1 克，含银量约为 67%；梅扎尼诺重约 1.15 克，含银量可能高达 78%。显然，这两种新币的含银量远低于 12 狄纳里和 1/2 格罗索的含银量，因此可以说它们的价值被高估了，是贬值的钱币。通过这种方式，在格雷欣法则的作用下，威尼斯将维罗纳货币逐出了流通领域。

虽然索第诺和梅扎尼诺最初的发行目的是应对来自维罗纳的货币竞争，但很快它们也开始在希腊半岛流通。14 世纪 40~50 年代，希腊大陆流通的外国铸币几乎主要是由威尼斯的索第诺和法国的图尔德涅尔构成的。为了与后者竞争，威尼斯在 1353 年又引入了一种新币——图尔内塞洛。这是威尼斯首次专门为殖民地发行的货币。实际上，该币的名称 "tornesello" 源自法语中的 "tournois"（图尔），表明威尼斯打造这种钱币是为了取代在希腊半岛流通的图尔德涅尔（denier tournois）。

图尔内塞洛是由银铜合金制成，白银和铜的比例为 1：8，

重约 1/320 马克，即约 0.75 克，实际含银量为银质索第诺的
15%。然而，按照法定兑换标准，1 图尔内塞洛等于 3 狄纳里或
者 1/4 索第诺。这意味着该币的实际含银量远低于其法定价值。
在格雷欣法则的作用下，这种含银量很低的银币迅速驱逐了希腊
半岛上其他货币的流通。自其推出至 15 世纪，图尔内塞洛在希
腊地区占据主导地位，直到奥斯曼帝国征服这一区域。

除了因为与竞争对手进行货币战争而开启货币贬值，还有其
他原因也可能会使货币不断贬值。例如，当一个地区的贵金属出
口量大于进口量，而当商业的快速发展需要更多的硬币时，该地
区的货币供应可能不足，出现"币重而万物轻"的现象。为了增
加货币供应，在发现新的银矿之前，政府通常会生产含银量更
少的钱币，即通过货币的贬值增加供应量。9~12 世纪，意大利
铸币厂生产的狄纳里的贬值，可能是市场交易增加和贸易普遍扩
大导致对硬币需求增加的结果。此外，货币贬值也可能归因于
地方领主的贪婪，他们往往难以抵制通过发行劣质货币支付军
队或偿还债务的诱惑，常将货币贬值视为筹集财政资金的重要
手段。

四、关税和经纪费

中世纪，不同货币之间的竞争在很大程度上依赖进口金银的
供应水平，特别是对于那些本身不生产金银的国家而言。毕竟，
获得币材是生产钱币的前提之一。吸引贵金属流入的一种方式是
以高于邻国的价格收购金块和银块。然而，对于中世纪的威尼斯
而言，进口商在售卖金银时除了在个别时期必须按政府规定的固

定价格向铸币厂售出一定比例的金银，在大多数情况下金银的售卖价格由市场决定，即取决于金银的供需状况。

除了金银的售卖价格，进口商是否选择向威尼斯供应金银还取决于当地税费水平的竞争力。然而，从威尼斯政府的角度来看，税费越低，威尼斯市场越具有竞争力，但也意味着政府能获得的财政收入越少。因此，税费水平的确定需同时考虑这两个方面的影响因素。除了前文提到的铸币税，影响金银进口的主要税费还包括关税和经纪费。

中世纪，关税是一国海关对通过其关境的进出口货物征收的一种税收。最初，威尼斯对来自不同地区的进口商品征收不同税率的关税。具体来说，对于来自意大利大陆和亚得里亚海湾的进口商品，外国商人需支付的税率为 2.5%，而威尼斯商人只需要支付 1.25%。对于进口商品而言，外国商人则需要缴纳高达 20% 的关税。随着时间的推移，威尼斯开始针对不同地区和商品类型，按不同的税征税，而原先对外国商人适用的 20% 的征收标准逐渐成为惩罚性关税的税率，仅适用于那些因政治原因而未被授予特权或试图滥用特权的人。

其中，威尼斯在 1107 年和 1217 年分别与维罗纳和匈牙利签订了商业条约。根据这些条约，无论是否铸成硬币，来自这些地区的黄金和白银都免征进口税。到了 1237 年，威尼斯进一步免除了所有银条的进口税，但条件是进口商必须直接将银条卖给铸币厂。13 世纪中叶，威尼斯对卢卡商人进口的金银和银币免税，同时来自威尼托的进口商也可以获得税收减免，但前提条件是他们在 4 个月内从威尼斯出口的商品价值与他们带入威尼斯的货币价值相等。对最重要的德国进口商的金块和银块的税率均为 0.15%。

在某些特定时期，针对特定地区，威尼斯对进口金银征收了较高的税率。例如，1277 年，德国商人将格罗索仿制币和弗罗林金币等竞争货币带入威尼斯时，面临着 5% 的进口关税。1350 年，面对财政压力，威尼斯对德国进口商带来的黄金每马克征收 2 格罗索的战时关税。1394 年，来自君士坦丁堡和希腊的黄金和白银需要按 3% 的税率支付关税，来自罗马尼亚的金块和银块则适用 1% 的税率。

除了进口关税，对于金银进口商而言，另一笔显著的费用是经纪费。经纪费是对批发交易征收的一种税收，相当于销售税。中世纪，商人在产品批发市场进行任何交易时，通常需要经纪人的介入。经纪人不仅在买卖双方之间牵线搭桥，还承担质量认证和税收征收的职能，解决信息不对称带来的问题，从而促进了贸易的顺利进行和资源的有效配置。[①]

威尼斯对经纪费的征收采取了不同的费率。来自德国商馆的外国商人和由特别商业条约覆盖的外国商人通常适用于特别的费率。在经纪费开征之初，它的费率一般为 0.25%，即每 100 里拉交易额需缴纳费用 5 先令。需注意的是，这笔费用是由交易双方分别承担的。

---

① Lars Boerner, Medieval Market Making Brokerage Regulations in Central Western Europe, ca. 1250—1700, *Economic History Working Papers* (*No.242*), The London School of Economics and Political Science, 2016, pp.1–3.

因此，当交易额较大时，这笔费用会成为一项相当可观的收入来源。经纪费总收入的一半归经纪人所有，另一半作为政府公共财政。

1258 年，威尼斯将经纪费的费率提高到了 0.5%，即每 100 威尼斯里拉交易额需缴纳 10 先令。同时，经纪人与政府之间的分账比例也发生了变化。按照新的划分比例，3 先令归经纪人所有，其余 7 先令作为政府公共财政收入。这次费率调整并未影响受特殊商业条约保护的外国商人。

1339 年，经纪费又调整回原先的 0.25%。然而，在 1350~1355 年第三次热那亚战争期间，由于政府面临财政困难，经纪费一度提高至 0.75%，随着战争结束，费率又下降至 0.5%。此后，经纪费经历了一系列调整，到了 1413 年开始适用 1% 的费率，并规定每 100 杜卡特的交易额需支付 1 杜卡特的费用。然而，这一费率不适用于享有特殊贸易条款保护的德国商人和其他外国商人，他们仍适用 0.75% 的优惠费率。

由于德国商人主要从事金银交易，他们售卖白银时需支付 0.75% 的经纪费。

据估计，从 1413 年开始，威尼斯政府每年可以通过经纪费获得约 8 万杜卡特的公共财政收入，其中约 1/4 来自德国商人和享有特权的外国商人。这一数字表明，德国商人每年交易的金银价值至少在 200 万杜卡特以上。尽管金银的销售只占总交易额的一部分，但考虑到金银进口对购买香料、丝绸、棉花等商品的重要性，金银的交易对完成这些商品的交易至关重要，而经纪费就是在这些交易中收取的。

第三节
记账体系（Ⅰ）

一、记账货币概述

记账货币是用来表示债务、价格和一般购买力的货币单位。在中世纪，由于流通中的硬币通常没有标明具体的面额，当人们确定价格或签订合同时，需按记账货币表示的金额计算应支付的实物货币的种类和数量。换句话说，流通中的实物货币是作为支付媒介的货币，而表示价格或合同金额的记账货币是作为价值尺度的货币，用于确定应支付的实物货币的数量。

记账货币并不一定存在与之同名的实物货币，因此也被称为"幽灵货币"或"鬼币"（ghost money）。[①]例如，在加洛林王朝时期，狄纳里、索利多和罗马磅（里拉）被用作记账单位，其换算关系为1罗马磅（里拉）等于240狄纳里或20索利多。然而，当时政府实际上只铸造了狄纳里银币，并没有铸造与索利多和罗马磅同名的硬币。

不同记账货币单位之间的兑换比率是由法律规定的，所以，即便作为流通和支付手段的实物铸币的名称和金属含量发生了变化，合同中按记账货币确定的金额也不会受到影响。在记账体系

---

① Ernst Juerg Weber，*"Imaginary" or "Real" Moneys of Account in Medieval Europe？An Econometric Analysis of the Basle Pound*，1365–1429，*Explorations in Economic History*，Vol.33，No.4，1996，pp.479–495.

保持不变的情况下，用于支付合同金额的实物货币数量是确定的。

需要说明的是，虽然不同记账货币的价值及其相互之间的兑换关系是由国家法律规定的，反映了中世纪国王或领主的特权，但在货币金属论的影响下，金属含量决定货币真正价值的思想依然根深蒂固。这种影响不仅体现在人们在大额支付中常通过称重确定硬币的价值，还表现为重量和纯度单位常常被视为记账货币。例如，罗马磅和克拉既是重量单位，又被用作记账货币。

在威尼斯的货币发展史中，记账货币的使用发挥了非常积极的作用。威尼斯地处东方拜占庭和西方欧洲大陆的交界处，作为一个以贸易立国的城市共和国，能广泛接触各种外国货币和国内货币。尤其是在中世纪，政治上的分裂使毗邻的独立王子、男爵、主教或城市经营的铸币厂相互竞争。特别是在意大利北部，货币的竞争异常激烈，像威尼斯、帕多瓦和维罗纳这样的相邻城市，各自拥有不同的记账货币和实物货币。在这种情况下，禁止使用外国硬币作为交换媒介的努力是徒劳的。每个管辖区都需要用自己的记账货币来评估外国货币的价值。

与此同时，威尼斯的货币构成从单一的银币狄纳里，逐渐演化为涵盖金、银、铜三种金属制成的货币。为了维持货币体系的统一，记账体系也在不断演化。在威尼斯，几种不同的货币标准被同时使用，这也反映在同时使用多种记账货币上。每种记账货币都与不同的硬币相挂钩。

我们可以将中世纪威尼斯记账货币及其体系的发展历史大致划分为六个阶段。第一个阶段（1092 年之前）：威尼斯人主要与两种记账体系打交道：一种以拜占庭的金币为基础，另一种以加洛林王朝的银币为基础。第二个阶段（1092~1258年）：拜占庭的标准金币和威尼斯的标准银币都发生了变化，导致旧记账体系松动。第三个阶段（1259~1330年）：随着威尼斯格罗索银币在国内和国际贸易中得到广泛应用，以格罗索为基础的新记账体系产生。同时，金币杜卡特的出现使记账体系从银本位逐渐转向金银复本位。第四个阶段（1331~1353年）：威尼斯格罗索的流通状况越来越差并逐渐退出流通领域，而金币杜卡特和新银币索第诺的使用越来越广泛，使威尼斯的记账体系发生了新的变化。第五个阶段（1354~1390年）：索第诺成为记账体系的本位货币。第六个阶段（1391年及以后）：各银本位记账单位（包括皮科洛磅和格罗索银磅）的法定比价和实际含银量基本实现了统一，均可按能兑换的索第诺的数值进行计算。

二、记账体系（1092年之前）

从城市建立之初，威尼斯人就与两种记账体系打交道：一种以拜占庭的金币为基础，另一种以加洛林王朝的银币为基础。前者主要用于在希腊岛屿、意大利南部和巴尔干半岛等地区进行远洋贸易，后者主要用于在意大利半岛进行大陆贸易和在威尼斯本土进行各项支付。

在拜占庭记账体系中，最重要的铸币是金币诺米斯玛（nomisma），最初被称为索利多（solidus）。该币最早由罗马皇帝君士坦丁于310年引入，含金量约为95.8%，标准重量为1/72罗马磅，即4.55克，实际重量可能略低。在长达700年的发行历史中，其重量和纯度基本不变，不仅被用作拜占庭帝国的记账货币，也是整个地中海经济圈最具信誉的国际货币。在 1092 年拜占庭皇帝阿莱克修斯一世引入新金币海伯龙（hyperpyron）之前，诺米斯玛与其他记账单位的换算比率如下：

1 罗马磅 =72 诺米斯玛

1 诺米斯玛 =24 克拉 =12 米拉瑞逊 =288 弗里斯

1 米拉瑞逊 =24 弗里斯

其中，罗马磅（Roman pound）和克拉（carat）是重量单位。米拉瑞逊（miliaresion）是拜占庭皇帝利奥三世于 720 年引入的一种银币，其理论重量为 1/144 罗马磅，即 2.27 克，与索利多的兑换比率为 12：1。弗里斯（follis）是拜占庭皇帝阿纳斯塔修斯于 498 年引入的一种大型青铜币，当时该币重约 1/36 罗马磅，即 9 克，与金币索利多的兑换率为 1：420。然而，在后面几个世纪中，其重量发生了很大的变化。

与拜占庭以金币为基础的记账体系不同，加洛林王朝的货币体系以银币为基础。由于深受加洛林王朝货币改革的影响，威尼斯在本土和意大利半岛上进行陆上贸易时，采用的记账体系以银币为基础。具体而言，其基本记账单位——威尼斯里拉（磅）与索利多和狄纳里的兑换比率如下：

1 威尼斯里拉（磅）=20 索利多（先令）=240 狄纳里（便士）

其中，"里拉"（lira）一词源自拉丁语"libra"，在英文中的含义同"pound"（磅）。威尼斯便士里拉是指用威尼斯自己铸造的狄纳里（便士）支付 1 磅的白银。在 1194 年之前，狄纳里的含银量为 0.098 克，1 威尼斯里拉可打制 240 枚狄纳里，合计约含纯银 23.5 克。索利多（solidus）最早指罗马—拜占庭的一种金币，然而，加洛林王朝采用银本位制后，便没有铸造金币索利多，所以在西欧，索利多这一名称演化成了一种记账单位，指12狄纳里或1/20磅白银，后来它在英语中被称为先令（shilling）。"狄纳里"（denari）这一名称来源于前211年罗马共和国打制的银币狄纳里（denarius）。威尼斯最早打制的银币便是狄纳里，在英语中也被称为便士（penny）。

如果将两种记账体系相结合，拜占庭诺米斯玛与威尼斯狄纳里的兑换关系如下：

1诺米斯玛=2威尼斯里拉=480狄纳里（便士）

上述等式并不是法律规定的比率，也无法准确地描绘在任何特定日期特定交易中使用的汇率，但它可以粗略地描绘几个世纪以来在威尼斯与拜占庭的贸易中，东西方两大记账体系里金银两种不同材质的标准货币的换算关系。即便如此，仍可以按照上述等式估算当时的金银比价：1索利多（诺米斯玛）约含4.4克纯金。关于1狄纳里的含银量，若按德意志皇帝亨利三世执政期间（1039~1056年）威尼斯铸造的狄纳里的最低含银量0.091克计算，480狄纳里的含银量为43.68克，那么，金银比价为9.9：1。若按塞巴斯提亚诺·齐亚尼担任威尼斯总督期间（1172~1178年）铸造的狄纳里的平均重量0.362克和平均纯度27%计算，每枚狄纳里的含银量为0.098克，480狄纳里的含银量为47.04克，那么，比价为10.7：1。[①]

---

① Frederic C. Lane，Reinhold C. Mueller，*Money and Banking in Medieval and Renaissance Venice*：*Coins and Moneys of Account*（*Vol.1*），Johns Hopkins University Press，1985，p.108.

三、记账体系（1092~1258 年）

前文提到，即便不同记账单位的换算比率是由政府规定的且在一定时期内相对稳定，一种记账体系一旦形成，仍需承受实际支付手段变化的压力。尤其是流通中的标准货币发生变化后，记账体系有时也不得不做出相应调整，以便利交易的发生。以下四个方面的变化可能会导致记账体系和支付手段的关系不稳定：金币的含金量变化、银币的含银量变化、供需等因素导致的金银比率的长期变化、用金银结算的贸易平衡状况的短期变化。1092~1258 年，与威尼斯记账体系的变化关系最密切的便是流通中金币和银币金属含量的变化。由此直接导致的结果是新的支付媒介的出现，以及记账体系的演变。

1092 年，拜占庭皇帝阿莱克修斯一世引入了一种被称为海伯龙（hyperpyron）的新金币，以取代之前的诺米斯玛。在意大利半岛上，海伯龙还被称作佩尔瑞（perpero）或贝赞特（bezant）。阿莱克修斯一世之所以引入新金币，是因为自 1034 年以来，旧的诺米斯玛不断贬值，到 1081 年，其重量虽仍维持在 4.4 克，但含金量已从最初的 24 克拉下降到 6 克拉。新币海伯龙是高纯度的金银合金币，重量仍为 4.4 克，但含纯金 20.5 克拉，含银 2.5 克拉，其所含金属的价值约等于未贬值时诺米斯玛的 7/8。随着海伯龙不断地发行和流通，拜占庭的记账体系也相应地发生了变化，基础记账单位从旧的诺米斯玛变为海伯龙，1 米拉瑞逊的价值从之前的 1/12 诺米斯玛变成了 1/12 海伯龙。

对于威尼斯而言，总督恩里科·丹多洛于 1194 年创新性地引入大银币格罗索（grosso）后，其记账体系发生了更大的变化。格罗索出现后，很快被广泛应用于威尼斯国内和国际贸易。与含银纯度已下降到 25% 克的狄纳里不同，该币是一种高纯度银币，含银纯度为 96.5%，重量为 2.19 克，即实际含银 2.1 克。根据当时的含银量计算，1 格罗索应等于 24 狄纳里，然而，官方很快宣布二者的法定兑换比率为 1∶26。如果用格罗索支付 1 威尼斯里拉（240 便士）的白银，实际支付的纯银重量仅有 19.38（240/26×2.1）克，低于之前的 23.5 克。显然，格罗索的价值被高估了。按照格雷欣法则，人们会窖藏或出口市场价值更高的狄纳里。正因为如此，恩里科·丹多洛总督不再发行狄纳里银币。综上所述，新的记账体系如下：

1 威尼斯里拉 $=9\frac{6}{26}$ 格罗索 =240 狄纳里（便士）

1 格罗索 =26 狄纳里（便士）

1 海伯龙 =18.5 格罗索 =40 索利多（先令）=480 狄纳里（便士）

12~13 世纪，西欧的银币在地中海世界的流通日益广泛，不仅出现在以金币为主导的拜占庭帝国，还在穆斯林国家中被用于支付和结算。随着时间的推移，地中海世界原本以金币为基础的记账体系逐渐转变为以银币为基础。特别是当 13 世纪初十字军占领君士坦丁堡后，金币海伯龙的发行变得越来越不稳定。

四、记账体系（1259~1330 年）

在格罗索银币发行了 60 多年后，在旧的威尼斯里拉的基础上逐渐演化出四种威尼斯里拉的重量标准，其拉丁名称分别为"皮科洛里拉"（lire di piccoli）、"格罗索帕维里拉"（lire a grossi）、"格罗索短里拉"（lire di grossi manca）和"格罗索长里拉"（lire di grossi complida）。

其中，皮科洛里拉也被称为"帕维里拉"（libra parvorum），表示由 240 狄纳里构成的 1 里拉。该重量标准在一定程度上可以看作旧威尼斯里拉的延续。自恩里科·丹多洛停止发行旧狄纳里之后，狄纳里逐渐有了一个新的称呼——帕维（parvi），后来又被称为皮科洛（piccoli）。

格罗索帕维里拉的拉丁文表达的全称是"libra parvorum ad grossos"，意思是"用格罗索支付 1 帕维里拉"，即用格罗索支付由 240 狄纳里构成的 1 里拉。虽然皮科洛里拉与格罗索帕维里拉都是由 240 狄纳里构成的 1 里拉，但由于支付货币的不同，实际支付的白银的重量并不总是相同的。事实上，二者的差别非常大，尤其是在狄纳里和格罗索以不同的速度贬值而法定兑换率维持不变的时期。

格罗索长里拉和格罗索短里拉是格罗索里拉（libra grossorum）的两种变体。短里拉和长里拉的区别源于格罗索和狄纳里相对价值的变化。具体而言，1 格罗索短里拉等于 26 格罗索帕维里拉。例如，如果 1 格罗索帕维里拉等于 $9\frac{5}{26}$ 格罗索，则 1 格罗索短里拉等于 239（$26 \times 9+5$）格罗索。相比之下，1 格罗索长里拉等于 240 格罗索。

13 世纪 50~60 年代，如果用狄纳里支付一定数额的威尼斯里拉，则采用的记账单位是皮科洛里拉，每 1 里拉需支付 240 枚狄纳里。如果用格罗索支付一定数额的威尼斯里拉，则有三种选择：若采用格罗索帕维里拉作为记账单位，需支付 $9\frac{5}{26}$ 格罗索；若采用格罗索长里拉作为记账单位，需支付 240 格罗索；若采用格罗索短里拉作为记账单位，需支付 239 格罗索。具体关系如下：

1 威尼斯皮科洛里拉 =240 狄纳里

1 威尼斯格罗索短里拉 =239 格罗索

1 威尼斯格罗索长里拉 =240 格罗索

1 威尼斯格罗索帕维里拉 =$9\frac{5}{26}$ 格罗索

1 格罗索 =$26\frac{1}{9}$ 狄纳里

1269~1330 年，皮科洛里拉和格罗索里拉的法定价值没有发生变化，然而由于实物铸币狄纳里的贬值，使格罗索与狄纳里的兑换比率发生了变化。其中，1269~1280 年，不同记账单位之间的兑换比率如下：

1 威尼斯皮科洛里拉 =240 狄纳里 =$8\frac{1}{2}$ 格罗索

1 格罗索 =28 狄纳里

1282~1330 年，不同记账单位之间的兑换比率如下：

1 威尼斯皮科洛里拉 =240 狄纳里 =$7\frac{1}{2}$ 格罗索

1 格罗索 =32 狄纳里

在此期间，由于狄纳里大幅贬值，皮科洛里拉和格罗索帕维里拉代表的白银重量出现了显著差异。按照法定记账比率，1 格罗索等于 32 狄纳里，然而按实际含银量计算显示，1 格罗索相当于 36 狄纳里。例如，1283 年，用狄纳里支付 1 里拉的工资，按每枚狄纳里含银 0.058 克计算，总共需支付 13.92（240×0.058）克白银；若用格罗索支付，以每枚格罗索含银 2.1 克计算，需支付 15.75（240/32×2.1）克白银。显然，雇主更倾向采用第一种方式。

具体来说，1172~1330 年，1 格罗索短里拉等于 501.9 克白银，1 格罗索长里拉等于 504 克白银，1 格罗索帕维里拉等于 15.75 克白银，皮科洛里拉的重量则从最初的 21.84 克白银逐渐下降至 13.92 克白银。[①] 狄纳里和格罗索的含银量和法定比价如表 5-2 所示。

表 5-2　狄纳里和格罗索的含银量和法定比价

时间	狄纳里的含银量（克）	格罗索的含银量（克）	格罗索与狄纳里的法定比价
1172~1192 年	0.098	—	—
1194~1202 年	0.091	2.1	24~26
1203~1254 年	0.091	2.1	26
1255~1268 年	0.091	2.1	26.111
1269~1280 年	0.072	2.1	28
1281~1330 年	0.058	2.1	32

资料来源：Frederic C. Lane，Reinhold C. Mueller，*Money and Banking in Medieval and Renaissance Venice：Coins and Moneys of Account*（*Vol.1*），Johns Hopkins University Press，1985，p.125.

1284 年 10 月，威尼斯议会投票决定铸造金币杜卡特，并于翌年春天正式发行。威尼斯杜卡特的问世标志着威尼斯正式实行以自身货币表示的金银复本位制度。杜卡特被定为法定货币，其重量为 3.545 克，纯度为 99.47%，价值相当于 40 索利多或 18.38 格罗索。按照格罗索的含银量为 2.1 克计算，当时的金银比价大约为 1∶10.9。

---

　　① Frederic C. Lane，Reinhold C. Mueller，*Money and Banking in Medieval and Renaissance Venice：Coins and Moneys of Account*（*Vol. 1*），Johns Hopkins University Press，1985，p.125.

在杜卡特出现后，其价值在国际市场上迅速上升，并很快达到 1 杜卡特等于 20 格罗索的水平，但直到 1296 年，官方才正式确认了这一新的比率。此后，1296~1305 年，金银复本位制逐渐兴起。1328 年，杜卡特作为法定货币的价值被提升到 24 格罗索。1321 年，威尼斯当局重新确认，格罗索的法定价值为 32 皮科洛（狄纳里）。也就是说，在当时，1 杜卡特的价值相当于 768（32 × 24）皮科洛或 64（768/12）索利多。按照杜卡特和格罗索的金银含量计算，此时的金银比价大约为 1 : 14.2。主要记账货币的兑换比率如下：

1 杜卡特 =64 索利多 =24 格罗索 =768 皮科洛（狄纳里）

第四节
记账体系（Ⅱ）

一、记账体系（1331~1353 年）

14 世纪初，尽管威尼斯格罗索的理论重量一直保持在 2.19 克，含银纯度为 98.5%，但实际上它的流通状况逐渐恶化，无法满足人们的货币需求。之所以会出现这种情况，一个重要原因是外国铸造的许多大小类似的银币也在威尼斯流通。这些外来银币的实际含银量相对较低，一旦流入威尼斯，根据劣币驱逐良币的法则，会立即受到当地人的欢迎。而流通中的优质货币，如威尼斯格罗索，却遭到窖藏或者被人们剪切，以与这些外来银币的重量标准相匹配。然而，威尼斯未能完全禁止这些外国劣质货币的流入，因为当时威尼斯城内的白银供应相对匮乏。

在格罗索的流通状况恶化的同时，金币杜卡特的发行和使用不断扩大。特别是随着1320年匈牙利克雷姆尼察附近金矿的大量开采，杜卡特的铸造数量的迅速增加，以至于在1343年，威尼斯不得不考虑设立专门的铸币机构管理金币的生产。与此相反，从1329年开始，银币格罗索的铸造数量急剧减少，1356年，威尼斯铸币厂完全停止了铸造银币格罗索。

1331年，威尼斯总督弗朗西斯科·丹多洛推出了索第诺（soldino）和梅扎尼诺（mezzanino）两种全新面额的新币，旨在吸引白银流入并与外国银币竞争。索第诺价值12狄纳里或12/32格罗索，梅扎尼诺价值16狄纳里或1/2格罗索。与由纯银打制的格罗索不同，这两种新钱币都是合金币，其中索第诺重约为1克，含银量大约为67%；梅扎尼诺重约1.15克，含银量大约为78%。在这两种新银币中，索第诺很快在国内和殖民地货币体系中取得了成功，成为基础货币之一。该币又被称为苏（sou），其原型可能是索多（soldo），同样价值12狄纳里，由12世纪末神圣罗马帝国皇帝亨利六世在米兰首次发行，并在意大利各地迅速流行，如热那亚、博洛尼亚等城市也纷纷铸造。它们的名称均源自古罗马的金币索利多（solidus）。

随着格罗索逐渐退出流通领域，被金币杜卡特和新银币索第诺所取代，威尼斯的记账体系也发生了新的变化。虽然格罗索里拉仍然作为记账单位存在，但在实际支付时，人们主要采用金币杜卡特和银币索第诺，因此出现了格罗索金里拉（lira di grossi a oro）和格罗索银里拉（lira di grossi a monete）两种记账单位。其中，格罗索金里拉与金币杜卡特挂钩，换算关系如下：

    1 格罗索金里拉 =240 格罗索

    1 杜卡特 =24 格罗索 =64 索利多（索第诺）

    1 格罗索金里拉 = 10 杜卡特

    格罗索银里拉与银币索第诺挂钩，换算关系如下：

    1 格罗索银里拉 =240 格罗索

    1 索第诺 =12 皮科洛

    1 格罗索 =32 皮科洛 =2.67 索第诺

    1 格罗索银里拉 =640 索第诺

在此时期，1 杜卡特等于 64 索第诺，因此 1 索第诺等于 1 索利多。需要特别说明的是，在索第诺最初发行时，威尼斯当局规定了其与杜卡特的兑换比率，使金币记账系统中的记账单位索利多与银币记账体系的记账单位索第诺的价值相当，以至于人们常常将索第诺称为索利多或索多。然而，随着不同金属的市场价格发生变动，该货币体系面临压力，官方规定的比率在市场上并未得到严格执行。原先严格的金银双本位制度逐渐失效，取而代之的是金银平行本位制度，即金币和银币各自按照其价值独立流通，不互相干扰，并拥有各自的记账体系。因此，金币记账体系中的索利多与银币记账体系中的索利多（索多）的价值不再相等。为了区别两者，下文在讨论金本位记账体系时，将继续使用"索利多"这一术语。

与此同时，杜卡特不仅被用作支付手段，还被用作记账货币。类似格罗索里拉，杜卡特也存在两种记账单位：杜卡特金里拉（lire and ducato a oro）和杜卡特银里拉（lire and ducato a monete)。使用杜卡特金币支付时，记账单位为杜卡特金里拉，1 杜卡特金里拉相当于 24 格罗索。当使用索第诺银币支付时，以杜卡特银里拉为记账单位，1 杜卡特银里拉相当于 64 索第诺。随着格罗索实物铸币逐渐退出流通领域，格罗索只是一种狭义上的记账货币。相比之下，杜卡特不仅是记账货币，还有对应的实物铸币存在。

对于格罗索金里拉和杜卡特金里拉来说，由于它们是使用杜卡特支付时的记账单位，而杜卡特实物铸币的纯金含量相对稳定，因此它们代表的黄金重量也相对稳定，分别约为 35 克和 3.5 克黄金。然而，格罗索银里拉和杜卡特银里拉代表的白银重量，则受到索第诺实物铸币不断贬值的影响逐渐减小。

随着新银币索第诺的大量发行，古老的皮科洛里拉作为基础货币也发生了变化，从皮科洛转向了索第诺。在 1331 年之前，1 皮科洛里拉的白银含量是由 240 枚皮科洛硬币的含银量决定的，每枚硬币含银量为 0.058 克，因此 1 皮科洛里拉相当于 13.92 克白银。当索第诺和梅扎尼诺发行后，它们与皮科洛（狄纳里）、皮科洛里拉和格罗索银里拉的兑换关系如下：

1 皮科洛里拉 =240 皮科洛 =20 索第诺 =15 梅扎尼诺。

1 格罗索银里拉 =240 格罗索 =7680 皮科洛 =640 索第诺 =32 皮科洛里拉

由于每枚索第诺仅含 0.64 克白银，因此 20 枚索第诺的银含量总计为 12.8 克，少于 240 枚皮科洛的银含量。这表明，与皮科洛相比，索第诺的价值被高估了，属于"劣币"，这种情况持续了几十年。在某些年，梅扎尼诺的价值被高估的程度更甚，是更劣质的货币。例如，1346~1353 年，每枚梅扎尼诺平均仅含约 0.744 克白银，因此 15 枚梅扎尼诺的银含量总计为 11.61 克。在 14 世纪下半叶，随着索第诺的盛行，它成为皮科洛里拉的主要支付货币。

此外，随着格罗索里拉逐渐与金币杜卡特和银币索第诺的使用挂钩，以及自 1356 年起不再铸造格罗索，格罗索帕维里拉、格罗索长里拉和格罗索短里拉的使用越来越少，甚至逐渐消失。

二、记账体系（1354~1390 年）

1354~1390 年，索第诺成为记账体系的本位货币。这意味着，无论是皮科洛里拉、格罗索银里拉还是杜卡特金里拉，它们的价值都取决于索第诺所代表的含银量。与此同时，作为记账单位的"皮科洛"，其价值不再依赖实物皮科洛铸币，而是等于"索第诺"的 1/12。索第诺与皮科洛里拉、杜卡特银里拉和格罗索银里拉的兑换关系如下：

1 皮科洛里拉 =240 皮科洛 =20 索第诺

1 杜卡特银里拉 =64 索第诺

1 格罗索银里拉 =640 索第诺

其间，索第诺不断贬值，导致这些记账单位所代表的含银量也持续下降。1346~1353 年，1 皮科洛里拉的平均含银量约为 11.61 克。1354~1369 年，索第诺的平均含银量约为 0.533 克，使 1 皮科洛里拉的平均含银量约为 10.66 克。1369~1379 年，索第诺的平均含银量进一步降至约 0.488 克，导致 1 皮科洛里拉的平均含银量降至约 9.76 克。1379~1390 年，索第诺的平均含银量继续减少至约 0.472 克,使 1 皮科洛里拉的平均含银量下降至约 9.44 克。①

1379 年,威尼斯再次发行了新的格罗索。新币不仅采用了与旧币不同的重量标准,还引入了新的币图案。具体来说,新格罗索的重量从旧币的 109.5 马克(2.19 克)降至 1/120 马克(1.99 克),同时其含银纯度约为 96%,而不是之前的 0.984。在记账体系中,新格罗索的价值为 48 皮科洛(狄纳里)。由于 1 索第诺价值 12 皮科洛,所以 1 新格罗索的价值为 4 索第诺。新格罗索成为皮科洛里拉的本位货币,而不是格罗索银里拉的本位货币,后者的本位货币是索第诺。通过将新格罗索与索第诺挂钩,各种记账货币之间的兑换关系如下:

1 旧格罗索 =32 皮科洛

1 新格罗索 =4 索第诺 =48 皮科洛 =1.5 旧格罗索

1 格罗索银里拉 =640 索第诺 =160 新格罗索

1 杜卡特银里拉 =64 索第诺 =16 新格罗索

1 皮科洛里拉 =240 皮科洛 =20 索第诺 =5 新格罗索

1 格罗索银里拉 =10 杜卡特银里拉 =32 皮科洛里拉

在索第诺于 1331 年问世时,威尼斯政府规定 1 杜卡特价值 64 索第诺,然而,随着索第诺的含银量不断下降,在市场上 1 杜卡特能够换取的索第诺的数量不断上升,当 1369 年索第诺的含银量下调至 0.488 克时,在市场上 1 杜卡特可换取 72 枚索

① Frederic C. Lane,Reinhold C. Mueller,*Money and Banking in Medieval and Renaissance Venice*:*Coins and Moneys of Account*(*Vol.1*),Johns Hopkins University Press,1985,p.337.

第诺。1362~1378 年,两种货币的市价比价在 1∶74~1∶72。此后,1382~1387 年,二者的市场比价进一步上升至 1∶80。

三、记账体系（1391 年及以后）

1391 年,威尼斯铸币厂将索第诺的重量降至 0.47 克左右。1394 年,进一步减少了格罗索的重量,使新格罗索的重量恰好是索第诺的 4 倍,从而使二者所含金属的价值与法定价值比率相一致,即 1 格罗索等于 4 索第诺。通过这次调整,各种记账单位,包括皮科洛里拉、格罗索银里拉和杜卡特金里拉的含银量计算得以统一,均可按能兑换的索第诺的数值进行计算。这意味着,如果以银币结算,使用任何一种银本位记账体系在实践中并无差别。于是,在整个 15 世纪,三种广泛使用的记账单位包括皮科洛里拉、格罗索金里拉和杜卡特金里拉,而格罗索银里拉和杜卡特银里拉逐渐被淘汰。

1408 年,威尼斯政府正式重新确定了杜卡特与索利多的官方比率：

1 杜卡特金里拉 =96 索利多（索第诺）

1417 年和 1422 年,威尼斯政府相继将杜卡特和索利多（索第诺）的兑换比率调整为 1∶100 和 1∶106。直到 1456 年,威尼斯政府重新将二者的比率稳定在 1∶124,并一直保持到 1510 年左右。在 1472 年之前,不同货币之间的兑换比率如下：

1 皮科洛里拉 = 240 皮科洛 =20 索第诺

1 格罗索金里拉 =240 格罗索 =10 杜卡特

1 杜卡特金里拉 =124 索利多（索第诺）

在克里斯托佛罗·莫洛任总督期间（1462~1471年），威尼斯最后一次发行了格罗索。1472年，格罗索退出流通领域，仅作为记账单位继续存在。同年，威尼斯十人会议下令发行一种新面额为1威尼斯里拉（lira）的大银币，价值20索利多（索第诺）。该币重约6.5克，含银纯度为94.8%，因此实际含银量约为6克，是威尼斯铸币厂有史以来生产的最大硬币。自10世纪以来，里拉在意大利一直仅作为记账单位存在。因此，威尼斯于1472年发行里拉，意味着首次有面额为1里拉的实物铸币被铸造出来。里拉与其他记账货币的兑换关系如下：

　　1皮科洛里拉 =1里拉 =240皮科洛 =20索利多（索第诺）

　　1杜卡特金里拉 =124索利多（索第诺）

进入16世纪，随着银币持续贬值，金币杜卡特的实际价值超过了124索利多（索第诺）。因此，为了将用作记账单位的杜卡特与价值更高的实物铸币杜卡特区分开，后者逐渐被称为"ducato de zecca"，即"铸币厂的杜卡特"，简称"zecchino"（扎克诺）。

四、记账货币再论

自杜卡特金币问世以来，威尼斯政府通过规定杜卡特与格罗索的官方比价为1∶18.38，确定了金银双本位制度，即国家法定规定金银两种货币的固定兑换比率，使金币和银币可以同时流通。随后，这一比率在1296年和1328年被相继调整为1∶20和1∶24。1331年索第诺问世后，威尼斯政府将杜卡特与索第诺的官方比价定为1∶64。此后在1456年，二者的比率被重新调整为

1：124，并保持至 1510 年左右。

在实际应用中，金银市场的比价会随着供需条件的变化而实时波动，但从上述内容可以看出，威尼斯政府对金银两种货币的官方兑换比率调整并不频繁。这也意味着，当金银币的法定比价与市场比价出现背离时，该货币体系可能会面临压力，甚至导致出现"劣币驱逐良币"的情况。实际上，官方规定的比率在市场上并未严格执行，通常会设立"贴水率"，即在将一种铸币兑换为另一种铸币时给予一定折扣。换言之，银币和金币的兑换方式，以及铸币的价值与其所含金属价值的关系，具有一定的灵活性。

事实上，对于威尼斯而言，在某些时期，严格意义上的金银双本位制并不存在，而是转向了金银平行本位制。这意味着金币和银币按照各自的价值独立流通，各自拥有自己的记账体系。例如，1331 年索第诺问世后，出现了格罗索金里拉和格罗索银里拉两种记账单位。其中，格罗索金里拉与金币杜卡特挂钩，格罗索银里拉与索第诺挂钩。尽管政府最初规定杜卡特与索第诺的固定兑换比率为 1：64，并通过不断降低银币的含银量来维持这一比率，但在 1362~1378 年，杜卡特的市场价值已上升至 72~74 索第诺。人们没有采取附加"贴水率"的做法弥补市场价值与法定价值的差距，而是允许金银两种本位币按照其实际所含金属的价值流通，其交换比率取决于市场上金银的实际比价。

此外，威尼斯记账货币体系的一个典型特征是同一种记账货币在不同的时间点拥有不同的本位货币。例如，1282~1330 年，皮科洛里拉的本位货币是皮科洛；1331~1345 年，是索第诺；1346~1353 年，是梅扎尼诺；1354~1379 年，则再次是索第诺。

这意味着，尽管记账单位的名称始终为皮科洛里拉，但其本位货币在历史上发生了多次变化。格罗索里拉的情况也类似，因金币的问世，格罗索里拉分化为格罗索金里拉和格罗索银里拉，二者的本位货币分别为杜卡特和索第诺，而不再是格罗索本身。甚至在某些时期，随着实物格罗索铸币的退出和停止铸造，格罗索成为一种"幽灵货币"，即仅存在于记账体系中但没有相应实物铸币的货币。

第五节
银行与公债的发展

一、从货币兑换商到转账银行

在研究中世纪威尼斯货币时，人们很容易聚焦实物硬币本身。然而，硬币只是货币供应的一部分。在中世纪早期，有多种可转让的物品都是硬币的补充，不仅包括未铸成硬币的贵金属，或有价值的商品，如胡椒；还有本质上无价值的代币，如以特殊方式制成的呈四方形的小布块。从 12 世纪开始，威斯尼使用银行信用补充硬币的供应。在 14~15 世纪金银荒发生之际，银行信用更可以被视为货币供应的一部分。

银行信用的一个重要体现是转账业务的出现。虽然硬币在小额交易中占主导地位，但银行转账已成为大型商业和政府业务中最广泛使用的货币形式。通常的做法是商人在银行开立往来账户，并把钱存入银行，当一个商人向另一个商人付款时，通过给银行下达口头支付命令，进行转账登记，实现债务的清偿。在这里，往来账户的功能类似今天的活期账户，人们开立该账户的主要目的不是赚取利息，而是将之作为一种支付手段，便于清偿在日常经济生活中产生的债务。也就是说，往来账户中的存款本质上是一种支付手段，以银行家的支付承诺为基础，客户可以通过口头命令将其转给债权人，以清偿债务，而无须使用硬币。货币的创造是通过接受往来账户存款和转账业务实现的。使用转账支付的客户越多，银行就能借出或投资越多的原始存款，从而增加货币供应总量。弗雷德里克·莱恩（1997）估计，在1500年前后，大约每30个威尼斯人中就有一个在里亚尔托的银行拥有往来账户[①]。

在现代社会，商业银行为客户办理因债权债务关系引起的与货币支付、资金划拨有关的结算业务是稀松平常的事，然而在中世纪的威尼斯，转账业务是随着货币兑换向存款业务的扩展而出现的。在一个多种钱币并行流通的经济体中，货币兑换在日常生活中极为寻常和重要，尤其是在威尼斯这样的大型商业城市。货币兑换商的常见形象是坐在小板凳上，面前摆着一个桌子，桌子上放着称和登记簿，主营货币查验和兑换工作。随着业务的发展，货币兑换商的经营活动很自然地扩展到接受定期和不定期的存款，然后扩展到根据存款人的指示将资金从一个账户转移到另一个账户。最初，转账的发生通常是由账户所有人亲自到银行进行口头指示进行的。自14世纪以来，书面指示或支票先是作为

---

①　Frederic C. Lane, Reinhold C. Mueller, *The Venetian Money Market：Banks, Panics, and the Public Debt, 1200—1500*, Johns Hopkins University Press, 1997, p.25.

口头指示的补充出现，但最终取代了后者。

在威尼斯，与货币有关的金融活动主要聚集在两个地方。一处是在圣马可广场的钟楼下面，靠近铸币厂。这里主要聚集着货币兑换商，专门为朝圣者和游客提供货币兑换服务，同时兼营金银器售卖等副业。另一处是在里亚尔托中心区，位于里亚尔托桥附近，靠近金银称重和化验办事处和国库。这里主要聚集着存款和转账银行，为国际批发商提供金融服务。

在中世纪威尼斯，从事货币兑换和存贷等金融业务需取得政府许可。政府相关管理机构通过拍卖的方式，将货币兑换商和银行家的摊位出租给出价最高的人。除了在这些固定摊位，其他任何地方都不得从事有关货币兑换和存贷款等有关的交易。也就是说，出价最高的人在获得一定时期的摊位使用权的同时，拥有相应时期的货币业务经营牌照。其中，从事银行业务的租用者在年度拍卖期结束时交纳保证金后，才可以开始营业。这是因为他们不再仅从事货币兑换业务，当场将一枚硬币兑换成另一枚硬币，而是接受存款、转账、提供超出其储备的贷款。

那么，哪些人在威尼斯从事银行业务呢？威尼斯公民身份并不是在里亚尔托中心区开设银行的先决条件，事实上，许多外国人都在威尼斯开设了银行，但需要缴纳更高的税负。具体来说，13 世纪，在里亚尔托中心区有三四家银行，到 14 世纪上半叶有 8~10 家。这些银行的平均经营规模相对较小，以个体经营者为主，经营者有威尼斯人，也有外国人，且只有少数是贵族。经历了 14 世纪 70 年代的银行危机和基奥贾战争之后，位于里亚尔托中心区的银行数量急剧下降，从 14 世纪 70 年代开始以及整个 15

世纪，主要银行也不超过四个，而且个体经营者变少，威尼斯贵族家庭开始主导金融市场。

与佛罗伦萨的银行（如巴尔迪银行和美第奇银行）相比，虽然威尼斯的银行是地方性的，没有在首都以外的城市开设分行，但在一些城市，尤其是在威尼斯统治下的陆上领地和海洋领地上的一些地区，通常可以看到由威尼斯人经营的地方存款银行。与在威尼斯城一样，这些银行的摊位归国家所有，由威尼斯地方当局出租给出价最高者。这些银行的存在减少了现金使用，提高了交易的安全性和效率，加速了结算过程和货币资金周转，支持了商业和投资活动，推动了经济发展。

✿ 二、资金的融通

人们除了可以在银行开立往来账户，通过转账清偿在日常经济生活中产生的债务，还可以开立可积累利息的附条件存款账户。附条件存款是一种定期存款，与给银行家贷款没有什么区别，其偿还条件由存款人和银行家协议约定，并与特定条件的满足挂钩，如儿子成年、女儿出嫁或特定投资。由于附条件存款不是见索即付，因此银行家可以利用这些存款为发放贷款，并因此支付利息或股息。在这里，银行其实发挥了信用中介职能，即作为货币借贷双方的"中介人"，实现资本的融通，将闲置的资金从一部分人手中转移到需要的人手中。

然而，在中世纪早期，教会法严格禁止放债取息，认为从借贷中获利是不道德的行为。直到中世纪晚期，随着经济活动逐渐扩展，商业需求促使金融工具和借贷行为不断发展，人们开始从新的视角看待贷款。从 12 世纪开始，意大利北部的圣典学者重新修订了教会关于高利贷的教义，使支付利息在某些情况下变为可以接受的。例如，中世纪神学家托马斯·阿奎那认为，从借款中获取利息违背了金钱的本质和自然法，但在某些情况下，贷款人可以正当收取费用。例如，如果贷款人承担了风险，提供了某种服务，或者因借款而遭受了损失，这些费用可以被视为合理补偿而不是利息。

对高利贷的新观点将借贷的焦点从消费性贷款转向了生产性贷款。以往依据教会法，有息贷款之所以受到谴责，是因为在一个基本上不存在商业的时代，这种贷款主要是消费贷款，它会使借款人陷入痛苦的旋涡。新视角从生产性贷款出发，强调"利益止遏"，即如果贷款人运用自有资金做生意，他会获得利润，但事实上他放弃了这一获利的机会，因为他把钱借给了借款人，这样借款人就可以用它来做生意。那么，借款人有义务补偿贷款人可能的利润的损失。在此背景下，从 13 世纪开始，银行向商人提供商业贷款迅速发展，后者会把资金用于生产和商业活动。

政府规定了可以收取的最高利率以防止高利贷行为。这些规定保护借款人免受过高利率的剥削，同时确保放债人获得合理的回报。13~14 世纪，商业贷款利率整体上不断下降，特别是在那些货币供应最充裕的地方，如意大利北部的城市，利率下降了如此之多，使许多生意可以通过融资获利。在热那亚，银行家于 1200 年以 20% 的年利率提供商业贷款；在佛罗伦萨，1211 年的贷款年利率是 22%；在威尼斯，1205~1229 年的商业贷款利率是 20%。然而，14 世纪，意大利主要城市的商业贷款年利率从 20% 以上降到 10% 以下。例如，14 世纪上半叶，热那亚的商业贷款利率低至 7%；14 世纪 50 年代，佛罗伦萨何比萨的平均贷款利率约为 10%。在威尼斯，货币借贷的利率也很低，14 世纪 30 年代，银行向店主和工匠提供的贷款的利率为 8% 左右。[①]

此外，作为一个重要的贸易和金融中心，威尼斯需要一个灵活的金融系统支持其广泛的商业活动。尽管宗教在道德上反对高利贷，但商业活动的实际需求促使商人和银行家寻找替代方法获取资本。为了绕过高利贷禁令，威尼斯发展出了一套复杂的金融工具和合同，通过特定的合同条款和费用结构，将利息隐藏在其他费用中。其中，汇票对中世纪威尼斯的商业和经济发展具有重要意义。它不仅是一种支付工具，使跨国交易更加简便和安全，减少了外币兑换和携带大量现金的风险，还具有显著的资金融通功能，是一种被广泛接受的规避教会禁止高利贷的手段。

汇票是出票人签发的，委托付款人在见票当日，或者指定日期无条件支付确定的金额给收款人或者持票人的票据。它是国际结算中使用最广泛的一种信用工具，随着国际贸易的发展而产生。由于国际贸易的买卖双方相距遥远，所用货币各异，不能像国内贸易那样方便地进行结算，所以，从出口方发运货物到进口方收到货物，中间有一个较长的过程。在这段时间一定有一方向另一方提供信用，不是进口商提供货款，就是出口商赊销货物。因此，

①　Peter Spufford, *Money and Its Use in Medieval Europe*, Cambridge University Press, 1993, p.261.

汇票允许商人在没有立即支付全额款项的情况下进行交易。买方可以通过汇票承诺在未来支付，延长支付期限等同于获得了短期信用。同时，卖方收到汇票后，可以在到期日前将其贴现或转让给银行或其他商人，获得现金流。此外，商人可以在资金短缺时，通过将汇票作为抵押，从银行获得贷款，获得必要的资金支持。

几个世纪以来，汇票都被银行家用作放款方式。实际上，它是一种短期计息票据，期限为1~6个月。当债务到期时，它将自动清偿；但通过特别约定，可以续借一次或多次。如果借款人有能力支付利息，贷款本金在每次续期时都保持不变；否则，到期利息可在下次续期时计入本金。如果借款人无法在到期时偿还本金，而被迫在汇票到期时不断续借，那么他很可能会陷入类似高利贷的旋涡。一般而言，在签订合同时，汇票的借贷利率不是固定的，而是与合同生效时的市场利率挂钩，这不仅可以降低损失的风险，而且在一定程度上保证了其合法性，使人们免受教会的谴责，因为教会不认可固定利息的贷款。

三、粮食局的金融功能

正如前文所述，威斯尼银行业的发展始于私人货币兑换商的活动。在私人银行业发展过程中，银行因无力偿债而破产的案例时有发生，为此威尼斯政府不断加强对其活动的监管，并对私人银行的企业结构进行规范。然而，这些措施都没有成功地阻止银行因失败而相继消亡。经历了14世纪70年代的银行危机之后，位于里亚尔托中心区的银行数量急剧下降，从8~10家减少至3~4家，并在整个15世纪维持这一水平。

面对这一状况，威尼斯管理部门和立法者开始质疑私人银行提供金融服务的能力。14世纪下半叶，威尼斯议会曾对建立国有转账银行的可行性展开了三次公开讨论，而且每次公开讨论都发生在货币和银行危机期间。然而，在这三次讨论中，有两次相关建议被否决。15世纪初，一项旨在规范银行活动的提案中加入了建立一家国有银行的条款。尽管该法案被通过，但正如我们所看到的，该计划从未付诸实施。直到1587年，威尼斯才最终成功组建了第一家国有银行，即里亚尔托广场银行。

值得一提的是，虽然在16世纪之前，威尼斯一直没有正式设立国有银行，但有一个政府部门——粮食局，它除了不提供转账服务，不仅可以代表国家接受富有的公民和外国人的定期存款，还可以向政府部门和私营企业提供贷款，是国家短期债务的主要管理机构。为了确保资金的来源，威尼斯政府还规定某些类型的储蓄，如嫁妆基金，必须存放在粮食局。所以，它虽不是正式的银行，却是政府开展银行业务的代表。

粮食局能够成为威尼斯政府在金融事务方面的代理，与其本身的特殊性有关。中世纪，所有城市的粮食供应问题都很严峻，威尼斯尤其如此。几个世纪以来，威尼斯根本没有陆上腹地。即使当它获得腹地后，也仍依赖海运从其他地区（如匈牙利、埃及和黑海地区）进口粮食，以确保城市有足够的粮食储备。为此，在塞巴斯提亚诺·齐亚尼任总督期间（1172~1178年），威尼斯建立了一个专门的粮食供应管理机构，即粮食局，其主要职责便是确保威尼斯城有足够的粮食储备，并通过控制粮食进口量，调节市场价格，防止投机行为和囤积居奇。

大约在 1283 年，粮食局经历了重组。重组后的粮食局增加了管理政府金融事务的职责，拥有了更大的借贷权，并迅速成长为公共行政部门最重要的机构之一。作为国家的金融部门，粮食局通过与私人签订贷款合同获得资金。这些资金最初被用于购买小麦。粮食局之所以具有强大的吸引第三方存款的能力，是因为出售进口小麦，向葡萄酒和木材征税，使粮食局拥有稳定的收入来源以偿债。同时，国家为贷款提供担保，并向粮食局划拨补充资金，用于偿还债务的本金和利息。例如，1288 年，粮食局以盐业的收入为抵押，以不高于 10% 的利率，获得了一笔金额高达 20000 里拉的贷款。13 世纪 90 年代，粮食局开始接受普通存款，用于购买小麦以外的商品。

在这些普通存款中，外国人的存款是重要构成。在威尼斯银行业发展早期，威尼斯人可以随意存钱，不需要任何手续，而外国人必须先得到许可。1316 年，一位来自特伦蒂诺的贵族和放债人向威斯尼提出申请，希望能在威尼斯存放资金，金额达 10000~20000 弗罗林，条件是威尼斯大议会向他保证不得因报复或任何其他法律诉讼而扣押这笔存款。同时，这位贵族明确表示，同意在适当的担保下将这笔钱借给威尼斯政府。1317 年，大议会通过了他的申请，并决定将这笔钱放在粮食局或盐务局。自此，粮食局成为外国人在威尼斯进行投资的重要金融中介。

嫁妆也是粮食局存款中的一个重要类别。中世纪，嫁妆在欧洲社会中扮演着重要的角色，是新娘家庭在女儿出嫁时给予女儿的一笔财产，以确保新娘在婚姻中的地位和安全，包括现金、土地、珠宝、家具、衣物等。在中世纪的威尼斯，丈夫只有在妻子嫁妆价值得到保证的情况下才能用其进行投资，并在其有生之年享受收入。1329年，为了使嫁妆的流动资产更具流动性并便利国家使用，威尼斯当局规定，具有流动性的嫁妆资金必须存入粮食局，且享有5%的固定年收益率。

如上文所述，粮食局最初借入资金是为了满足特定事业的资金需求，如购买粮食，然而，13世纪末，它开始大量吸收存款，建立一个资金池，成为政府短期借款的来源。在中世纪的威尼斯，政府的开支涉及很多方面，如接待外国政要、欢迎来访的皇帝和祝愿新教皇当选和战争支出等。13世纪和14世纪，粮食局作为准公共银行运作，这些开支经常用从粮食局得到的贷款来解决。除了向国家提供贷款，粮食局偶尔还会向威尼斯企业家提供贷款。这些企业家大多是贵族，他们从事的行业涉及公共利益，如磨坊和窑炉。此外，粮食局还提供政治性贷款，如曾以皇冠上的珠宝为抵押向君士坦丁堡的皇帝提供了一笔巨额贷款，但最终无法收回。

到了15世纪，随着经营状况不佳，威尼斯政府逐渐剥离了粮食局的金融功能。自此，粮食局丧失了财政自主权，仅作为面粉仓库的监管者继续存在。

四、强制公债

现代国家的政府需要资金，中世纪的国家也是如此。一般而言，为了筹集财政收入，国家可以凭借所拥有的铸币权，铸造和发行新币，降低货币中的贵金属含量，从而获取更多的铸币利润。不过，这种方式可能会导致通货膨胀，造成公众不满。一种更直接的方式是通过征税获得财政收入。然而，在中世纪和文艺复兴时期的整个欧洲，私人财产在某种程度上被认为是神圣的，人们对直接税深恶痛绝。因此，统治者普遍寻求用间接税（如盐税、酒类批发零售税、经纪税、关税等）满足正常开支。同时，为了代替直接税，统治者往往通过借贷满足特殊开支，例如，在威尼斯，粮食局曾作为国家的代理人，代表国家与富有的公民和外国人为特定用款目的签订具体借贷合同。然而，12世纪至15世纪上半叶，诸多意大利城市共和国无法通过吸收自愿存款筹集足够的资金应对频繁的战争和大规模公共工程。为了解决这一问题，以威尼斯、热那亚和佛罗伦萨为首的城市共和国采用了强制公债制度。

强制公债是国家运用其强制力向本国公民硬性摊派的公债。这种公债基于每个人财产的多少和支付能力，要求每个有产者从其财富中拿出一部分借给国家。最初，威尼斯政府不为强制公债支付利息，持有者只能通过交易公债或等到政府偿还时获取利益，后来随着时间的推移，威尼斯政府为了吸引更多的投资者，开始支付利息。这种制度不仅为威尼斯提供了财政支持，也反映了中世纪财政政策的灵活性和创新性。虽然强制公债具有偿还性，但由于这种举债不问本国公民的意愿，实质上就是税收的预征，并且难以做到公平负担，所以这种公债形式已基本上被现代国家摒弃。正如马克思所说："强制公债无非是一种特殊形式的所得税。"

13世纪初，威尼斯已经开始根据个人支付能力强制个人借款给国家。1207年，威尼斯政府根据居民的住址，按街道和教区列出了每个人的财产的估算额，然后按估算额的固定百分比分摊购买公债的金额。最初发行强制公债时，威尼斯当局没有明确提到利息，但指定了具体收入用于还款，且规定在每年 3 月和 9 月进行分期付款。1224~1252 年，威尼斯公债管理办公室成立，专门负责公债的发行、利息支付、债务记录和市场交易等。其间，威尼斯发行了各种类型的公债，以满足不同的财政需求。1262 年，威尼斯政府进行了债务重组，将不同类型的公债按照一定比例和利率进行重组和合并，转换为新的统一债券，并将之命名为 "Monte"（基金），提供 5% 的利息，后来为了区别于 15 世纪发行的新公债 "Monte Nuovo"（新基金），1262 合并后的债券又被称为 "Monte Vecchio"（旧基金）。这些债券本金的偿还一直持续到 1365 年，之后便只支付利息，成为永久式国债。

值得一提的是，所有公债合并之后，债权人的债权便不再与不同的政府借款相对应。自此，威尼斯公债变成了可转让的信贷工具，可以通过出售、遗嘱、赠与或嫁妆合同进行转让。同时，它几乎可以为任何种类的交易提供抵押担保，包括银行贷款，或用作支付私人债务的资金。最重要的是，公债的市场化创造了一个繁荣的金融市场。由于威尼斯公债提供了较稳定的利率和更长的期限，使投资者的收益更可预测，因此在公开市场上，威尼斯公债成为颇具吸引力的金融产品。此外，1375 年，威尼斯政府开始在必要时通过公开市场操控债务，当国家有可用资金时，便购回部分公债，减少未偿还债务。

然而，基奥贾战争的爆发给强制公债的发行带来了沉重打击。为了筹集足够的资金应对战争，威尼斯政府大规模发行公债，向公民借款。在 1378~1381 年不到四年的时间里，威尼斯人被迫向政府借出其实际财产的 1/4 或更多。如果强制公债对有产阶级的流动资本的压力相对较小，且人们能从中获利，那么，它是一种受欢迎的投资方式。然而，如果强制公债变得沉重，人们不得不亏本出售其他资产以获得必要的流动资金，那么，它开始类似于直接税，若人们无法承受，则可能出现对政府举措的抵制。这便是当时出现在威尼斯的情况。

在这样的背景下，威尼斯停止支付公债利息，公债价格开始下跌。1381 年，强制公债的价格跌至面值的 18%，此后，即使恢复了利息的支付，但公债的市场价值也是始终在面值的40%~60% 波动。在 1429 年后，强制公债的市场价格一路下滑，到了 15 世纪 70 年代，一度跌至面值的 8%。1454 年 2 月，威尼斯发行了最后一笔强制公债，之后任何公债的买卖都必须在公开市场上进行，由投资人自愿购买。

此后，威尼斯为了筹集财政收入，采用了各种权宜之计，直到 1463 年，威尼斯与奥斯曼帝国的战争促使威尼斯政府在税收和财政管理上进行了许多调整和创新。为了填补财政赤字，维持战争期间的国家运转，威尼斯增加了对公民和商人的直接税收。这些税收包括财产税、收入税和特别战争税等。与征收直接税相比，人们显然更欢迎政府向公众有息举债。于是，1482 年，威尼斯政府启动了新的筹资计划，发行了一种支付利息的新公债，即 "Monte Nuovo"（新基金）。新公债和旧公债被分别计入不同的账户，都在公开市场上进行交易，且每种公债都有自己的市场价格。在 16 世纪上半叶，随着强制公债制度失去效力，威尼斯当局采用了几个世纪前北欧城市广泛使用的制度，开始发行公众自愿购买的年金，并由威尼斯铸币厂负责管理。

附　录

一、年表

中文姓名	外文姓名	执政时间	头衔
奥尔索·伊帕托	Orso Ipato	726~737 年	总督
多梅尼科·莱奥尼	Domenico Leoni	738 年	军事长官
费利斯·科尼奥拉	Felice Cornicola	739 年	军事长官
特奥达托·伊帕托	Teodato Ipato	739 年	军事长官
乔维安·塞帕留斯	Jovian Ceparius	740 年	军事长官
约翰·法布里阿库斯	John Fabriacus	741 年	军事长官
特奥达托·伊帕托	Teodato Ipato	742~755 年	总督
加拉·高罗	Galla Gaulo	755~756 年	总督
多梅尼科·莫内加里奥	Domenico Monegario	756~764 年	总督
毛里齐奥·加尔贝约	Maurizio Galbaio	764~787 年	总督
乔瓦尼·加尔贝约	Giovanni Galbaio	787~804 年	总督
奥贝莱里奥·德利·安特诺里	Obelerio degli Antenori	804~811 年	总督
阿格尼罗·帕提西帕奇奥	Agnello Participazio	811~827 年	总督
朱斯蒂尼亚诺·帕提西帕奇奥	Giustiniano Participazio	827~829 年	总督
乔瓦尼·帕提西帕奇奥	Giovanni Ⅰ Participazio	829~836 年	总督
彼得罗·特拉多尼科	Pietro Tradonico	836~864 年	总督
奥尔索·帕提西帕奇奥	Orso Ⅰ Participazio	864~881 年	总督
彼得罗一世·坎迪亚诺	Pietro Ⅰ Candiano	881~887 年	总督

中文姓名	外文姓名	执政时间	头衔
彼得罗·特里布诺	Pietro Tribuno	887~912 年	总督
奥尔索二世·帕提西帕奇奥	Orso II Participazio	912~932 年	总督
彼得罗二世·坎迪亚诺	Pietro II Candiano	932~939 年	总督
彼得罗·帕提西帕奇奥	Pietro Participazio	939~942 年	总督
彼得罗三世·坎迪亚诺	Pietro III Candiano	942~959 年	总督
彼得罗四世·坎迪亚诺	Pietro IV Candiano	959~976 年	总督
彼得罗一世·奥尔赛奥洛	Pietro I Orseolo	976~978 年	总督
维塔利·坎迪亚诺	Vitale Candiano	978~979 年	总督
特里布诺·梅莫	Tribuno Memmo	979~991 年	总督
彼得罗二世·奥尔赛奥洛	Pietro II Orseolo	991~1009 年	总督
奥托·奥尔赛奥洛	Otto Orseolo	1008~1026 年	总督
彼得罗·巴伯兰诺	Pietro Barbolano	1026~1032 年	总督
多梅尼科·弗拉班尼科	Domenico Flabanico	1032~1043 年	总督
多梅尼科一世·康塔里尼	Domenico I Contarini	1043~1071 年	总督
多梅尼科·赛尔沃	Domenico Selvo	1071~1084 年	总督
维塔利·法利埃罗	Vitale Faliero	1084~1095 年	总督
维塔利一世·米希尔	Vitale I Michiel	1095~1102 年	总督
奥尔德拉佛·法利埃罗	Ordelafo Faliero	1102~1117 年	总督
多梅尼科·米希尔	Domenico Michiel	1117~1130 年	总督
彼得罗·博拉尼	Pietro Polani	1130~1148 年	总督
多梅尼科·莫罗西尼	Domenico Morosini	1148~1156 年	总督
维塔利二世·米希尔	Vitale II Michiel	1156~1172 年	总督
塞巴斯提亚诺·齐亚尼	Sebastiano Ziani	1172~1178 年	总督
奥里奥·马斯洛皮埃罗	Orio Mastropiero	1178~1192 年	总督
恩里科·丹多洛	Enrico Dandolo	1192~1205 年	总督

续表

中文姓名	外文姓名	执政时间	头衔
彼得罗·齐亚尼	Pietro Ziani	1205~1229 年	总督
雅各布·提埃波罗	Jacopo Tiepolo	1229~1249 年	总督
马里诺·莫罗西尼	Marino Morosini	1249~1253 年	总督
雷尼埃罗·泽诺	Reniero Zeno	1253~1268 年	总督
洛伦佐·提埃波罗	Lorenzo Tiepolo	1268~1275 年	总督
雅各布·康塔里尼	Jacopo Contarini	1275~1280 年	总督
乔凡尼·丹多洛	Giovanni Dandolo	1280~1289 年	总督
彼得罗·格拉德尼戈	Pietro Gradenigo	1289~1311 年	总督
马里诺·佐尔齐	Marino Zorzi	1311~1312 年	总督
乔凡尼·索兰佐	Giovanni Soranzo	1312~1328 年	总督
弗朗西斯科·丹多洛	Francesco Dandolo	1329~1339 年	总督
巴托洛梅奥·格拉德尼戈	Bartolomeo Gradenigo	1339~1342 年	总督
安德里亚·丹多洛	Andrea Dandolo	1343~1354 年	总督
马里诺·法利埃罗	Marino Faliero	1354~1355 年	总督
乔凡尼·格拉德尼戈	Giovanni Gradenigo	1355~1356 年	总督
乔凡尼·道芬	Giovanni Dolfin	1356~1361 年	总督
罗伦佐·塞尔希	Lorenzo Celsi	1361~1365 年	总督
马可·科纳罗	Marco Cornaro	1365~1368 年	总督
安德里亚·康塔里尼	Andrea Contarini	1368~1382 年	总督
米凯里·莫罗西尼	Michele Morosini	1382 年	总督
安托尼奥·维尼埃	Antonio Venier	1382~1400 年	总督
米凯里·斯泰诺	Michele Steno	1400~1413 年	总督
托马索·莫塞尼戈	Tommaso Mocenigo	1414~1423 年	总督
弗朗西斯科·福斯卡里	Francesco Foscari	1423~1457 年	总督
帕斯夸里·马里皮埃罗	Pasquale Malipiero	1457~1462 年	总督

中文姓名	外文姓名	执政时间	头衔
克里斯托佛罗·莫洛	Cristoforo Moro	1462~1471 年	总督
尼科洛·特龙	Nicolo Tron	1471~1473 年	总督
尼科洛·马塞洛	Nicolo Marcello	1473~1474 年	总督
彼得罗·莫塞尼戈	Pietro Mocenigo	1474~1476 年	总督
安德里亚·文德拉敏	Andrea Vendramin	1476~1478 年	总督
乔凡尼·莫塞尼戈	Giovanni Mocenigo	1478~1485 年	总督
马可·巴巴里戈	Marco Barbarigo	1485~1486 年	总督
阿戈斯蒂诺·巴巴里戈	Agostino Barbarigo	1486~1501 年	总督
莱昂纳多·洛尔丹	Leonardo Loredan	1501~1521 年	总督
安托尼奥·格里曼尼	Antonio Grimani	1521~1523 年	总督
安德里亚·格里提	Andrea Gritti	1523~1538 年	总督
彼得罗·兰多	Pietro Lando	1538~1545 年	总督
弗朗西斯科·多纳托	Francesco Donato	1545~1553 年	总督
马尔坎托尼奥·特里维桑	Marcantonio Trivisan	1553~1554 年	总督
弗朗西斯科·维尼埃	Francesco Venier	1554~1556 年	总督
罗伦佐·普利欧利	Lorenzo Priuli	1556~1559 年	总督
吉罗拉莫·普利欧利	Girolamo Priuli	1559~1567 年	总督
彼得罗·洛尔丹	Pietro Loredan	1567~1570 年	总督
阿尔韦塞一世·莫塞尼戈	Alvise Ⅰ Mocenigo	1570~1577 年	总督
塞巴斯提亚诺·维尼埃	Sebastiano Venier	1577~1578 年	总督
尼科洛·达·蓬特	Nicolo da Ponte	1578~1585 年	总督
帕斯卡尔·西科纳	Pasquale Cicogna	1585~1595 年	总督
马里诺·格里曼尼	Marino Grimani	1595~1605 年	总督
莱昂纳多·多纳托	Leonardo Donato	1606~1612 年	总督

中文姓名	外文姓名	执政时间	头衔
马尔坎托尼奥·梅莫	Marcantonio Memmo	1612~1615 年	总督
乔凡尼·本博	Giovanni Bembo	1615~1618 年	总督
尼科洛·多纳托	Nicolo Donato	1618 年	总督
安托尼奥·普利欧利	Antonio Priuli	1618~1623 年	总督
弗朗西斯科·康塔里尼	Francesco Contarini	1623~1624 年	总督
乔凡尼一世·科纳罗	Giovanni Ⅰ Cornaro	1625~1629 年	总督
尼科洛·康塔里尼	Nicolo Contarini	1630~1631 年	总督
弗朗西斯科·埃里佐	Francesco Erizzo	1631~1646 年	总督
弗朗西斯科·墨林	Francesco Molin	1646~1655 年	总督
卡洛·康塔里尼	Carlo Contarini	1655~1656 年	总督
弗朗西斯科·科纳罗	Francesco Cornaro	1656 年	总督
贝尔图齐奥·瓦利埃	Bertuccio Valier	1656~1658 年	总督
乔凡尼·佩萨罗	Giovanni Pesaro	1658~1659 年	总督
多梅尼科二世·康塔里尼	Domenico Ⅱ Contarini	1659~1675 年	总督
尼科洛·萨格里多	Nicolo Sagredo	1675~1676 年	总督
阿尔韦塞·康塔里尼	Alvise Contarini	1676~1684 年	总督
马尔坎托尼奥·朱斯蒂尼亚	Marcantonio Giustinian	1684~1688 年	总督
弗朗西斯科·莫罗西尼	Francesco Morosini	1688~1694 年	总督
西尔韦斯特罗·瓦利埃	Silvestro Valier	1694~1700 年	总督
阿尔韦塞二世·莫塞尼戈	Alvise Ⅱ Mocenigo	1700~1709 年	总督
乔凡尼二世·科纳罗	Giovanni Ⅱ Cornaro	1709~1722 年	总督
塞巴斯提亚诺·莫塞尼戈	Sebastiano Mocenigo	1722~1732 年	总督
卡洛·鲁齐尼	Carlo Ruzzini	1732~1735 年	总督
阿尔韦塞·皮萨尼	Alvise Pisani	1735~ 1741 年	总督

续表

中文姓名	外文姓名	执政时间	头衔
彼得罗·格里曼尼	Pietro Grimani	1741~1752 年	总督
弗朗西斯科·洛尔丹	Francesco Loredan	1752~1762 年	总督
马可·福斯卡里尼	Marco Foscarini	1762~1763 年	总督
阿尔韦塞·乔凡尼·莫塞尼戈	Alvise Giovanni Mocenigo	1763~1778 年	总督
保罗·雷尼尔	Paolo Renier	1779~1789 年	总督
卢多维科·马宁	Ludovico Manin	1789~1797 年	总督

二、货币史大事记

时间	事件
310 年	罗马帝国皇帝君士坦丁进行了货币改革，发行了标准重量为 1/72 罗马磅的金币索利多
395 年	罗马帝国正式分裂为东罗马帝国和西罗马帝国，其中东罗马帝国又被后人称为拜占庭帝国，以君士坦丁堡为首都
402 年	阿拉里克带领西哥特人袭击了意大利东北部的阿奎莱亚，并在附近省份一路烧杀劫掠
410 年	阿拉里克带领西哥特人洗劫了罗马城
421 年	三位来自帕多瓦的西罗马领事官来到了潟湖中的里亚尔托岛，并在这里建立了一个贸易点
452 年	阿提拉带领匈人来到了意大利东北部，并兵临波河
476 年	日耳曼人奥多亚克作为罗马雇佣兵领袖，罢黜了西罗马帝国的最后一位皇帝，成为意大利的新主人
486 年	法兰克人击溃了西罗马帝国在高卢的残余势力，建立了墨洛温王朝，以巴黎为首都
493 年	日耳曼人狄奥多里克在拉文纳之宴将奥多亚克杀死，收编其余部，建立了东哥特王国

续表

时间	事件
498 年	拜占庭皇帝阿纳斯塔修斯进行了货币改革，以小铜币努姆斯为基础，推出了弗里斯铜币
507 年	西哥特王国在武耶战役中被法兰克王国打败，失去了高卢大部分土地，此后王国中心移到西班牙
535 年	拜占庭皇帝优士丁尼一世对东哥特王国发动了战争
555 年	拜占庭皇帝优士丁尼征服东哥特王国，威尼斯在名义上成为拜占庭帝国的一部分
568 年	阿瓦尔人和伦巴第人攻击拜占庭帝国西部防线，打通了洗劫意大利的道路
639 年	在伦巴第人的攻击下，拜占庭帝国在意大利大陆上最后一个据点奥德佐陷落，行省大元帅将其行政班底转移到潟湖岸边的奇塔诺瓦
7 世纪 70 年代	法兰克王国首次引入银币狄纳里
727 年	位于拉文纳的拜占庭军队发动叛变，脱离了拜占庭的统治，并选出了自己的公爵。同年，威尼斯人也选出了自己的公爵
751 年	伦巴第国王征服了拉文纳的大部分地区。同年，法兰克王国宫相"矮子"丕平篡夺王位，开始了加洛林王朝的统治
755 年	法兰克王丕平进行了货币改革，发行了新的狄纳里，1 磅白银可打制 264 枚新狄纳里。与此同时，新狄纳里采用了薄而宽阔的币坯，以取代原先小而厚的币坯
774 年	查理大帝征服了伦巴第王国，成为北意大利的实际统治者
800 年	法兰克国王查理曼被加冕为"罗马人的皇帝"
810 年	查理曼之子丕平成为意大利国王，在其父亲的授权下围攻潟湖地区
812 年	法兰克国王查理曼和拜占庭皇帝迈克尔一世签订和约。根据和约，法兰克明确承认威尼斯作为一个公国是拜占庭帝国的一部分

时间	事件
814~840 年	最早的可识别的威尼斯狄纳里以加洛林皇帝"虔诚者"路易（814~840 年）的名义发行
827 年	威尼斯迎来了举国为之自豪的圣物——圣马可的遗体
840 年	威尼斯总督彼得罗·特拉多尼科与中法兰克王国国王洛塔尔一世签订了《洛塔尔条约》。该条约委托威尼斯舰队在亚得里亚海上进行军事防御
843 年	法兰克王国查理大帝的三个后人签署《凡尔登条约》，共同瓜分整个法兰克王国
881 年	威尼斯袭击并摧毁了位于意大利北部波河河口的科马基奥
911 年	加洛林王朝最后一个君主"孩童"路易无子而终，东法兰克的德意志公爵们选出了第一位非加洛林王朝德国君主康拉德一世
962 年	奥托一世加冕为神圣罗马皇帝，德意志王国演变为神圣罗马帝国
992 年	威尼斯总督彼得罗二世·奥尔赛奥洛与拜占庭巴西尔二世谈判达成协议，承诺威尼斯商品可以享受低于对一般外国商品征收的关税
996 年	神圣罗马帝国皇帝奥托三世授予了威尼斯在皮韦亚河和西莱河沿岸建立仓库和贸易站的权利，同时保证所有威尼斯人在帝国领土上享有免税待遇
1000 年	威尼斯舰队在伊斯特拉和达尔马提亚沿海地区进行了一次远征，彻底击败了斯拉夫海盗
1082 年	拜占庭皇帝阿莱克修斯一世向威尼斯颁布了黄金诏书，威尼斯取得了拜占庭港口的商业特权
1096 年	第一次十字军东征开始
1100 年	威尼斯协助十字军攻占巴勒斯坦沿岸的海法，确立了其在海法的贸易权和 1/3 的管辖权，开启了其海外帝国的时代
1124 年	威尼斯参与了十字军对提尔的围攻，获得了贸易特权

时间	事件
1147 年	第二次十字军东征开始
1152 年	"红胡子"腓特烈成为神圣罗马帝国皇帝
1156~1172 年	在维塔利二世·米希尔任总督期间，威尼斯第一次以总督的名义发行了货币
1167 年	在拜占庭、教皇亚历山大三世和南方诺曼王朝的推动和资助下，维罗纳、帕多瓦、维琴察、威尼斯、皮亚琴察等意大利北部城镇结成伦巴第联盟，共同对抗"红胡子"腓特烈
1171~1178 年	威尼斯总督塞巴斯提亚诺·齐亚尼进行了货币改革，启用了新威尼斯里拉，并开始打制维罗纳狄纳里的仿制品
1177 年	伦巴第同盟与神圣罗马帝国皇帝腓特烈一世在威尼斯签订了和平条约
1189 年	第三次十字军东征开始
1194 年	威尼斯总督恩里科·丹多洛创新性地引入了大银币格罗索，同时停止发行狄纳里银币
1202 年	第四次十字军东征开始
1204 年	十字军攻陷君士坦丁堡。威尼斯获得了 3/8 的拜占庭帝国
1252 年	佛罗伦萨引入了金币弗罗林
1261 年	拜占庭皇帝迈克尔八世收复君士坦丁堡，重新启用了减重的海伯龙金币
1268 年	威尼斯重新开始铸造狄纳里银币
1284 年	威尼斯开始发行金币杜卡特
1331 年	威尼斯引入两种新面值的银币，即梅扎尼诺和索第诺
1339 年	威斯尼将特雷维索并入了共和国的版图
1353 年	威尼斯在希腊殖民地引入了新币图尔内塞洛
1356 年	面对白银供应短缺，威尼斯停止铸造格罗索银币
1378~1381 年	威尼斯与热那亚发生基奥贾战争

时间	事件
1379 年	威尼斯发行了新版格罗索银币
1392 年	威尼斯将杜拉佐并入了共和国的版图
1394 年	土耳其人围困君士坦丁堡
1401 年	威尼斯铸币厂专门为达尔马提亚生产了新的格罗索,以取代当地流通的阿奎莱亚生产的弗里萨赫芬尼
1403 年	奥斯曼帝国与拜占庭帝国、威尼斯共和国、热那亚共和国、骑士团和纳克索斯公国等主要基督教地区的强国缔结了《加里波利和约》
1405 年	威尼斯彻底击败了卡拉拉家族,使帕多瓦公国成为共和国的一部分
1406 年	威尼斯在维罗纳和维琴察,发行了三种新钱币,分别为皮科洛、夸特瑞诺和梅扎尼诺
1407 年	威尼斯将莱潘托并入了共和国的版图
1409 年	威尼斯以 10 万杜卡特的价格从拉迪斯劳斯手中购得了克雷斯、拉布、帕格、扎达尔、弗拉纳和诺维格拉德等地区
1410 年	威尼斯开始为亚得里亚海东岸的扎拉生产弗里萨赫芬尼的仿制币索多
1423 年	威尼斯将塞萨洛尼卡并入了共和国的版图
1429 年	威尼斯在布雷西亚和贝加莫发行了三种铸币,分别是格罗索尼、1/2 格罗索和巴吉提诺
1453 年	奥斯曼土耳其攻陷君士坦丁堡,拜占庭帝国灭亡
1472 年	威尼斯十人会议下令发行一种新的面额为 1 威尼斯里拉的大银币,价值相当于 20 索利多
1479 年	威尼斯与奥斯曼土耳其达成和平协定,被迫割让内格罗蓬特、阿尔戈斯、莱姆诺斯和斯库塔里等重要地区,并每年向奥斯曼帝国支付 10000 杜卡特金币
1492 年	哥伦布发现了美洲大陆

时间	事件
1498 年	葡萄牙探险家瓦斯科·达伽马绕过好望角抵达印度，首次通过连接大西洋和印度洋的海上航线连接欧亚大陆
1503 年	威尼斯向奥斯曼土耳其交出了对阿尔巴尼亚和希腊的许多城市的所有权
1508 年	神圣罗马帝国、西班牙、法国、匈牙利、教皇国，以及费拉拉、萨伏伊和曼图亚等公国，在法国康布雷成立了反威尼斯军事同盟
1517 年	奥斯曼苏丹塞利姆一世率军征服埃及，亚历山大港成为奥斯曼帝国的一部分
1797 年	拿破仑攻陷威尼斯城，威尼斯共和国的历史结束

三、专业词汇

中文名称	外文名称	说明
阿尔通	altun	奥斯曼土耳其帝国的金币
阿夫弗罗林狄纳里	denari affiorino	中世纪意大利的一种记账单位
阿格莱尔	aglieir	自阿奎莱亚的弗里萨赫芬尼的别称
阿什拉夫	ashrafi	中世纪晚期埃及的主要金币
艾诗兰克	excelente	西班牙斐迪南大公和伊莎贝拉发行的金币
艾斯伯	asper	拜占庭晚期银币
盎司	ounce	重量单位和容量单位，合 28.35 克
奥里斯	aureus	罗马打制的一种金币
奥罗格罗索狄纳里	denari di grossi a oro	中世纪意大利的一种记账单位
巴吉提诺	bagattino	威尼斯在 1462 年发行的纯铜币
贝赞特	bezant	西欧对拜占庭金币诺米斯玛和海伯龙的称呼
比安科	bianco	威尼斯在 12 世纪末至 14 世纪初期发行的作为零钱使用的 1/2 狄纳里的别称
便士	penny	小银币狄纳里在英语中的称呼

中文名称	外文名称	说明
德涅尔	denier	小银币狄纳里在法语中的称呼
狄纳里	denarius	银币便士在意大利的称呼
帝国狄纳里	denaro imperiale	腓特烈一世于 1162 年攻陷米兰后引入的银币
蒂罗里诺格罗索	grosso tirolino	意大利北部小镇梅拉诺发行的一种银币
杜卡多	ducado	西班牙金币艾诗兰克的别称
杜卡特	ducat	威尼斯金币
杜卡特金里拉	lire and ducato a oro	威尼斯的一种记账单位
杜卡特银里拉	lire and ducato a monete	
弗拉里斯	follares	希腊人对铜币弗里斯的称呼
弗里萨赫芬尼	friesacher pfennig	弗里萨赫发行的狄纳里
弗里斯	follis	拜占庭的一种大面额的铜币
弗罗林	florin	佛罗伦萨金币
弗罗特	florint	匈牙利国王查理·罗伯特生产的弗罗林仿制币
格鲁特	groot	格罗索在荷兰语中的称呼
格罗申	groschen	格罗索在现代德语中的称呼
格罗什	gros	格罗索在旧法语中的称呼
格罗斯特	grossetto	威尼斯于 1417 年引入的小格罗索
格罗索	grosso	威尼斯银币
格罗索短里拉	lire di grossi manca	威尼斯的一种记账单位
格罗索尼	grossone	威尼斯于 1429 年为伦巴第布雷西亚和贝加莫发行的银币
格罗索帕维里拉	lire a grossi	威尼斯的一种记账单位
格罗索长里拉	lire di grossi complida	威尼斯的一种记账单位
格罗特	groat	格罗索在英语中的称呼

中文名称	外文名称	说明
海伯龙	hyperperon	拜占庭皇帝阿莱克修斯一世于 1092 年引入的纯度为 20.5 克拉的标准金币
加利半便士	galley halfpennies	索第诺在英国的别称
金埃居	ecu d'or	法国圣路易斯在 1266 年发行的一种金币
金银合金	electrum	金银合金币的统称
金银块	bullion	生产硬币的大宗金属
克拉	carat	罗马帝国的重量单位和记账单位
克鲁泽	kreuzer	蒂罗里诺格罗索在德国的别称
夸特罗洛	quartarolo	威尼斯总督恩里科·丹多洛发行的一种价值 1/4 狄纳里的合金币
夸特瑞诺	quattrino	15 世纪威斯尼为维罗纳和维琴察打制的殖民地货币
莱茵古尔盾	rheinischer gulden	科隆、特里尔和美因茨等地区生产的弗罗林的仿制币
里弗	livre	里拉在法语中的称呼
里拉	lira	意大利的一种记账单位
罗马磅	Roman pound	罗马帝国的记账单位和重量单位
马克	mark	中世纪的一种记账单位和重量单位
曼塔潘	matapan	威尼斯格罗索的别称
梅扎尼诺	mezzanino	威尼斯于 1331 年推出的一种银币
米拉伦斯	miliarensis	罗马帝国皇帝君士坦丁发行的一种银币
米拉瑞逊	miliaresion	拜占庭帝国皇帝利奥三世发行的一种银币
莫塞尼戈里拉	mocenigo lira	威尼斯总督彼得罗·莫塞尼戈在任期间发行的里拉
纳瑟瑞	nasery	马穆鲁克的统治者阿纳生·法拉吉在 1407 年发行新金币
努姆斯	nummus	罗马帝国和拜占庭早期发行的价值 1/40 弗里斯的铜币
诺波尔	noble	英国于 1344 年引入的一种金币

中文名称	外文名称	说明
诺米斯玛	nomisma	拜占庭金币索利多的别称
帕维	parvi	威尼斯狄纳里的别称
佩尔瑞	perpero	拜占庭金币海伯龙在意大利的别称
皮科洛	piccoli	狄纳里的别称
皮科洛	piccolo	威尼斯狄纳里的别称
皮科洛里拉	lire di piccoli	威尼斯的一种记账单位和重量单位
热那维诺	genovino	热那亚金币
塞米斯	semissis	罗马帝国和拜占庭一种价值 1/2 索利多的小面额金币
赛费特	scyphate	常被不恰当地用来指凹形拜占庭货币
赛斯特提	sestertius	罗马帝国早期打制的最大面额的价值 4 阿斯的铜币
斯奎因	sequin	杜卡特的别称
斯特林	sterling	英国便士的别称
苏	sou	索第诺的别称
索第诺	soldino	威尼斯于 1331 年发行的一种合金币
索多	soldo	12 世纪末神圣罗马帝国皇帝亨利六世在米兰发行的价值 12 狄纳里的银币
索利多	solidus	中世纪西欧的一种记账单位
索米	sommi	黑海地区流通的标准纯度银条
泰斯通	testone	米兰公爵加莱亚佐·玛丽亚·斯福尔萨铸造的里拉
特拉奇	trachy	11~14 世纪拜占庭帝国打制的凹面币
特里米斯	tremissis	罗马帝国和拜占庭一种价值 1/3 索利多的小面额金币
特龙里拉	tron lira	在威尼斯总督尼科洛·特龙的任期内发行的里拉
图尔德涅尔	deniers tournois	中世纪城市图尔打制的狄纳里

中文名称	外文名称	说明
图尔内塞洛	tornesello	威尼斯在 1353 年为科伦、莫顿、内格罗蓬特和克里特的殖民地发行的银铜合金币
维西伯	wersilber	北欧盛行的标准纯度的银条
西力克	siliqua	罗马帝国晚期是一种价值 1/24 索利多的记账单位
希斯塔麦伦	histamenon	拜占庭在 12 世纪和 13 世纪发行的银铜合金凹面币
先令	shilling	索利多在英语中的称呼
银铜合金币	billon	拜占庭在 13 世纪之后打制的一种银铜合金币
扎克诺	zecchino	杜卡特在 16 世纪的别称

参考文献

［1］A. H. M. Jone, *The Later Roman Empire, 284–602 : A Social, Economic, and Administrative Survey*, Johns Hopkins University Press, 1986.

［2］Alan M. Stahl, Coins for Trade and for Wages : The Development of Coinage Systems in Medieval Venice, *Wages and Currency : Global and Historical Comparisons from Antiquity to the Twentieth Century*, Peter Lang, 2007.

［3］Alan M. Stahl, European Coinage in Greece after the Fourth Crusade, *Mediterranean Historical Review*, Vol.4, No.2, 1989.

［4］Alan M. Stahl, The Making of a Gold Standard : The Ducat and Its Offspring, 1284–2001, *Money in the Pre-Industrial World*, Routledge, 2015.

［5］Alan M. Stahl, P. Curtis, The Venetian Mint in the Age of the Black Death, *Material Culture and Cultural Materialism in the Middle Ages and Renaissance*, Brepols, 2001, pp.41–54.

［6］Alan M. Stahl, *Zecca : The Mint of Venice in the Middle Ages*, The Johns Hopkins University Press, 2000.

[7] Department of the Arts of Africa, Oceania, and the Americas, The Trans-Saharan Gold Trade (7th–14th Century), *Heilbrunn Timeline of Art History*, The Metropolitan Museum of Art, 2000.

[8] D. Nicol, *Byzantium and Venice : A Study in Diplomatic and Cultural Relation*, Cambridge University Press, 1989.

[9] Frederic C. Lane, *Venetian Ships and Shipbuilders of the Renaissance*, Johns Hopkins Press, 1934.

[10] Frederic C. Lane, Reinhold C. Mueller, *Money and Banking in Medieval and Renaissance Venice : Coins and Moneys of Account (Vol.1)*, Johns Hopkins University Press, 1985.

[11] Frederic C. Lane, Reinhold C. Mueller, *The Venetian Money Market : Banks, Panics, and the Public Debt, 1200–1500*, Johns Hopkins University Press, 1997.

[12] Hans Ulrich Vogel, Marco Polo Was in China : New Evidence from Currencies, Salts and Revenues, BRILL, 2012.

[13] I. Blanchard, *Mining, Metallurgy, and Minting in the Middle Ages : Continuing Afro-European Supremacy, 1250–1450*, F. Steiner, 2001.

[14] Kingsley G. Jayne, Dalmatia, in Chisholm, Hugh (eds.), *Encyclopaedia Britannica. Vol. 07 (11th ed.)*, Cambridge University Press, 1911.

[15] John Day, The Great Bullion Famine of the Fifteenth Century, *Past & Present*, Vol.79, No.1, 1978.

[16] Joanne Marie Ferraro, *Venice : History of the Floating City*, Cambridge University Press, 2012.

[17] J. Warren, The First Church of San Marco in Venice, *The Antiquaries Journal*, Vol.70, No.2, 1990.

[18] Karl Polanyi, *The Great Transformation : The Political and Economic Origins of Our Time*, Beacon Press, 2001.

[19] Lars Boerner, Medieval Market Making Brokerage Regulations in Central Western Europe, ca. 1250–1700, in *Economic History Working Papers (No.242)*, The London School of Economics and Political Science, 2016.

[20] M. F. Hendy, *Studies in the Byzantine Monetary Economy c. 300–1450*, Cambridge University Press, 1985.

[21] M. Wheelis, Biological Warfare at the 1346 Aiege of Caffa, *Emerging Infectious Diseases*, Vol.8, No.9, 2002, pp. 971–975.

[22] Nathan Sussman, The Late Medieval Bullion Famine Reconsidered, *The Journal of Economic History*, Vol.58, No.1 , 1998.

[23] Peter Spufford, *Money and Its Use in Medieval Europe*, Cambridge University Press, 1993.

[24] Philip Grierson, Lucia Travaini, *Medieval European Coinage : With a Catalogue of the Coins in the Fitzwilliam Museum*, Cambridge University Press, 1999.

[25] Richard Stephen Charnock, *Local Etymology : A*

Derivative Dictionary of Geographical Names，Houlston and Wright，1859.

［26］R. J. B. Bosworth，*Italian Venice*：*A History*，Yale University Press，2015.

［27］Robert S. Lopez，*The Commercial Revolution of the Middle Ages*：*950-1350*，Cambridge University Press，1998.

［28］Sevket Pamuk，*A Monetary History of the Ottoman Empire*，Cambridge University Press，2000.

［29］William R. Day Jr，Michael Matzke，Andrea Saccocci，*Medieval European Coinage Cambridge*：*Northern Italy*，Cambridge University Press，2016.

［30］林中泽:《试论古代中世纪西方圣徒崇拜的社会功能》,《世界历史》2012 年第 6 期。

［31］［意］马基雅维利:《佛罗伦萨史》,李活译,商务印书馆 1996 年版。

［32］［意］马可·波罗:《马可波罗行纪》,冯承钧译,上海书店出版社 2006 年版。

［33］［英］菲利普·格里尔森:《拜占庭货币史(上册)》,武宝成译,法律出版社 2018 年版。

［34］［英］赫德等:《意大利简史》,罗念生等译,商务印书馆 1975 年版。

［35］［英］乔治·戈登·拜伦:《恰尔德·哈洛尔德游记》,杨熙龄译,上海译文出版社 1990 年版。

［36］［英］约翰·朱利叶斯·诺里奇:《威尼斯史》,杨乐言译,

译林出版社 2021 年版。

[37] [英]詹姆斯·布赖斯:《神圣罗马帝国》,孙秉莹等译,商务印书馆 1998 年版。

[38] [美]弗雷德里克·C.莱恩:《威尼斯:海洋共和国》,谢汉卿等译,民主与建设出版社 2022 年版。

[39] [美]威廉·麦克尼尔:《威尼斯:欧洲的枢纽 1081—1797》,许可欣译,上海人民出版社 2021 年版。

[40] [美]詹姆斯·汤普逊:《中世纪经济社会史(上册)》,耿淡如译,商务印书馆 1997 年版。

[41] 武宝成:《优士丁尼王朝货币简史》,中国金融出版社 2022 年版。

[42] 厉以宁:《罗马—拜占庭经济史》,商务印书馆 2015 年版。

[43] 张春林:《世界文化史知识:海洋·商业与历史——威尼斯衰落之谜》,辽宁大学出版社 1996 年版。